clave

Jay Shetty es un narrador que ha merecido varios galardones, un exitoso presentador de pódcast y un exmonje dedicado a ayudar a las personas a entrenar su mente para alcanzar la paz interior. En 2017, Forbes lo incluyó en su lista de los treinta menores de treinta años con mayor impacto revolucionario en los medios. Sus vídeos virales han tenido más de diez mil millones de reproducciones, y cuenta con más de cincuenta millones de seguidores en las redes sociales. En 2019, Jay creó On Purpose, ahora Jay Shetty Podcast, y ya puede considerarse el pódcast de salud y bienestar número uno del mundo. Ha dado conferencias por todo el planeta y más de dos millones de personas han asistido a su escuela online. Su comunidad Genius Coaching ofrece programación semanal sobre salud y bienestar a miles de miembros en más de cien países. Es autor de *Las 8 reglas del amor* y del best seller mundial *Piensa como un monje.*

Piensa como un monje

Entrena tu mente para la paz interior y consigue una vida plena

JAY SHETTY

Traducción de
Ignacio Gómez Calvo

DEBOLSILLO

Papel certificado por el Forest Stewardship Council®

MIXTO
Papel | Apoyando la silvicultura responsable
FSC® C117695

Penguin Random House Grupo Editorial

Título original: *Think Like a Monk*

Primera edición en Debolsillo: abril de 2025

Diseño de la cubierta: Jackie Seow
Imagen de la cubierta: Steve Erle

Printed in Spain – Impreso en España

ISBN: 978-84-663-7257-2
Depósito legal: B-2.725-2025

Compuesto en Pleca Digital, S.L.U.
Impreso en Black Print CPI Ibérica
Sant Andreu de la Barca (Barcelona)

P 3 7 2 5 7 2

Para mi esposa,
que es más monje
de lo que yo seré jamás

Índice

TERCERA PARTE

Entregarse

Introducción

Si buscas una idea nueva, lee un libro viejo.

Atribuido a Iván Pávlov (entre otros)

Cuando tenía dieciocho años, en mi primer año de universidad, en la Escuela de Negocios Cass de Londres, uno de mis amigos me pidió que lo acompañase a una charla de un monje.

—¿Qué pinto yo en la charla de un monje? —me resistí.

Solía ir a conferencias de CEO, famosos y otras personas de éxito en la universidad, pero un monje no me interesaba lo más mínimo. Prefería escuchar a ponentes que realmente hubiesen conseguido alguna cosa en la vida.

Mi amigo insistió y al final le dije:

—Me apunto si después vamos a tomar algo.

«Enamorarse» es una expresión que se utiliza casi exclusivamente para describir relaciones románticas. Pero esa noche, escuchando al monje hablar de su experiencia, me enamoré. El tipo del escenario era un indio treintañero. Tenía la cabeza rasurada y llevaba una túnica de color azafrán. Era inteligente, elocuente y carismático. Habló del principio del «sacrificio desinteresado». Cuando dijo que debíamos plantar árboles a cuya sombra no teníamos intención de sentarnos, sentí que un escalofrío extraño me recorría el cuerpo.[1]

Me impresionó especialmente descubrir que había estudiado en el IIT de Bombay, que es el MIT de la India y, como este, un lugar al que es prácticamente imposible acceder. Le había dado la espalda a esa oportunidad que mis amigos y yo perseguíamos para convertirse en monje. O estaba loco o había descubierto algo importante.

Siempre me ha fascinado la gente que ha pasado de no tener nada a tener algo: historias de personas pobres que hacían fortuna. Ahora, por primera vez, me encontraba ante alguien que había hecho lo contrario a propósito. Había renunciado a la vida que, según la sociedad, todos deberíamos desear. Pero, en lugar de ser un fracasado resentido, daba la impresión de estar alegre y en paz, de tener seguridad en sí mismo. De hecho, nunca me había topado con nadie que pareciese tan feliz. A mis dieciocho años, había conocido a mucha gente rica. Había escuchado hablar a no pocas personas famosas, fuertes, guapas o las tres cosas a la vez. Pero creo que no había conocido a nadie verdaderamente feliz.

Cuando acabó la charla, me abrí paso a empujones entre la multitud para decirle lo extraordinario que era y lo mucho que me había motivado.

—¿Cómo puedo pasar más tiempo con usted? —me oí preguntar; sentía el impulso de estar con gente que tuviese los valores, y no las cosas, que yo deseaba.

El monje me dijo que durante toda esa semana estaría viajando por el Reino Unido dando charlas y que, si me interesaba, podía asistir al resto de sus actos. Y eso hice.

La primera impresión que tuve de él, que se llamaba Gauranga Das, es que hacía algo bien, y más adelante descubrí que la ciencia respalda esa impresión. En 2002, un monje tibetano llamado Yongey Mingyur Rinpoche viajó de una zona en las afueras de Katmandú, en Nepal, a la Universidad de Wisconsin-Madison para que unos investigadores pudiesen observar su actividad cerebral mientras meditaba.[2] Los científicos le cubrieron la cabeza con un artilugio parecido a un gorro de baño (para hacer electroencefalogramas) del que salían más de doscientos cincuenta cablecitos, cada uno con un sensor que un técnico de laboratorio le fue pegando al cuero cabelludo. En el momento del estudio, el monje había acumulado sesenta y dos mil horas de meditación a lo largo de toda su vida.

Mientras un equipo de científicos, entre los que había gente con experiencia en meditación, lo observaba desde una sala de control, el monje inició el protocolo que los investigadores habían pensado, alternando un minuto de meditación sobre la compasión con un período de descanso de treinta segundos. Repitió ese patrón cuatro veces seguidas ateniéndose a las indicaciones de un intérprete. Los investigadores observaban asombrados; prácticamente desde el mismo momento en que el monje empezó a meditar, el encefalograma registró un pico enorme y brusco de actividad. Los científicos supusieron que un salto tan grande y tan rápido debía de responder a que el monje había cambiado de posición o se había movido; sin embargo, a simple vista, permanecía totalmente inmóvil.

Lo más extraordinario no era la regularidad de su actividad cerebral —que se «apagaba» y se «encendía» repetidamente al pasar del período de actividad al de descanso—, sino el hecho de que no necesitaba «calentamiento». Si acostumbras a meditar, o como mínimo has tratado de relajar tu cerebro, sabes que normalmente hace falta un tiempo para calmar los pensamientos molestos que desfilan por tu mente. Rinpoche no parecía necesitar ese período de transición. De hecho, era como si pudiese entrar y salir de un estado de meditación profunda con la misma facilidad que si le diese a un interruptor. Más de una década después de esos primeros estudios, los escáneres del cerebro del monje de cuarenta y un años mostraban menos signos de envejecimiento que los de sus coetáneos. Según los investigadores, tenía el cerebro de alguien diez años más joven.[3]

Los científicos que estudiaron el cerebro del monje budista Matthieu Ricard lo apodaron «el hombre más feliz del mundo» después de hallar en él el nivel más elevado de ondas gamma —las asociadas con la atención, la memoria, el aprendizaje y la felicidad— registrado en la historia de la ciencia.[4] Un solo monje fuera de lo común puede parecer una anomalía, pero Ricard no es el único. Otros 21 monjes[5] a los que les escanearon el cerebro durante distintas prácticas de meditación también mostraron unos picos de ondas gamma más altos y más largos (incluso durante el sueño)[6] que los de personas que no meditaban.

¿Por qué deberíamos pensar como un monje? Si quisieses saber cómo dominar una cancha de baloncesto, podrías recurrir a Michael Jordan; si anhelaras innovar, quizá te fijaras en Elon Musk; para aprender a interpretar podrías estudiar a Beyoncé. ¿Y si quisieras entrenar tu mente para hallar paz, tranquilidad y un propósito en la vida? Los monjes son expertos en la materia. El hermano David Steindl-Rast, un monje benedictino cofundador de gratefulness.org, escribió: «Un laico que aspira conscientemente a vivir siempre el ahora es un monje».[7]

Los monjes pueden resistir las tentaciones, abstenerse de criticar, lidiar con el dolor y la ansiedad, acallar el ego y llevar una vida llena de propósitos y sentido. ¿Por qué no aprender de las personas más tranquilas, felices y centradas de la tierra? Para los monjes es muy fácil estar calmados, serenos y relajados, estarás pensando. Viven recluidos en un entorno apacible en el que no tienen que enfrentarse a un empleo, una pareja sentimental ni el tráfico de la hora punta. Quizá te preguntes de qué podría servirte pensar como ellos en el mundo moderno.

En primer lugar, un monje no nace, se hace. Son personas

con orígenes de todo tipo que han decidido transformarse. Matthieu Ricard, «el hombre más feliz del mundo», era biólogo en su vida anterior; Andy Puddicombe, cofundador de la aplicación para meditar Headspace, se formó como artista circense; conozco a monjes que se dedicaban a las finanzas y a otros que estaban en grupos de rock. Se criaron en colegios, pueblos y ciudades, como tú. No hace falta que enciendas velas en casa, te pasees descalzo ni publiques fotos de ti haciendo la postura del árbol en la cima de una montaña. Convertirse en monje es una actitud que cualquiera puede adoptar.

Como la mayoría de los monjes actuales, yo no crecí en un *ashram*, es decir, un lugar de meditación y enseñanza hinduista. Pasé casi toda mi infancia haciendo cosas que no eran propias de monjes. Hasta los catorce años fui un niño obediente. Me crie en el norte de Londres con mis padres y una hermana pequeña. Vengo de una familia india de clase media. Como muchos progenitores, los míos se dedicaron a educarme y a darme la oportunidad de tener un buen porvenir. No me metía en líos, sacaba buenas notas y me esmeraba por contentar a todo el mundo.

Pero, cuando empecé la educación secundaria, mi vida dio un vuelco. De niño estaba grueso y sufrí bullying por ello, pero entonces adelgacé y empecé a jugar al fútbol y al rugby. Me interesé por temas que no suelen ser del agrado de los padres indios tradicionales, como el arte, el diseño y la filosofía. Pero los míos lo toleraban, hasta que empecé a frecuentar malas compañías. Me metí en no pocos líos. Experimenté con drogas. Me peleaba. Bebía demasiado. Las cosas no iban bien. En secundaria me expulsaron tres veces. Al final, me pidieron que me fuese.

—Voy a cambiar —prometí—. Si dejáis que me quede, cambiaré. —Dejaron que me quedase en el instituto y me enmendé.

Al final, en la universidad, empecé a darme cuenta del valor del esfuerzo, el sacrificio, la disciplina y el empeño en alcanzar tus metas. El problema es que en esa época no tenía objetivos aparte de conseguir un empleo decente, casarme algún día y, quizá, tener una familia; lo típico. Sospechaba que había algo más profundo, pero no sabía qué era.

Cuando Gauranga Das vino a mi escuela a dar una charla, yo estaba preparado para explorar ideas nuevas, un modelo de vida distinto, un camino que se desviase del que todo el mundo (incluido yo) pensaba que tomaría. Quería crecer como persona. No solo quería entender los conceptos abstractos de humildad, compasión o empatía, sino también vivirlos. Y tampoco quería simplemente leer sobre cosas como la disciplina, el carácter y la integridad, sino vivirlas.

Durante los siguientes cuatro años compaginé dos mundos; pasaba de ir a bares y restaurantes a meditar y dormir en el suelo. En Londres estudiaba Administración de Empresas, con énfasis en conductismo; hacía prácticas en una consultoría grande y dedicaba el tiempo libre a estar con mis amigos y mi familia. Y en el *ashram* de Bombay leía y estudiaba textos antiguos, y pasaba casi todas las vacaciones de Navidad y verano conviviendo con monjes. Mis valores cambiaron poco a poco. Me di cuenta de que quería estar rodeado de ellos. De hecho, quería sumergirme en su mentalidad. Me parecía que el trabajo que hacía en el mundo empresarial tenía cada vez menos sentido. ¿De qué servía si no influía positivamente en nadie?

Cuando me licencié, cambié el traje por la túnica y me instalé en el *ashram*, donde dormíamos en el suelo y vivíamos con lo que cabía en una taquilla de gimnasio. Viví y viajé por la India, el Reino Unido y Europa. Meditaba cada día durante horas y estudiaba escrituras antiguas. Tuve la oportunidad de ayudar junto con mis compañeros monjes; transformamos un *ashram* de un pueblo situado a las afueras de Bombay en un retiro espiritual ecológico (la ecoaldea Govardhan) y trabajé como voluntario en un programa que reparte más de un millón de comidas al día (Annamrita).

Si yo puedo aprender a pensar como un monje, cualquiera puede.

Los textos fundacionales de los monjes hindúes con los que estudié eran los Vedas. (El título proviene de la palabra sánscrita *veda*, que significa «conocimiento». Esta lengua antigua es la precursora de la mayoría de los idiomas que se hablan hoy día en el sur de Asia.) Se podría decir que la filosofía empezó con esta colección de escrituras antiguas, que tuvieron su origen en la zona que ahora abarca partes de Pakistán y del noroeste de la India hace al menos tres mil años; constituyen la base del hinduismo.

Como los poemas épicos de Homero, los Vedas se transmitieron inicialmente de forma oral y con el tiempo se pusieron por escrito, pero, debido a la fragilidad de los materiales (¡hojas de palmera y corteza de abedul!), la mayoría de los documentos que quedan tienen como máximo unos cientos de años de antigüedad. Los Vedas incluyen himnos, relatos históricos, poemas, oraciones, cantos, rituales ceremoniales y consejos para el día a día.

En mi vida y en este libro menciono a menudo el Bhagavad Gita (que significa «Canción de Dios»). Este texto se basa, en términos generales, en los Upanishads, unos escritos que datan aproximadamente de entre el 800-400 a.C. El Bhagavad Gita se considera una especie de manual de vida universal e intemporal. La historia no hace referencia a ningún monje ni está pensada para un contexto espiritual. El receptor es un hombre casado que resulta ser un diestro arquero. No se pretendía aplicar a una sola religión o región, sino a toda la humanidad. Eknath Easwaran, escritor espiritual y profesor que ha traducido muchos de los textos sagrados de la India, incluido el Bhagavad Gita, lo denomina «el regalo más importante de la India al mundo».[8] En su diario de 1845, Ralph Waldo Emerson escribió: «Le agradecemos, mi amigo y yo, un día magnífico al Bhagavat Geeta *[sic]*. Fue el primero de los libros; fue como si un imperio nos hablase; no uno pequeño o indigno, sino grande, sereno y coherente; la voz de una inteligencia primitiva que en otro tiempo y ambiente reflexionó y, por ende, resolvió las mismas preguntas que nos formulamos hoy».[9] Se dice que hay más comentarios sobre el Gita que sobre ninguna otra escritura.

En este libro, uno de mis objetivos es ayudarte a conectar con su sabiduría intemporal y con otras enseñanzas antiguas que constituyeron la base de mi educación como monje y que tienen una relevancia importante en los retos a los que nos enfrentamos hoy.

Lo que más me llamó la atención cuando estudié la filosofía de los monjes es que en los últimos tres mil años los humanos no hemos cambiado realmente. Sí, somos más altos y vivimos más tiempo de media, pero me sorprendió y me impresionó descubrir que las enseñanzas de los monjes hablan de perdón, energía, intenciones, metas y otros temas que están tan vigentes hoy como debieron de estarlo cuando se escribieron.

Y lo que es más extraordinario: la ciencia respalda en buena parte la sabiduría de los monjes, como veremos a lo largo de este libro. Durante milenios, ellos han creído que la meditación y la conciencia son beneficiosas, que la gratitud es positiva, que la voluntad de servicio te hace más feliz, y más cosas que vas a aprender. Ellos desarrollaron prácticas en torno a estas ideas mucho antes de que la ciencia moderna pudiese demostrarlas o validarlas.

Albert Einstein dijo: «Si no puedes explicar algo de forma sencilla es que no lo has entendido bien». Cuando me di cuenta de lo pertinentes que eran las lecciones que estaba aprendiendo para el mundo moderno, quise profundizar en ellas con el fin de poder compartirlas con otras personas.

Tres años después de trasladarme a Bombay, mi profesor, Gauranga Das, me dijo que creía que yo sería de más utilidad si me iba del *ashram* y compartía lo que había aprendido con el mundo. Los tres años que viví como un monje fueron para mí una escuela de la vida. Me resultó difícil convertirme y más aún partir. Pero aplicar la sabiduría que había adquirido a la vida fuera del *ashram* —lo más difícil— era como el examen final. Cada día descubro que la actitud de los monjes da resultado, que la sabiduría antigua sigue teniendo una vigencia increíble hoy día. Por eso la comparto.

Actualmente todavía me considero monje, aunque normalmente me refiero a mí mismo como «exmonje», porque estoy casado y para ellos no está permitido. Vivo en Los Ángeles, que según la gente es una de las capitales del materialismo, las apariencias, la fantasía y la sordidez en general. Pero ¿por qué vivir en un sitio que ya ha experimentado la iluminación? Actualmente comparto las moralejas que he extraído de mis vivencias y lo que he aprendido. Este libro no es nada sectario. No forma parte de una artera estrategia de conversión. ¡Lo juro! También puedo prometer que, si te dedicas a poner en práctica el material que te ofrezco, hallarás una vida llena de significado real, pasión y propósito.

Nunca antes había habido tanta gente tan insatisfecha u obsesionada por buscar la «felicidad». La cultura y los medios de comunicación nos suministran imágenes e ideas sobre quiénes somos y qué deberíamos ser, a la vez que nos presentan modelos de éxito. Fama, dinero, glamour, sexo... Al final ninguna de esas cosas nos satisface. Simplemente buscamos más y más, un círculo que conduce a la frustración, el desencanto, la insatisfacción, la infelicidad y el agotamiento.

Me gusta establecer un contraste entre la actitud del monje y lo que a menudo se denomina «mente de mono». La mente puede elevarnos o arrastrarnos. Hoy día todos le damos demasiadas vueltas a la cabeza, nos cuesta decidirnos y experimentamos ansiedad porque queremos complacer a la mente del mono. Esta pasa sin ton ni son de un pensamiento o reto a otro, sin solucionar realmente nada. Pero podemos adoptar la actitud del monje excavando hasta la raíz de lo que deseamos y dando pasos factibles que nos permitan crecer. La actitud del monje nos saca de la confusión y la distracción y nos ayuda a encontrar claridad, sentido y orientación.

MENTE DE MONO	MENTE DE MONJE
Le agobia que haya muchas ramas	Se centra en la raíz del problema
Se deja llevar en el asiento del pasajero	Vive con intención y conciencia
Se queja, compara, critica	Es compasivo, afectuoso y colaborador
Piensa demasiado y aplaza las cosas	Analiza y se expresa con claridad
Se distrae con pequeñeces	Es disciplinado
Busca gratificación a corto plazo	Busca beneficios a largo plazo
Es exigente y se cree con privilegios	Es entusiasta, decidido y paciente
Cambia por capricho	Se compromete a una misión, una visión o un objetivo
Exagera las cosas negativas y los miedos	Se esfuerza por sucumbir a las cosas negativas y los miedos

Es egocéntrico y se obsesiona	Se cuida para servir
Es multitarea	Es monotarea
Lo domina la ira, la preocupación y el miedo	Controla y gestiona sabiamente la energía
Hace lo que le conviene para sentirse bien	Aspira al autocontrol y el dominio
Anhela el placer	Anhela el sentido
Busca soluciones temporales	Busca soluciones reales

Piensa como un monje plantea otra manera de ver y abordar la vida. Una forma de rebelión, desapego, redescubrimiento, propósito, concentración, disciplina... y servicio. El objetivo de pensar como un monje es tener una vida libre de ego, envidia, avaricia, ansiedad, ira, amargura y lastre. En mi opinión, adoptar su actitud no solo es posible; es necesario. No tenemos otra alternativa. Debemos hallar calma, sosiego y paz.

Recuerdo vívidamente el primer día que asistí a la escuela de monjes. Acababa de rasurarme la cabeza, pero todavía no llevaba túnica y seguía pareciendo un londinense sin más. Me fijé en un niño monje —no debía de tener más de diez años— que daba clase a un grupo de pequeños de cinco. Tenía una gran aura, el aplomo y la seguridad de un adulto.

—¿Qué haces? —le pregunté.

—Acabo de darles su primera lección —dijo, y acto seguido me inquirió—: ¿Qué aprendiste tú en tu primer día de clase?

—Empecé con el alfabeto y los números. ¿Qué han aprendido ellos?

—Antes que nada, les enseñamos a respirar.

—¿Por qué? —pregunté.

—Porque tu respiración es lo único que está contigo desde

el día que naces hasta que te mueres. Los amigos, la familia, el país en el que vives..., todo eso puede cambiar. Lo único que no te abandona es ella.

Entonces el niño de diez años añadió:

—¿Qué cambia cuando te estresas? Tu respiración. ¿Y cuando te enfadas? Tu respiración. Experimentamos cada emoción con un cambio de la respiración. Cuando aprendes a gestionarla y controlarla, puedes afrontar cualquier situación de la vida.

Ya me estaban dando la lección más importante: hay que concentrarse en la raíz de las cosas, no en la hoja del árbol ni en los síntomas del problema. Y había aprendido, a través de la observación directa, que cualquiera puede ser un monje, aunque solo tenga cinco o diez años.

Cuando nacemos, lo primero que hacemos es respirar. Pero, a medida que la vida del recién nacido se va complicando, puede resultar muy difícil quedarse quieto y hacerlo. Con este libro espero mostrarte cómo proceden los monjes: buscan la raíz de las cosas, profundizan en la introspección. Solo a través de esa curiosidad, ese pensamiento, ese esfuerzo y esa revelación encontramos el camino a la paz, la tranquilidad y el propósito. Gracias a la sabiduría que recibí de mis maestros del *ashram*, espero guiarte hasta allí.

En las páginas que siguen, te acompañaré a lo largo de tres fases de adaptación a la actitud del monje. Primero, vamos a liberarnos, a despojarnos de las influencias externas, los obstáculos internos y los miedos que nos retienen. Piensa en ello como una limpieza con la que hacer sitio al crecimiento. Segundo, vamos a crecer. Te voy a ayudar a reorganizar tu vida para que puedas tomar decisiones con intención, propósito y confianza. Por último, vamos a entregarnos, a mirar el mundo con otros ojos, más allá de nosotros mismos, ampliando y compartiendo nuestro sentido de la gratitud y forjando relaciones más profundas.

Vamos a compartir nuestros dones y nuestro amor con los demás y a descubrir la verdadera felicidad y los sorprendentes frutos del servicio.

Por el camino, te voy a presentar tres tipos de meditación muy distintos que te recomiendo incluir en tu práctica: respiración, visualización y sonido. Los tres tienen cosas buenas, pero la forma más sencilla de diferenciarlos es saber para qué realizas cada uno: la respiración, por sus beneficios físicos, es decir, encontrar serenidad, equilibrio y tranquilidad; la visualización, por sus beneficios psicológicos, para sanar el pasado y prepararte para el futuro; y el canto, por sus beneficios psíquicos, para conectar con tu yo más profundo y con el universo, para purificarte de verdad.

No tienes que meditar para sacarle provecho a este libro, pero, si lo haces, las herramientas que te ofrezco serán más eficaces. Me atrevería a decir que el libro entero es una meditación: un reflejo de nuestras opiniones y valores e intenciones, cómo nos vemos, cómo tomamos decisiones, cómo entrenar la mente y nuestra forma de elegir a las personas y de interactuar con ellas. Alcanzar un conocimiento tan profundo de uno mismo es el objetivo y la recompensa de la meditación.

¿Cómo abordaría esto un monje? Puede que ahora mismo no te hagas esta pregunta —probablemente ni se te haya pasado por la cabeza—, pero al final del libro te la harás.

PRIMERA PARTE

Liberarse

1

Identidad

Soy lo que yo crea que soy

Más vale cumplir el propio deber, aunque sin mérito, que el deber ajeno con toda perfección.

BHAGAVAD GITA, 3,35

En 1902 el sociólogo Charles Horton Cooley escribió: «Yo no soy lo que yo creo que soy ni tampoco lo que tú crees que soy. Yo soy lo que yo creo que tú crees que soy».[1]

Te dejo un momento para que lo asimiles.

Nuestra identidad depende de lo que los demás piensan de nosotros; o, mejor dicho, de lo que pensamos que los demás piensan de nosotros.

La imagen que tenemos de nosotros mismos no solo está determinada por cómo creemos que los demás nos ven, sino que la mayoría de nuestros esfuerzos por mejorar como personas son solo intentos de estar a la altura de ese ideal imaginado. Si pensamos que alguien que admiramos ve riqueza y éxito, perseguimos la riqueza para impresionar a esa persona. Si creemos que un amigo juzga nuestra apariencia, respondemos adaptándola. En *West Side Story*, Maria conoce a un chico al que le gusta. ¿Cuál es la siguiente canción que ella canta? «Me siento guapa.»

En el momento de escribir estas líneas, el único actor del mundo que ha ganado el Oscar al mejor actor en tres ocasiones, Daniel Day-Lewis, ha actuado en solo seis películas desde 1998.[2]

Se prepara a fondo cada interpretación, sumergiéndose por completo en su personaje. Para el papel de Bill el Carnicero del filme *Gangs of New York*, de Martin Scorsese, se formó como carnicero, hablaba con un marcado acento irlandés dentro y fuera del plató, y contrató a unos artistas de circo para que le enseñasen a lanzar cuchillos. Y eso es solo el principio. Vestía exclusivamente ropa auténtica del siglo XIX y se paseaba por Roma metido en el papel, provocando discusiones y peleas con extraños. Tal vez fuera esa ropa la que hizo que se pillara una neumonía.

Day-Lewis estaba empleando una técnica de interpretación conocida como «el método», según la cual el actor debe ponerse en la piel de su personaje lo máximo posible para convertirse en él. Se trata de una disciplina y un arte increíbles, pero a menudo los actores del método se sumergen tanto en su personaje que este adquiere vida más allá del escenario o la pantalla. «Reconozco que se me fue la cabeza por completo», declaró Day-Lewis al *Independent* años más tarde, admitiendo que el papel «no fue muy beneficioso» para su salud física y mental.[3]

Inconscientemente, hasta cierto punto todos somos actores del método. Tenemos personajes que interpretamos en internet, en el trabajo, con amigos y en casa. Cada uno tiene sus ventajas. Nos permiten ganar el dinero con el que pagamos las facturas, nos ayudan a funcionar en un lugar de trabajo en el que no siempre nos sentimos a gusto o nos permiten relacionarnos con gente que en realidad no nos cae bien, pero con la que necesitamos interactuar. Sin embargo, con frecuencia nuestra identidad tiene tantas facetas distintas que perdemos de vista el verdadero yo, si es que alguna vez hemos sabido quién o qué éramos. Nos llevamos el personaje del trabajo a casa e introducimos el papel que interpretamos con los amigos en nuestra vida sentimental, sin controlarlo ni pretenderlo conscientemente. Por muy bien que interpretemos nuestros papeles, acabamos sintiéndonos insatisfechos, deprimidos, indignos e infelices. El «yo» y el «mí», pequeños y vulnerables en un principio, se distorsionan.

Tratamos de estar a la altura de lo que los demás piensan de nosotros, aunque sea a costa de nuestros valores.

Rara vez, o nunca, fijamos nuestros propios valores de forma consciente e intencionada. Tomamos decisiones vitales con base en esa imagen reflejada doblemente de quién podríamos ser, sin pensarlo realmente con detenimiento. Cooley llamó ese fenómeno «el yo espejo».

Vivimos como una percepción de una percepción de nosotros mismos y debido a ello hemos perdido nuestro verdadero yo. ¿Cómo podemos reconocer quiénes somos y qué nos hace felices cuando en realidad lo que anhelamos es el reflejo distorsionado de los sueños de otra persona?

Puede que pienses que lo más difícil de convertirse en monje es renunciar a la diversión de la vida —ir de fiesta, acostarse con gente, ver la tele, poseer objetos materiales, dormir en una cama de verdad (vale, esa parte fue bastante dura)—, pero, antes de dar ese paso, tuve que superar un obstáculo más grande: anunciarles la «carrera» que había elegido a mis padres.

Cuando estaba terminando el último año de universidad, ya había decidido el camino que quería seguir. Les dije a mis padres que iba a rechazar las ofertas laborales que había recibido. Siempre bromeo diciendo que para mis padres solo había tres salidas profesionales posibles: médico, abogado o fracasado. No existe mejor forma de decirles a tus padres que todo lo que han hecho por ti ha sido en vano que hacerte monje.

Como todos los progenitores, los míos ya habían planeado mi futuro, pero al menos yo les había dado a entender que cabía la posibilidad de que me convirtiese en monje: todos los años desde que tenía dieciocho, pasaba parte del verano haciendo prácticas en una empresa financiera de Londres y parte del año formándome en el *ashram* de Bombay. Cuando tomé la decisión, la primera preocupación de mi madre fue la de cualquier madre: mi bienestar. ¿Tendría seguro médico? ¿«Buscar la iluminación» era una forma fina de decir «estar todo el día sin dar un palo al agua»?

Y un hecho que lo hacía aún más difícil para mi madre era que estábamos rodeados de amigos y familiares que compartían su concepto del éxito basado en el trío médico-abogado-fracasado. Se corrió la voz de que yo iba a dar ese paso tan radical y sus amigas empezaron a decir cosas como «Con lo mucho que has invertido en su educación», «Le han lavado el cerebro» o «Va a desperdiciar su vida». Mis amigos también pensaban que iba a fracasar. Les oía decir: «No vas a encontrar trabajo nunca» o «Estás desperdiciando toda oportunidad de ganarte la vida».

Cuando intentes llevar una vida lo más auténtica posible, algunas de tus relaciones correrán peligro. Perderlas es un riesgo que vale la pena asumir, pero buscar una forma de conservarlas es un desafío que merece la pena aceptar.

Afortunadamente para mi mente de monje en desarrollo, no me dejé guiar por las voces de mis padres y sus amigos cuando tomé la decisión. En lugar de ello, recurrí a mi propia experiencia. Llevaba desde los dieciocho años probando las dos vidas. En verano, cuando volvía a casa del trabajo solo tenía ganas de cenar. Pero cada vez que me iba del *ashram* pensaba: «Ha sido genial. Me lo he pasado como nunca». Probar experiencias, valores y sistemas de creencias tan variados me ayudó a entender los míos.

Las reacciones a mi decisión ejemplifican las presiones externas a las que todos nos enfrentamos a lo largo de la vida. La familia, los amigos, la sociedad, los medios de comunicación...

Estamos rodeados de imágenes y voces que nos dicen quiénes debemos ser y qué tenemos que hacer.

Son un clamor de opiniones, expectativas y obligaciones. Cuando acabes el instituto, ve directo a la mejor universidad, busca un trabajo lucrativo, cásate, cómprate una casa, ten hijos, consigue un ascenso... Las normas culturales existen por un motivo: no hay nada de malo en que una sociedad ofrezca modelos de lo que debe ser una vida plena, pero, si adoptamos esas metas sin reflexionar, nunca entenderemos por qué nosotros no tenemos una casa ni somos felices donde vivimos, por qué nuestro trabajo nos hace sentir vacíos ni si queremos casarnos o cualquiera de los objetivos por los que luchamos.

Mi decisión de ingresar en el *ashram* subió el volumen de las opiniones y las preocupaciones a mi alrededor, pero, mira por dónde, las experiencias que había vivido en el *ashram* también me habían dado las herramientas que necesitaba para filtrar ese ruido. La causa y la solución eran las mismas. Era menos vulnerable a los ruidos que sonaban a mi alrededor y que me decían lo que era normal, seguro, práctico y mejor. No excluía a la gente que me quería —me importaban e intentaba que no se preocupasen—, pero tampoco dejaba que lo que ellos entendían por éxito y felicidad dictase mis elecciones. En aquel entonces, fue la decisión más difícil que había tomado, pero era la correcta.

Las voces de padres, amigos, educación y medios de comunicación se agolpan en la mente de un joven y siembran en ella opiniones y valores. El concepto que la sociedad tiene de una vida feliz es el de todos y el de nadie. La única forma de llevar una vida que tenga sentido es filtrar ese ruido y mirar dentro de uno mismo. Ese es el primer paso para desarrollar tu mente de monje.

Vamos a empezar este viaje como lo hacen los monjes, despejando las distracciones. Primero estudiaremos las fuerzas externas que nos condicionan y nos distraen de nuestros valores. Luego haremos balance de los valores que actualmente condicionan nuestra vida y reflexionaremos sobre si están en consonancia con quién queremos ser y cómo anhelamos vivir.

¿Es esto polvo o soy yo?

Gauranga Das me ofreció una bonita metáfora para ilustrar las influencias externas que ocultan nuestro verdadero yo.

Estamos en un almacén repleto de libros abandonados y cajas llenas de trastos. A diferencia del resto del ashram, *siempre ordenado y barrido, este sitio está cubierto de polvo y telarañas. El monje superior me lleva hasta un espejo y dice:*

—¿Qué ves?

A través de la gruesa capa de polvo, no puedo ver mi reflejo. Se lo digo y el monje asiente con la cabeza. Entonces limpia el cristal con la manga de su túnica. Una nube de polvo me viene a la cara y me irrita los ojos y me llega a la garganta.

—Tu identidad es un espejo cubierto de polvo —dice el monje—. La primera vez que te miras en él, la verdad sobre quién eres y lo que valoras está oculta. Puede que limpiarlo no sea agradable, pero solo cuando no haya polvo podrás ver tu verdadero reflejo.

Esta era una demostración práctica de las palabras de Chaitanya, un santo hindú bengalí del siglo XVI. Él denominó este estado de las cosas «*ceto-darpaṇa-mārjanam*» o «limpieza del espejo impuro de la mente».[4]

Prácticamente todas las tradiciones monásticas se basan en la eliminación de distracciones que nos impiden centrarnos en lo más importante: dar sentido a la vida dominando los deseos físicos y mentales.[5] Algunas tradiciones renuncian a hablar; otras, al sexo; otras, a las posesiones mundanas, y las hay que renuncian a las tres cosas. En el *ashram* vivíamos solo con lo que necesitábamos y nada más. Allí experimenté de primera mano la iluminación de la liberación. Cuando estamos sepultados bajo cosas accesorias, perdemos de vista lo verdaderamente importante. No te pido que dejes ninguna de esas cosas, pero quiero ayudarte a reconocer y filtrar el ruido de las influencias externas. Así es como limpiaremos el polvo y veremos si esos valores te reflejan verdaderamente.

Los valores rectores son los principios más importantes para nosotros y los que consideramos que deben guiarnos: quién queremos ser y cómo nos tratamos a nosotros mismos y a los demás. Los valores acostumbran a ser conceptos englobados en una sola palabra, como libertad, igualdad, compasión y honestidad. Puede que parezca bastante abstracto e idealista, pero son muy prácticos, como una especie de GPS ético que podemos usar para orientarnos en la vida. Si conoces tus valores, dispones de indicaciones que te dirigen hacia las personas, los actos y las costumbres que más te convienen. Al igual que cuando conducimos por una zona nueva, sin valores no haremos más que vagar sin rumbo fijo, tomar direcciones equivocadas, perdernos o quedarnos atascados por la indecisión. Ellos hacen que sea más fácil rodearse de la gente adecuada, tomar decisiones profesionales difíciles, utilizar el tiempo más sabiamente y centrar la atención en lo importante. Sin ellos, las distracciones nos arrastran.

De dónde vienen los valores

Nuestros valores no surgen mientras dormimos. No los sopesamos de forma consciente. Rara vez los expresamos con palabras. Pero aun así existen. Todo el mundo nace en unas circunstancias concretas y los valores están determinados por lo que experimentamos. ¿Nacimos en la miseria o rodeados de lujos? ¿De dónde provenían los elogios? Nuestros padres o cuidadores suelen ser nuestros principales admiradores y críticos. Aunque en la adolescencia nos rebelemos, por lo general nos vemos obligados a complacer e imitar a nuestras figuras de autoridad. Vuelve la vista atrás y piensa en qué cosas hacías con tus padres. ¿Jugar, conversar, hacer proyectos juntos...? ¿Qué te decían que era lo más importante y coincidía eso con lo que a ellos más les importaba? ¿Quién querían que fueses? ¿Qué anhelaban que consiguieses? ¿Cómo esperaban que te comportases? ¿Asimilaste esos ideales? ¿Te han servido?

Desde el principio, la educación que recibimos es otra influencia determinante. Las asignaturas que aprendemos. La perspectiva cultural desde la que nos las enseñan. La forma en que se espera que aprendamos. Un currículum basado en los hechos no estimula la creatividad; un enfoque cultural cerrado no fomenta la tolerancia hacia la gente de orígenes y lugares distintos, y tenemos pocas oportunidades de sumergirnos en nuestras pasiones, aunque sepamos cuáles son desde muy tierna edad. Eso no quiere decir que el colegio no nos prepare para la vida —además, existen muchos modelos educativos distintos, algunos menos restrictivos que otros—, pero merece la pena distanciarse un poco para considerar si los valores que tienes desde la escuela te parecen adecuados.

La manipulación de los medios de comunicación

Como monje, aprendí pronto que los valores están influidos por lo que la mente asimila. No somos nuestra mente, pero gracias a ella decidimos qué consideramos importante de verdad. Las películas que vemos, la música que escuchamos, los libros que leemos, los maratones de series, la gente a la que seguimos en internet y también fuera: las noticias que ves en tu muro alimentan tu mente. Cuanto más absortos estamos en los cotilleos sobre famosos, los ejemplos de gente con éxito, los videojuegos violentos y las noticias perturbadoras, más contaminados están nuestros valores de envidia, prejuicios, competitividad y descontento.

Observar y evaluar es crucial para pensar como un monje, y las dos actividades empiezan por el espacio y la calma. Para ellos, el primer paso para filtrar el ruido de las influencias externas es liberarse de todo lo material. Yo visité el *ashram* durante tres temporadas, me licencié en la universidad y luego me hice oficialmente monje. Después de un par de meses de formación en Bhaktivendanta Manor, un templo situado en la campiña al norte de Londres, me fui a la India. Llegué al *ashram* rural a principios de septiembre de 2010. Cambié mi ropa relativamente moderna por dos túnicas (la que llevaba y otra para cuando la lavaba). Cambié el pelo engominado por... una calva; llevába-

HAZ LA PRUEBA: ¿DE DÓNDE VIENEN TUS VALORES?

Puede resultar difícil detectar el efecto que esas influencias fortuitas tienen en nosotros. Los valores son abstractos y esquivos, y el mundo en el que vivimos nos plantea continuamente sugerencias descaradas y subliminales sobre lo que debemos desear, cómo tenemos que vivir y cómo formarnos una idea de quiénes somos.

Anota algunos de los valores que conforman tu vida y escribe a continuación su origen. Pon una marca junto a cada valor con el que de verdad te sientes identificado.

Ejemplo:

VALOR	ORIGEN	¿ME IDENTIFICO CON ÉL?
Amabilidad	Padres	✓
Apariencia	Medios	No de la misma forma
Riqueza	Padres	No
Buenas notas	Colegio	Interfirió con el verdadero aprendizaje
Conocimientos	Colegio	✓
Familia	Tradición	Familia: sí, pero no la tradicional

mos la cabeza rasurada. Y prácticamente no tuve ninguna oportunidad de mirarme en un espejo: en el *ashram* no hay, salvo el que más adelante me enseñarían en el almacén. Así pues, a los monjes nos impedían obsesionarnos con nuestro aspecto, seguíamos una dieta sencilla que casi nunca variaba, dormíamos en unas colchonetas finas tendidas en el suelo, y la única música que escuchábamos eran los cantos y las campanas que interrumpían nuestras meditaciones y rituales. No veíamos películas ni series de televisión y solo había ordenadores compartidos en una zona común para ver las pocas noticias y correos electrónicos que recibíamos.

Nada sustituía esas distracciones salvo el espacio, el sosiego y el silencio. **Cuando desconectamos de las opiniones, expectativas y obligaciones del mundo que nos rodea, empezamos a oírnos a nosotros mismos.** En ese silencio comencé a reconocer la diferencia entre el ruido exterior y mi voz. Pude deshacerme del polvo de los demás para ver mis creencias fundamentales.

Te prometí que no te iba a pedir que te rasurases la cabeza ni te pusieses túnica, pero ¿cómo podemos concedernos el espacio, el silencio y el sosiego necesarios para adquirir más conciencia en el mundo moderno? La mayoría de nosotros no nos detenemos a pensar en los valores. No nos gusta estar a solas con nuestros pensamientos. Tenemos tendencia a evitar el silencio, a tratar de ocupar la mente, a no parar.[6] En una serie de estudios, unos investigadores de las universidades de Virginia y de Harvard les pidieron a los participantes del proyecto que pasasen de seis a quince minutos solos en una habitación sin el teléfono móvil, útiles de escritura ni nada que leer. Luego les dejaron escuchar música o usar el móvil. Los participantes no solo prefirieron el móvil y la música, sino que muchos incluso estaban dispuestos a recibir una descarga eléctrica antes que quedarse solos con sus pensamientos. Si tienes que ir a diario a reuniones para hacer contactos empresariales y decirle a la gente a qué te dedicas, es difícil alejarte de esa reducción de quién eres. Si todas las noches ves *Mujeres ricas*, empezarás a pensar que lanzarles a tus amigos copas de vino a la cara es un comportamiento normal. Cuando llenamos la vida de cosas y no dejamos sitio para la reflexión, esas distracciones se convierten en nuestros valores por defecto.

No podemos abordar nuestros pensamientos y explorar nuestra mente cuando estamos preocupados. Tampoco estar en casa de brazos cruzados te enseña nada. Te sugiero tres formas de crear espacio activamente para la reflexión. Primero, te recomiendo que te sientes a diario a reflexionar sobre cómo te ha ido el día y qué emociones notas. Segundo, una vez al mes, puedes aproximarte al cambio que yo experimenté en el *ashram* yendo a un sitio en el que nunca hayas estado para analizarte a ti mismo en un entorno distinto. Puede ser cualquier cosa, desde ir a un parque o una biblioteca que no conoces hasta hacer un viaje. Finalmente, participa en algo que sea valioso para ti: una afición, una organización benéfica, una causa política, etc.

Otra forma de hacerlo es evaluar cómo estamos rellenando el espacio del que disponemos y si esas elecciones reflejan nuestros valores.

Tu vida a examen

Independientemente de cuáles creas que son tus valores, tus actos no mienten. Lo que hacemos con nuestro ocio demuestra lo que valoramos. Por ejemplo, puede que pasar tiempo con tu familia esté en el primer puesto de tu lista de valores, pero, si inviertes todo tu ocio en jugar al golf, tus actos no coinciden con tus valores, por lo que necesitas hacer autoexamen.

Tiempo

Primero, vamos a evaluar cómo pasas el tiempo cuando no estás durmiendo ni trabajando. Los investigadores han descubierto que, al final de nuestra vida, habremos pasado treinta y tres años de media en la cama (siete de ellos dedicados a intentar conciliar el sueño), un año y cuatro meses haciendo ejercicio y más de tres años de vacaciones. Si eres mujer, habrás pasado 136 días arreglándote. Si eres hombre, la cifra desciende hasta 46. Naturalmente, solo son estimaciones, pero nuestras decisiones diarias suman.[7]

HAZ LA PRUEBA: **TU TIEMPO A EXAMEN**

Durante una semana, lleva un registro de cuánto tiempo dedicas a las siguientes esferas: familia, amigos, salud y tú mismo/a. (Fíjate en que excluimos dormir, comer y trabajar. El trabajo, en todas sus formas, puede extenderse sin restricción. Si ese es tu caso, establece cuándo consideras que estás trabajando «oficialmente» y añade la categoría «horas extra».) Las esferas en las que inviertes la mayor parte del tiempo deberían coincidir con lo que más valoras. Pongamos que la cantidad que te quita el trabajo supera la importancia que tiene para ti. Es una señal de que debes analizar muy detenidamente esa decisión. Estás invirtiendo tiempo en algo que no consideras importante. ¿Qué valores hay detrás de esa decisión? ¿El sueldo satisface en última instancia tus valores?

Medios de comunicación

Después de hacer el autoexamen, seguro que una parte importante del tiempo la has pasado leyendo o viendo material en medios de comunicación. Los investigadores calculan que, de media, cada persona pasará más de once años de su vida viendo la televisión y las redes sociales. Puede que tus elecciones mediáticas te parezcan fortuitas, pero el tiempo es un reflejo de nuestros valores.[8]

Existen muchos medios de comunicación, aunque la mayoría no le dedicamos demasiadas horas al cine, la televisión o las revistas. Hoy todo gira en torno a los dispositivos tecnológicos. Tu propio iPhone te dice exactamente cuánto tiempo lo usas. En Configuración, mira el informe del tiempo en pantalla de la última semana y verás cuántas horas y minutos dedicas a las redes sociales, los juegos, el correo e internet. Si no te gusta lo que ves, puedes fijarte límites. En Android tienes acceso al tiempo de uso de la batería en el mismo menú, en «Mostrar uso completo del dispositivo». También puedes descargarte una aplicación, como Social Fever o MyAddictometer.

Dinero

Como en el caso del tiempo, puedes fijarte en el dinero que gastas para ver qué valores rigen tu vida. Excluye necesidades como la casa, las cargas familiares, el coche, las facturas, la comida y las deudas. Ahora fíjate en los gastos discrecionales. ¿Cuál ha sido tu mayor inversión este mes? ¿Qué campos te están costando más? ¿Se corresponden tus gastos con lo que más te importa? A menudo tenemos una perspectiva extraña de lo que «merece la pena», que no tiene mucha lógica si analizas todos tus desembolsos a la vez. Una vez asesoré a una persona que se quejaba de que en su familia invertían más de la cuenta en las clases extraescolares de los niños..., hasta que se percató de que ella gastaba más en zapatos que en las clases de música de sus hijos.

Después de ver publicaciones en las redes sociales en las que se comparaban gastos y prioridades, me dio por pensar en cómo la forma en que invertimos nuestro tiempo y dinero revelan lo que valoramos.

Una serie de televisión de 60 minutos («¡Se pasa volando!»)
Una comida familiar de 60 minutos («¡No veo el momento de que acabe!»)
Café diario (4 dólares, casi 1.500 dólares al año) («¡Lo necesito!»)
Alimentos frescos y saludables (1,50 dólares extras al día, unos 550 dólares al año) («¡No vale la pena!»)
15 minutos navegando en las redes sociales («¡Tiempo para mí!»)
15 minutos de meditación («¡No tengo tiempo!»)

Todo depende de cómo lo veas. Cuando analices los gastos del mes, piensa si las compras discrecionales fueron inversiones a largo o a corto plazo; por ejemplo, una cena especial en un restaurante o una clase de baile. ¿El fin era entretenerte o sentirte realizado? ¿El destinatario eras tú u otra persona? Si estás apun

tado a un gimnasio, pero solo has ido una vez este mes y has gastado más en vino, te conviene reconsiderarlo.

Criba tus valores

Hacer autoexamen te permite conocer qué valores se han colado en tu vida por defecto. El siguiente paso es decidir cuáles son los tuyos y si tus decisiones están en consonancia con ellos. Contemplar los de un monje te puede ayudar a identificarlos. Nuestros maestros del *ashram* nos enseñaron que los valores se dividen en superiores e inferiores. Los superiores nos impulsan y nos elevan hasta la felicidad, la realización y el sentido. Los inferiores nos relegan a la ansiedad, la depresión y el sufrimiento. Según el Gita, estos son los valores y las cualidades superiores: ausencia de temor, pureza de mente, gratitud, servicio y caridad, aceptación, sacrificios, estudio profundo, austeridad, honradez, no violencia, veracidad, ausencia de ira, renuncia, perspectiva, evitar buscar defectos en los demás, compasión por todos los seres vivos, satisfacción, gentileza/amabilidad, integridad y determinación. (Fíjate en que la felicidad y el éxito no se encuentran entre ellos. Es porque son recompensas —la finalidad—, y eso lo trataremos a fondo en el capítulo cuatro.)[9]

Los seis valores inferiores son la avaricia, la lujuria, la ira, el ego, la ilusión y la envidia. Su inconveniente es que se apoderan muy fácilmente de nosotros cuando les hacemos sitio, pero la ventaja es que son muchos menos. O, como mi maestro Gauranga Das nos recordaba, siempre hay más formas de subir que de bajar.

No podemos extraer una serie de valores de la nada ni hacer cambios radicales de la noche a la mañana. En su lugar, nos conviene liberarnos de los valores falsos que ocupan espacio en nuestra vida. En el *ashram* los monjes tuvimos la oportunidad de observar la naturaleza; los maestros nos hacían fijarnos en el ciclo de todos los seres vivos. Las hojas brotan, se transforman y caen. Los reptiles, las aves y los mamíferos mudan la piel, las plumas y el pelo. Liberarse tiene un papel importante en el ritmo de la naturaleza, como también renacer. Los humanos nos aferramos a cosas —personas, ideas, posesiones materiales, el libro de Marie Kondo...— porque creemos que deshacerse de ellas no es normal, pero liberarse es una vía directa a la creación de espacio (en sentido literal) y al sosiego. Nos separamos —emocionalmente, pero también físicamente— de las personas y las ideas que llenan nuestra vida y luego nos dedicamos a observar las tendencias naturales que nos empujan.

HAZ LA PRUEBA: **VALORES PASADOS**

Reflexiona sobre las tres mejores y las tres peores decisiones que has tomado en tu vida. ¿Por qué lo hiciste? ¿Qué has aprendido? En retrospectiva, ¿lo habrías hecho de otra forma?

Todos los días nos enfrentamos a decisiones que tomar, y podemos empezar a aplicar valores cuando lo hagamos. Cada vez que tomamos una decisión, ya sea tan importante como casarse o tan nimia como una discusión con un amigo, lo hacemos impulsados por nuestros valores, tanto sin son elevados como si son bajos. Si esas elecciones nos dan buen resultado, entonces nuestros valores están en consonancia con nuestros actos. Pero cuando las cosas no dan resultado, merece la pena reconsiderar la elección que hiciste.

Ahora examina tus respuestas, porque en ellas se ocultan tus valores. ¿Por qué tomaste determinada decisión? Puede que hayas estado con la persona adecuada o inadecuada por el mismo motivo: amor. O quizá viajases a la otra punta del país porque buscabas un cambio, en cuyo caso el valor subyacente podría ser la aventura. Ahora haz lo mismo con el futuro. Fíjate en tus objetivos principales para ver si están motivados por otras personas, por la tradición o si se trata de ideas impuestas por los medios de comunicación sobre cómo debemos vivir.

HAZ LA PRUEBA: DECISIONES BASADAS EN VALORES

Durante la próxima semana, cada vez que gastes dinero en cosas innecesarias o hagas planes, párate a pensar en qué valor hay detrás de cada decisión. Solo se tarda un segundo, un mínimo de consideración. Lo ideal es que esa pausa momentánea se vuelva instintiva, de modo que hagas elecciones conscientes sobre lo que te importa y la energía que le dedicas.

Filtra las OEO, no las bloquees

Una vez que hayas filtrado el ruido de las opiniones, las expectativas y las obligaciones (OEO), lo verás todo con otros ojos. El siguiente paso consiste en volver a darle la bienvenida al mundo. Cuando te pido que te despojes de las influencias externas, no quiero que desconectes indefinidamente de todo. El reto es hacerlo conscientemente, formulándote preguntas sencillas: ¿qué cualidades busco/admiro en mis familiares, amigos y colegas?, ¿responsabilidad, confianza, determinación, honestidad...? Sean cuales sean, esas cualidades son en realidad nuestros valores: los puntos de referencia que deben servirnos de guía en la vida.

Cuando estés con gente, rodéate de personas que coincidan con ellos. Resulta útil buscar una comunidad que refleje lo que deseas ser, una que se parezca al futuro al que aspiras. ¿Te acuerdas de lo mucho que me costó empezar ser monje durante mi último año de universidad? Pues ahora lo que me cuesta es vivir en Londres. Rodeado de la gente con la que me crie y su estilo de vida, siento la tentación de trasnochar, cotillear y juzgar a los demás. Gracias a una cultura nueva me redefiní y otra cultura nueva me ayudó a seguir mi camino.

Cada vez que te mudas de casa, cambias de trabajo o te embarcas en una nueva relación, tienes una oportunidad inmejorable de reinventarte. Múltiples estudios demuestran que la forma en que nos relacionamos con el mundo que nos rodea es contagiosa. Un estudio realizado a lo largo de veinte años con habitantes de un pueblo de Massachusetts demostró que tanto la felicidad como la depresión se propagan dentro de los círculos sociales. Si un amigo que vive a un kilómetro de tu casa se siente más feliz por lo que sea, las posibilidades de que tú también te sientas dichoso aumentan un 25 por ciento. El efecto se amplía con los vecinos de al lado.[10]

Las personas de las que te rodeas te ayudan a mantener tus valores y alcanzar tus metas. Reforzáis vuestro vínculo mutuamente. Si aspiras a correr una maratón en dos horas y cuarenta y cinco minutos, no entrenas con gente que tarda cuatro horas y cuarenta y cinco minutos. Si quieres ser más espiritual, practica más con otras personas espirituales. Si anhelas hacer crecer tu negocio, únete a una cámara de comercio o un grupo de empresarios online que aspiren a un éxito parecido. Si eres padre y tienes demasiado trabajo, pero quieres que tus hijos sean tu prioridad, relaciónate con otros padres que priorizan a los suyos, de manera que puedas intercambiar ayuda y consejos. Mejor aún, cuando sea posible, mezcla grupos: fomenta las relaciones con empresarios espirituales que corren maratones. Vale, estoy de coña, pero en el mundo actual, en el que disponemos de más formas de conectar que nunca, plataformas como LinkedIn y Meetup y herramientas como los grupos de Facebook hacen más fácil que nunca dar con tu tribu. Si aspiras a encontrar el amor, busca en sitios donde los valores sean importantes, como oportunidades de ayudar, actividades físicas o deportivas, o una serie de conferencias sobre un tema que te interese.

Si no estás seguro de dónde encajan los demás en relación con tus valores, pregúntate si cuando pasas tiempo con esa persona o ese grupo sientes que estás acercándote o alejándote de quien deseas ser. La respuesta podría ser obvia: es evidente si te pasas cuatro horas seguidas jugando al FIFA en la PS2 (tampoco es que yo lo haya hecho) en lugar de participar en algo que merezca la pena y mejore tu calidad de vida. Pero también podría ser más vaga: una sensación de irritación o confusión mental después de pasar tiempo con ellos. Nos gusta estar con gente que nos hace bien, pero no nos gusta estar con aquella que no nos apoya o que resalta nuestras malas costumbres.

HAZ LA PRUEBA: TUS RELACIONES A EXAMEN

A lo largo de una semana, haz una lista de la gente con la que pasas más tiempo. Enumera los valores que compartes con cada persona. ¿Concedes más tiempo a quienes están en sintonía con ellos?

Con quién hablas, qué ves o qué haces en tu tiempo: todas esas fuentes fomentan valores y opiniones. Si te limitas a vivir al día sin cuestionarte qué te importa, te dejarás influir por lo que los demás —desde tu familia hasta miles de profesionales del marketing— quieren que pienses. Continuamente me acuerdo del momento del almacén. Cuando me viene una idea a la cabeza, me pregunto: «¿Encaja esto con los valores que yo he elegido o con los que otros han seleccionado para mí? ¿Es esto polvo o soy yo?».

Cuando te concedes espacio y sosiego, puedes limpiar el polvo y verte a ti mismo, no con los ojos de otros, sino desde dentro. Identificar tus valores y dejarte guiar por ellos te ayudará a filtrar las influencias externas. En el próximo capítulo, esas técnicas te servirán para cribar las actitudes y emociones no deseadas.

2

Negatividad

El rey malo pasa hambre

Es imposible basar la felicidad propia
en la infelicidad de los demás.

DAISAKU IKEDA

Es el verano del año en que terminé tercero de carrera. He vuelto de pasar un mes en el ashram *y estoy haciendo prácticas en una empresa financiera. Estoy comiendo con un par de colegas: hemos comprado unos sándwiches y hemos salido al patio de hormigón de enfrente del edificio, donde unos muros bajos entrecruzan el paisaje sólido y los jóvenes trajeados almuerzan algo rápido, descongelándose al sol estival antes de volver al edificio hiperclimatizado. Soy un monje fuera del agua.*

—¿Os habéis enterado de lo de Gabe? —susurra sonoramente uno de mis amigos—. Los socios le han machacado la presentación.

—Ese tío... —dice otro, moviendo la cabeza con incredulidad— tiene los días contados.

Me retrotraigo a una clase de Gauranga Das llamada «Cánceres de la mente: comparar, quejarse, criticar». En ella hablamos de hábitos de pensamiento negativos, incluidos el cotilleo. Uno de los ejercicios consistió en llevar la cuenta de todas las críticas que verbalizábamos o que pensábamos. Por cada una teníamos que escribir diez aspectos positivos de la persona en cuestión.

Era difícil. Vivíamos juntos en un espacio reducido. Surgían problemas, casi todos insignificantes. El tiempo medio de ducha de un monje era de cuatro minutos. Cuando se formaba cola, apostábamos a ver quién se estaba alargando. (Esas eran las únicas apuestas que hacíamos. Éramos monjes.) Y aunque los roncadores estaban desterrados a una habitación propia, a veces aparecían otros nuevos, y puntuábamos sus ronquidos en una escala de motocicletas: este monje es una Vespa, ese es una Harley-Davidson...

Hice el ejercicio anotando cada crítica que dejaba escapar. Al lado apuntaba diez cualidades positivas. La finalidad del ejercicio se intuía fácilmente —cada persona tenía más de bueno que de malo—, pero verlo escrito en la página me hizo darme cuenta de la proporción. Eso me ayudó a ver mis debilidades de otra forma. Yo acostumbraba a centrarme en mis errores sin contraponerlos con mis puntos fuertes. Cuando descubrí que era muy autocrítico, me acordé de que también tenía cualidades positivas. Poner las negativas en contexto me ayudó a reconocer esa misma proporción en mi persona, es decir, que soy más bueno que malo. En clase hablamos de esa reacción en cadena: cuando criticamos a otros, no podemos evitar fijarnos en lo malo de nosotros mismos; pero cuando buscamos el bien en los demás también empezamos a ver lo mejor de nosotros.

El colega que tenía al lado me saca de mi ensoñación dándome un empujón.

—Entonces, ¿crees que va a aguantar?

He perdido el hilo de lo que estábamos hablando.

—¿Quién? —pregunto.

—Gabe... No deberían haberlo contratado, ¿verdad?

—Eh, no sé —contesto.

Después de pasar por el *ashram*, me volví muy susceptible a los cotilleos. Me había acostumbrado a mantener conversaciones ante todo con energía positiva. Cuando volví al mundo real, me sentía tan incómodo que me quedaba callado. No quería ejercer de policía de la moral, pero tampoco participar. Como aconsejó Buda: «No prestes atención a lo que los demás hacen o dejan de hacer; préstasela a lo que tú haces o dejas de hacer».[1] Rápidamente me acostumbré a decir cosas como «No lo sé...» o «No me había enterado». Luego cambiaba a un tema de conversación más positivo. «¿Sabes que a Max le han pedido que se quede? Cuánto me alegro por él.» Los chismes son útiles en algunas situaciones: ayudan a la sociedad a regular qué comportamientos se consideran aceptables y a menudo los usamos para ver si los demás están de acuerdo con nuestros juicios sobre la conducta de otras personas y, por lo tanto, con nuestros valores. Pero hay formas mejores de sortear esas preguntas. Muchas veces utilizamos los chismes para rebajar a los demás, cosa que puede hacer que nos sintamos superiores o reforzar nuestra posición en un grupo.

Algunos de mis amigos y colegas dejaron de rumorear conmigo; en lugar de eso, pasamos a mantener conversaciones de verdad. Algunos se fiaban más de mí, conscientes de que, como no cotilleaba con ellos, tampoco lo haría sobre ellos. Si hay quien pensó que era un muermo, no tengo nada malo que decir.

La negatividad está por todas partes

Te despiertas. Tienes el pelo fatal. Tu pareja se queja de que se ha acabado el café. De camino al trabajo, por culpa de un conductor que va mirando el móvil te quedas sin pasar un semáforo. Las noticias en la radio son peores que las de ayer. Tu compañero de trabajo te susurra que Candace ha vuelto a hacerse la enferma... La negatividad nos asalta a diario. No me extraña que no podamos evitar proyectarla además de recibirla. Pregonamos las molestias y no las pequeñas alegrías. Nos comparamos con los vecinos, nos quejamos de nuestra pareja, hacemos comentarios de nuestros amigos a sus espaldas que nunca les haríamos a la cara, criticamos a gente en las redes sociales, discutimos, engañamos y hasta tenemos arrebatos de ira.

Esa cháchara negativa incluso se da a lo largo de lo que podríamos considerar un «buen día», y nadie la ha planeado de antemano. Sé por experiencia que uno no se levanta y piensa: «¿Qué puedo hacer hoy para fastidiar al resto?» o «¿Me sentiré mejor si hago que los demás lo pasen mal?». Aun así, la negatividad suele venir de dentro. Tenemos tres necesidades emocionales básicas, que me gusta llamar paz, amor y comprensión (gracias, Nick Lowe y Elvis Costello por la canción homónima). La negatividad —en conversaciones, emociones y actos— a menudo es fruto de una amenaza para esas tres necesidades: miedo a que pasen cosas malas (pérdida de la paz), a no ser queridos (pérdida del amor) o a que nos falten al respeto (pérdida de la comprensión). Muchas otras emociones son resultado de esos miedos: agobio, inseguridad, ofensa, competitividad, dependencia, etc. Los sentimientos negativos brotan de nosotros en forma de quejas, comparaciones, críticas y otros comportamientos nocivos. Piensa en todos los troles que se dedican a acosar con inquina a sus objetivos en las redes sociales. Tal vez teman que no los respeten y recurren a la provocación para sentirse importantes. O tal vez sus opiniones políticas les generan miedo a que su mundo no sea seguro. (O puede que simplemente quieran conseguir seguidores: está claro que el miedo no es la motivación de todos los troles del mundo.)

Otro ejemplo: quién no tiene un amigo que aprovecha una llamada de teléfono para desahogarse eternamente hablando de su trabajo, su pareja y su familia: todo está mal, todo es injusto, nada va a cambiar nunca... Para esa gente, parece que nunca va nada bien. Esa persona puede estar expresando su miedo a que pasen cosas malas; ve amenazada su necesidad básica de paz y seguridad.

Efectivamente, pasan cosas malas. En la vida todos somos víctimas en algún momento: ya sea porque nos juzgan por nuestra raza o porque se te cruzan en la carretera. Pero, si adoptamos una mentalidad de víctima, es más probable que nos sintamos con derecho a ciertas cosas y que actuemos de forma egoísta. Unos psicólogos de Stanford seleccionaron a 104 sujetos y los dividieron en dos grupos: a uno le pidieron que escribiesen una redacción breve sobre un momento en el que se aburrieron y al otro sobre un momento en el que la vida les pareció injusta o se sintieron «agraviados o ligeramente ofendidos por alguien». Después, los investigadores preguntaron a los participantes si querían ayudarlos a realizar una tarea sencilla. Los que habían escrito sobre agravio eran un 26 por ciento menos propensos a ayudar a los investigadores.[2] En un estudio similar, los participantes que se identificaron como víctimas no solo tenían más inclinación a expresar actitudes egoístas después, sino que también tendían más a dejar basura y llevarse los bolígrafos de los investigadores.

La negatividad es contagiosa

Somos animales sociales y obtenemos casi todo lo que deseamos en la vida —paz, amor y comprensión— de la gente que nos rodea. Nuestro cerebro se adapta automáticamente tanto a la armonía como al desacuerdo. Ya hemos hablado de que inconscientemente tratamos de complacer a los demás. Pues también deseamos estar de acuerdo con el resto. Las investigaciones han demostrado que la mayoría de los humanos valoran hasta tal punto la conformidad social que modifican sus reacciones —incluso sus percepciones— para estar de acuerdo con el grupo, aunque esté claro que este se equivoca.

En los años cincuenta del siglo xx, Solomon Asch reunió a varios grupos de universitarios y les dijo que iban a hacer una prueba visual. La trampa consistía en que todas las personas eran actores, menos una: el sujeto de la prueba.[3]

Asch mostró primero a los participantes una línea «objetivo» y luego una serie de tres líneas: una más corta, otra más larga y una tercera que era claramente de la misma longitud que la objetivo. Les preguntó a los estudiantes qué línea era igual de larga que la objetivo. A veces los actores respondían correctamente y otras, a propósito, no. En cada caso, el participante real del estudio contestaba el último. La respuesta correcta debería de haber sido evidente, pero, influidos por los actores, aproximadamente un 75 por ciento de los sujetos seguían al resto y respondían incorrectamente como mínimo una vez. Este fenómeno se denomina «sesgo de grupo».

Estamos programados para amoldarnos.[4] Tu cerebro prefiere evitar el conflicto y el debate e instalarse en la comodidad de la afinidad. Eso no es malo si, por ejemplo, estamos rodeados de monjes. Pero si estamos rodeados de chismes, conflictos y negatividad, empezamos a ver el mundo en esos términos, como la gente que actuaba en contra de lo que le decían sus ojos en el experimento de Asch.

El instinto de consenso tiene un impacto enorme en la vida. Es uno de los motivos por los que, en una cultura de la queja como la nuestra, nos acabamos sumando.

Y cuanta más negatividad nos rodea, más negativos nos volvemos. Creemos que quejarnos nos ayudará a procesar la ira, pero las investigaciones confirman que hasta las personas que

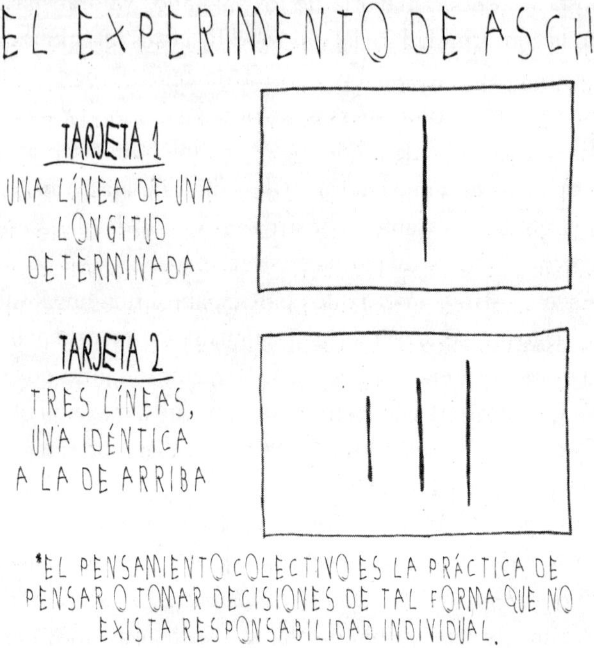

dicen sentirse mejor después de desahogarse siguen siendo más agresivas que quienes no lo hacen.[5]

En Bhaktivedanta Manor, el templo de Londres, había un monje que me sacaba de quicio. Cuando le preguntaba qué tal estaba por la mañana, me decía lo mal que había dormido y de quién era la culpa. Se quejaba de lo mala que era la comida; sin embargo, nunca tenía suficiente. La verborrea era incesante y a mí no me apetecía estar con él.

Entonces me sorprendí quejándome a los demás monjes. Y así me convertí precisamente en lo que criticaba. Quejarse es contagioso y él me lo había pegado.

Algunos estudios demuestran que ese tipo de negatividad puede aumentar la agresividad arbitraria hacia personas inocentes y que, cuanto más negativa es tu actitud, más probable es que así sea en el futuro. Los estudios también demuestran que el estrés prolongado, como el que genera quejarse, encoge el hipocampo, la región del cerebro que interviene en el razonamiento y la memoria.[6] El cortisol, la misma hormona del estrés que afecta al hipocampo, también perjudica el sistema inmunológico (además de tener muchos otros efectos perniciosos). No pretendo culpar a la negatividad de todas las enfermedades, pero, si mantener una actitud positiva puede evitar que pille un resfriado en invierno, me declaro totalmente a favor.

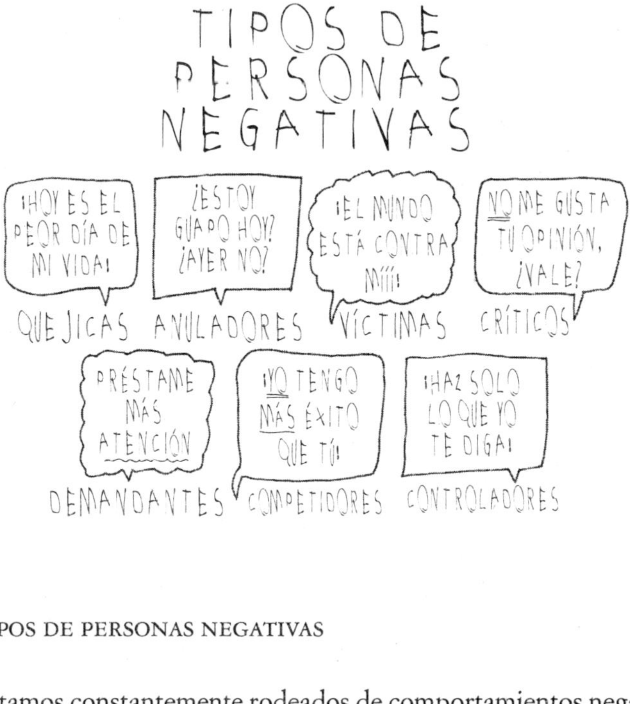

Tipos de personas negativas

Estamos constantemente rodeados de comportamientos negativos y nos hemos acostumbrado a ellos. Piensa si tienes gente así en tus círculos:

- Quejicas, como el amigo del teléfono, que se queja una y otra vez sin buscar soluciones. La vida es un problema difícil de resolver, si no imposible.
- Anuladores, que reciben un cumplido y le dan la vuelta: «Hoy estás guapo» se convierte en «¿Quieres decir que ayer no lo estaba?».
- Víctimas, que piensan que el mundo está contra ellos y culpan al resto de sus problemas.
- Críticos, que juzgan a los demás por opinar distinto o no hacerlo, por cualquier decisión que hayan tomado que difiera de lo que ellos hubiesen hecho.
- Demandantes, que son conscientes de sus límites, pero presionan a los demás para tener éxito. Dicen cosas como «Nunca tienes tiempo para mí», aunque ellos también estén ocupados.
- Competidores, que se comparan con el resto de la gente y controlan y manipulan para que ellos o sus decisiones parezcan mejores. Sufren tanto que quieren deprimir a los demás. A menudo tenemos que minimizar nuestros éxitos delante de esas personas porque somos conscientes de que no saben apreciarlos.
- Controladores, que supervisan y tratan de gestionar el tiempo de sus amigos o su pareja, con quién lo pasan y qué decisiones toman.

Puedes echar el rato con esta lista, buscando a alguien que encaje en cada categoría. Pero su verdadera finalidad es ayudarte a identificar y enmarcar esos comportamientos cuando se te presenten. Si metes a todo el mundo en el mismo saco de negatividad («¡Qué pesados son!»), no conseguirás decidir cómo gestionar cada relación.

El día que llegué al *ashram* con otros seis monjes de Inglaterra, nos dijeron que pensásemos en nuestro nuevo hogar como en un hospital en el que todos somos pacientes. No percibíamos hacernos monjes y distanciarnos de la vida material como un logro en sí mismo. Simplemente significaba que estábamos listos para ingresar en un lugar de curación en el que podíamos esforzarnos por vencer las enfermedades del alma que nos contagiaban y nos debilitaban.

En un hospital, como todos sabemos, incluso los médicos se ponen malos. Nadie es inmune. Los monjes veteranos nos recordaban que todo el mundo podía enfermar de cualquier cosa, nadie dejaba de aprender, y que, del mismo modo que no juzgaríamos los problemas de salud de alguien, tampoco debíamos juzgar a alguien por cometer otros pecados distintos. Garaunga Das repetía este consejo de una forma escueta y metafórica a la que solíamos recurrir para acordarnos de que no debíamos albergar pensamientos negativos hacia los demás: «No juzgues a alguien con una enfermedad distinta. No esperes que nadie sea perfecto. No pienses que tú lo eres».

En lugar de juzgar el comportamiento negativo, intentamos neutralizar la carga, o incluso invertirla y convertirla en positiva. Una vez que reconoces que el quejica no busca soluciones, te das cuenta de que tú no tienes por qué proporcionárselas. Si un demandante dice: «Estás tan ocupado que no me dedicas tiempo», puedes contestarle: «¿Buscamos un momento que nos venga bien a los dos?».

Invierte la negatividad externa

Las categorías anteriores nos ayudan a apartarnos de las personas negativas para tomar decisiones lúcidas sobre nuestro papel en la situación. La actitud del monje consiste en profundizar hasta la raíz, hacer un diagnóstico y aclarar un asunto de forma que te lo puedas explicar a ti mismo de manera sencilla. Vamos a emplear este enfoque para definir estrategias con las que lidiar con gente negativa.

Observa de forma objetiva

Los monjes nos guiamos por la conciencia. Abordamos la negatividad —un tipo de conflicto, en realidad— dando un paso atrás para distanciarnos de la carga emocional del momento. El padre Thomas Keating, un monje católico, dijo: «No existe ningún mandamiento que diga que tenemos que ofendernos por cómo nos tratan los demás. El motivo por el que lo hacemos es que tenemos un programa emocional que nos dice que, si alguien nos trata mal, no podemos ser felices ni sentirnos bien con nosotros mismos. [...] En lugar de reaccionar compulsivamente y responder, podríamos gozar de nuestra libertad como seres humanos y negarnos a ofendernos».[7] Reculamos, no de forma literal, sino emocional, y contemplamos la situación como si no estuviésemos en medio de ella. En el siguiente capítulo hablaremos más de esa distancia, que se llama «desapego». De momento solo diré que nos ayuda a comprender sin juzgar. La negatividad es un atributo, no la identidad de alguien. El verdadero carácter de una persona puede estar oculto tras las nubes, pero, como el sol, siempre está ahí. Y las nubes pueden apoderarse de cualquiera de nosotros. Es algo que tenemos que entender cuando tratamos con gente que exuda energía negativa. Del mismo modo que no nos gustaría que alguien nos juzgase por nuestros peores momentos, debemos tener cuidado de no hacerlo con los demás. Cuando una persona te hace sufrir es porque sufre. Su sufrimiento simplemente se desborda. Necesita auxilio. Y como dice el Dalai Lama: «Si puedes, ayuda a los demás; si no puedes, al menos no les hagas daño».

Retírate poco a poco

Cuando estamos dispuestos a comprender, nos encontramos mejor equipados para abordar la energía negativa. La respuesta más fácil es retirarse poco a poco. Del mismo modo que en el capítulo anterior nos desprendimos de las influencias que interferían en nuestros valores, nos conviene limpiar las actitudes negativas que empañan nuestro punto de vista. En *El corazón de las enseñanzas de Buda*, Thich Nhat Hanh, un monje budista al que han señalado como el padre del mindfulness, escribe: «El desapego nos da libertad y esta es la única condición para conseguir la felicidad. Si, en el fondo de nuestro corazón todavía nos asimos a algo —la ira, la ansiedad o las posesiones—, no podemos ser libres».[8] Te animo a que purgues o evites los desencadenantes físicos de pensamientos y emociones negativos, como esa sudadera que te regaló tu ex o esa cafetería donde siempre te encuentras con un antiguo amigo. Si no te liberas físicamente, tampoco lo harás emocionalmente.

Pero cuando está implicado un familiar, un amigo o un colega, distanciarnos a menudo no es una opción o no es nuestra primera reacción. Tenemos que emplear otras estrategias.

El principio del 25/75

Por cada persona negativa en tu vida, tienes tres que te enriquecen. Yo trato de rodearme de gente que es mejor que yo en algún aspecto: más feliz o más espiritual. En la vida, como en los deportes, estar con jugadores mejores te obliga a progresar. No pretendo que te lo tomes al pie de la letra y etiquetes a cada uno de tus amigos de negativo o enriquecedor, pero fíjate como objetivo tener la sensación de que pasas al menos un 75 por ciento de tu tiempo con personas que te motivan en lugar de deprimirte. Pon de tu parte para convertir la amistad en una experiencia enriquecedora.

No te limites a pasar tiempo con la gente que quieres, crece con ellos. Apúntate a un curso, lee un libro, participa en un taller... *Sangha* significa «comunidad» en sánscrito y alude a un refugio en el que las personas se ayudan y se motivan mutuamente.

Distribuye tu tiempo

Otra forma de reducir la negatividad si no puedes eliminarla es regular cuánto tiempo le cedes a una persona basándote en su energía. Nos enfrentamos a ciertos desafíos solo porque les permitimos que lo sean. Puede que haya personas a las que no soportes más de una hora al mes; a otras, un día, una semana... Tal vez incluso haya alguien a quien solo aguantas un minuto. Considera cuánto tiempo te conviene pasar con ellas y no lo superes.

No seas el salvador

Si lo que todo el mundo necesita es que lo oigan, puedes escuchar sin gastar mucha energía. Si tratamos de resolver problemas, nos llevamos una decepción cuando la gente no acepta nuestros brillantes consejos. El deseo de salvar a otros es egoísta. No dejes que tus necesidades determinen tu reacción. En *Ética de los padres,* una recopilación de enseñanzas y máximas de la tradición rabínica judía, se recomienda lo siguiente: «No le cuentes los dientes de la boca a nadie».[9] Del mismo modo, no intentes solucionar un problema a menos que tengas las aptitudes necesarias. Piensa en tu amigo como en una persona que se está ahogando. Si eres un nadador magnífico, un socorrista preparado, tienes la fuerza y los recursos para ayudar a un bañista en peligro. De la misma manera, si dispones del tiempo y el espacio mental para ayudar a otra persona, adelante. Pero, si solo nadas de forma pasable y tratas de salvar a un ahogado, es probable que te arrastre con él. En lugar de eso, llama al socorrista. Igualmente, si no tienes las energías ni la experiencia para auxiliar a un amigo, puedes remitirlo a gente o ideas que le sean de ayuda. Tal vez tenga que rescatarlo otra persona.

INVIERTE LA NEGATIVIDAD INTERNA

La forma lógica de eliminar lo innecesario es trabajar de afuera hacia dentro. Una vez que reconocemos y empezamos a neutralizar las negatividades externas, somos capaces de ver nuestras tendencias negativas y comenzar a invertirlas.

A veces no admitimos la responsabilidad de la negatividad que nosotros mismos aportamos al mundo, pero no siempre procede de los demás ni se proclama a voces. Envidia, queja, ira... Es más fácil culpar a quienes nos rodean de la cultura de la negatividad, pero purificar nuestros pensamientos nos protegerá de la influencia de los demás.

En el *ashram,* nuestras aspiraciones de pureza eran tan elevadas que la «competencia» adoptaba forma de renuncia («Como menos que ese»; «He meditado más que nadie».) Pero un monje no se puede tomar en serio a sí mismo si lo que piensa al final de la meditación es «¡Miradme! ¡He durado más que nadie!». Si ha llegado a ese punto, ¿para qué ha servido la meditación? En *The Monastic Way*, una recopilación de citas editada por Hannah Ward y Jennifer Wild, la hermana Christine Vladimiroff dice: «[En un monasterio], la única competencia permitida es superarse en muestras de amor y respeto».[10]

La competencia engendra envidia.[11] En el Mahabharata, un guerrero malvado envidia a otro y desea que pierda cuanto tiene. El malvado se esconde un trozo de carbón encendido en la túnica con la intención de lanzárselo al sujeto de su envidia.

Pero entonces se incendia y el guerrero malvado se quema. La envidia lo convierte en su propio enemigo.

El pariente rencoroso de la envidia es la *Schadenfreude,* que significa «regodearse en el sufrimiento ajeno». Cuando disfrutamos de los fracasos de otras personas, estamos levantando nuestra casa y nuestro orgullo sobre los cimientos inestables de la imperfección o la mala suerte ajena. Y eso no es terreno firme. De hecho, si nos sorprendemos juzgando a los demás, debemos prestar atención. Es una señal de que nuestra mente nos está engañando para que pensemos que avanzamos cuando en realidad estamos atascados. Si yo vendí más manzanas que tú ayer, pero tú has vendido más hoy, eso no indica que haya mejorado como vendedor de manzanas. **Cuanto más nos definimos en relación con la gente que nos rodea, más perdidos estamos.**

Puede que nunca nos purguemos por completo de la envidia, los celos, la avaricia, la lujuria, la ira, el orgullo y el engaño, pero eso no significa que debamos dejar de intentarlo. En sánscrito, la palabra *anartha* significa generalmente «cosas no deseadas» y practicar *anartha-nivritti* es deshacerse de lo que no se quiere. Creemos que la libertad equivale a poder decir lo que queramos, a poder perseguir todos nuestros deseos. La auténtica libertad consiste en liberarse de las cosas que no queremos, los deseos desenfrenados que conducen a finales no anhelados.

Liberarse no significa borrar por completo los pensamientos, emociones e ideas negativos. Lo cierto es que esos pensamientos siempre volverán; la diferencia está en qué hacemos con ellos. El perro del vecino que no para de ladrar es un incordio. Siempre te va a interrumpir. La cuestión es cómo orientar esa reacción. La clave de la verdadera libertad es el conocimiento de uno mismo.

Cuando evalúes tu negatividad, ten presente que hasta los actos más pequeños tienen consecuencias; incluso cuando tomamos conciencia de la ajena y decimos: «Ella siempre se está quejando», nosotros mismos estamos siendo negativos. En el *ashram* dormíamos bajo mosquiteras. Cada noche las cerrábamos y usábamos linternas para asegurarnos de que no había bichos. Una mañana me desperté y descubrí que un mosquito se había colado en la mía y me había picado como diez veces. Entonces pensé en algo que dijo el Dalai Lama: «Si crees que eres demasiado pequeño para cambiar el mundo, intenta dormir con un mosquito». Las ideas y los pensamientos mezquinos y negativos son como los mosquitos: hasta los más pequeños pueden arrebatarnos la paz.

Detectar, detenerse y desviarse

La mayoría de nosotros no reparamos en nuestros pensamientos negativos, como yo tampoco reparé en aquel mosquito solitario. Para purificar los pensamientos, los monjes hablamos del proce-

so de conciencia, reflexión y enmienda. Primero cobramos conciencia de un sentimiento o un problema: lo detectamos. Luego nos paramos a reflexionar sobre qué sentimiento es y de dónde procede: nos detenemos a considerarlo. Y por último enmendamos nuestro comportamiento: nos desviamos para procesar el problema desde otra perspectiva. **DETECTAR, DETENERSE y DESVIARSE.**

Detectar

Cobrar conciencia de la negatividad significa aprender a detectar los impulsos tóxicos que te rodean. Para ayudarnos a afrontar la nuestra, los maestros nos decían que procurásemos no quejarnos, comparar ni criticar durante una semana, y que llevásemos la cuenta de las veces que no lo conseguíamos. El objetivo de la prueba era ver que el cómputo diario disminuía. Cuanta más conciencia cobrábamos de esas tendencias, con más facilidad nos liberábamos de ellas.

Enumerar tus pensamientos y comentarios negativos te ayudará a considerar su origen. ¿Estás juzgando el aspecto de un amigo y eres igual de duro contigo mismo? ¿Murmuras sobre el trabajo sin considerar tu propia contribución? ¿Informas de la enfermedad de un amigo para destacar tu compasión o para captar más apoyo para ese amigo?

> HAZ LA PRUEBA: **TUS COMENTARIOS NEGATIVOS A EXAMEN**
> Lleva la cuenta de los comentarios negativos que haces a lo largo de una semana. Intenta que el número disminuya. El objetivo es llegar a cero.

A veces, en lugar de reaccionar negativamente a lo que pasa, prevemos lo que podría pasar en términos negativos. Eso es desconfianza. Hay una parábola sobre un rey malo que fue a conocer a uno bueno. Cuando este lo invitó a que se quedase a cenar, el rey malo pidió que le cambiasen el plato por el del anfitrión. Este le preguntó por qué, a lo que el otro contestó: «Puede que hayáis envenenado la comida».

El rey bueno se rio y eso puso todavía más nervioso al rey malo, que volvió a cambiar los platos pensando que podía estar engañándolo por partida doble. El anfitrión se limitó a mover la cabeza con gesto de incredulidad y dio un mordisco a la comida que tenía delante. El otro no probó bocado esa noche.

Lo que juzgamos, envidiamos o sospechamos en otra persona puede llevarnos a la oscuridad que anida dentro de nosotros. El rey malo proyecta su propio deshonor en el rey bueno. De la misma forma, la envidia, la impaciencia o la desconfianza con respecto a otra persona reflejan las inseguridades y suponen un obstáculo. Si llegas a la conclusión de que tu jefe está contra ti, puede afectarte a nivel emocional —podrías desanimarte tanto que no rindieses bien en el trabajo— o a nivel práctico: no pedirás el aumento que te mereces. En cualquier caso, como el rey malo, tú serás el que pase hambre.

Detenerse

Una vez que entiendes mejor las raíces de tu negatividad, el siguiente paso es reflexionar sobre ello, acallarla para hacer sitio a los pensamientos y actos que te aportan en lugar de restar. Empieza por tu respiración. Cuando estamos estresados, la contenemos o apretamos la mandíbula. Nos encorvamos, abatidos, o tensamos los hombros. Observa tu presencia física durante todo el día. ¿Aprietas la mandíbula? ¿Frunces el ceño? Esas son señales de que tenemos que acordarnos de respirar, de relajarnos física y emocionalmente.

El Bhagavad Gita hace referencia a la austeridad verbal y aconseja que solo pronunciemos palabras que sean veraces, beneficiosas para todos, agradables y que no agiten la mente de los demás. El Vaca Sutta, en las primeras escrituras budistas, ofrece una sabiduría similar y define una declaración elocuente como aquella que «se pronuncia en el momento adecuado; se pronuncia de verdad; se pronuncia con cariño; se pronuncia beneficiosamente; se pronuncia con buena voluntad».[12]

Recuerda: decir lo que queramos, cuando queramos y como queramos no es libertad. La auténtica libertad es no sentir la necesidad de decir esas cosas.

Cuando restringimos nuestro discurso negativo, es posible descubrir que tenemos mucho menos que decir. Puede que incluso nos sintamos cohibidos. A nadie le gustan los silencios embarazosos, pero merecen la pena para liberarnos de la negatividad. Criticar la ética laboral de otra persona no hace que te esfuerces más trabajando. Comparar tu matrimonio con otro no lo convierte en mejor, a menos que lo hagas de forma considerada y provechosa. El juicio crea una ilusión: la creencia de que, si tienes buen ojo para juzgar, debes de ser mejor; de que si alguien fracasa tú debes de estar avanzando. En realidad, son las observaciones prudentes y meditadas las que nos hacen progresar.

Detenerse no significa simplemente rehuir el instinto negativo. Acércate a él. El trabajador social australiano Neil Barringham dijo: «La hierba es más verde donde la riegas». Fíjate en lo que suscita tu negatividad, en el lado de la valla de tu amigo-enemigo. ¿Parece que tiene más tiempo, un trabajo mejor y una vida social más activa? Porque en el tercer paso, el desvío, deberás buscar semillas de eso mismo en tu territorio y cultivarlas. Por ejemplo, toma la envidia que sientes de la vorágine social de otra persona y busca en ella inspiración para dar una fiesta, retomar el contacto con viejos amigos u organizar una reunión después del trabajo. Es importante que nos realicemos no pensando en que a otros les va mejor, sino siendo quienes deseamos ser.

Desviarse

Después de detectar y detener la negatividad de tu corazón, tu mente y tu discurso, puedes empezar a corregirla. La mayoría de los monjes no lográbamos evitar del todo quejarnos, comparar ni criticar —hazte a la idea de que tú tampoco te curarás por completo de ese vicio—, pero los investigadores han descubierto que la gente feliz acostumbra a quejarse —agárrate— conscientemente. Mientras que dar rienda suelta a nuestras quejas sin pensar empeora la calidad de vida, se ha demostrado que escribir un diario sobre episodios desagradables, prestando atención a los pensamientos y emociones, puede fomentar el crecimiento y la curación, no solo desde el punto de vista mental, sino también físico.[13]

Podemos ser conscientes de nuestra negatividad siendo concretos. Cuando alguien nos pregunta qué tal estamos, normalmente contestamos: «Genial», «Tirando», «Bien» o «Mal». A veces esto es así porque sabemos que nadie espera una contestación sincera y detallada, pero cuando nos quejamos solemos ser igual de vagos. Puede que digamos estar enfadados o tristes cuando en realidad estamos ofendidos o decepcionados. Si elegimos con cuidado las palabras, podremos lidiar mejor con las emociones. En lugar de describir nuestro estado de ánimo diciendo que estamos «enfadados», «tristes», «ansiosos», «ofendidos», «avergonzados» o «felices», la revista *Harvard Business Review* enumera nueve palabras más que podemos usar para cada una de esas emociones.[14] En vez de decir que estamos enfadados, podemos describirnos mejor diciendo que estamos molestos, a la defensiva o rencorosos. Se dice que los monjes son callados porque se han formado para elegir las palabras con tanto cuidado que les lleva mucho tiempo. Las elegimos con atención y las empleamos con un propósito.

Si la comunicación es mala, se pierden muchas cosas. Por ejemplo, en lugar de quejarte a un amigo, que no puede hacer nada, de que tu pareja vuelve siempre tarde a casa, comunícate de forma directa y atenta con ella. Puedes decirle: «Comprendo que trabajas mucho y que estás a mil cosas, pero me saca de quicio que vuelvas a casa más tarde de lo que dijiste. Podrías al menos mandarme un mensaje cuando sepas que vas a retrasarte». Si tus quejas son comprensibles —para ti y para los demás—, quizá sean más fructíferas.

Además de hacer que nuestra negatividad sea más fructífera, también podemos desviarnos hacia la positividad. Una forma de lograrlo, como dije antes, es utilizar la negatividad —la envidia, por ejemplo— para conseguir lo que deseamos. Pero también podemos virar hacia emociones nuevas. En castellano, las palabras «empatía» y «compasión» sirven para expresar nuestra capacidad de sentir el dolor que otros sufren, pero no existe una palabra para referirse a cuando se experimenta una alegría empática, es decir, alegrarse por otra gente. Tal vez sea una señal de que tenemos que esforzarnos en ese sentido. **El *mudita* es el principio que rige la alegría empática y desinteresada por la buena suerte de los demás.**

Si solo experimento dicha con mis éxitos, la estoy limitando. Pero si disfruto de los éxitos de mis amigos y mi familia —¡diez, veinte, cincuenta personas!—, experimento esa felicidad y alegría muchas veces más. ¿Quién no desea algo así?

El mundo material nos ha convencido de que solo hay una cantidad limitada de universidades en las que merece la pena estudiar, de trabajos decentes disponibles, de personas con suerte, etc. En un mundo tan finito no hay éxito ni felicidad para todos, y cuando otras personas los experimentan tus posibilidades de lograr lo mismo disminuyen. Pero los monjes creen que en lo tocante a la felicidad y la alegría todos tenemos un asiento reservado con nuestro nombre. En otras palabras, no tienes por qué preocuparte de que alguien ocupe tu sitio. En el teatro de la felicidad, no hay límites. Todo el que quiera ser partícipe del *mudita* puede ver el espectáculo. Si hay butacas ilimitadas, no hay peligro de perderse la función.

Radhanath Swami es mi maestro espiritual y el autor de varios libros, incluido *El camino a casa.* Una vez le pregunté cómo vivir en paz y ser una fuerza positiva en un mundo en el que existe tanta negatividad. Me contestó: «Estamos rodeados de toxicidad. En el medioambiente, en el clima político..., pero el origen de todo está en el corazón de la gente. A menos que limpiemos su ecología y empujemos a los demás a hacer lo mismo, seremos parte de la contaminación del medioambiente. Pero, si purificamos nuestro corazón, podemos aportar mucha pureza al mundo que nos rodea».[15]

HAZ LA PRUEBA: INVIERTE LA ENVIDIA

Haz una lista de cinco personas que te importan, pero que también te inspiran competitividad. Piensa al menos una razón por la que envidias a cada una: un logro, una habilidad que tú no tienes, algo que les ha ido bien... ¿Alguna de esas cosas ha sido en tu detrimento? Ahora piensa en cómo la ha beneficiado. Visualiza todo lo bueno que ha conseguido gracias a ese éxito. ¿Querrías quitarle alguna de esas cosas si pudieses, aun sabiendo que tú no la recibirías? De ser así, la envidia te está privando de la alegría. La primera puede ser más destructiva para ti que lo que esa persona ha conseguido. Dedica tu energía a transformarla.

Kṣamā: ira correctora

Hemos hablado de estrategias para gestionar y minimizar la negatividad diaria en tu vida. Pero molestias como quejarse, comparar y cotillear pueden parecer controlables con respecto a emociones negativas más intensas, como el dolor y la ira. Todos albergamos ira de alguna forma: hacia el pasado o contra personas que siguen desempeñando un papel importante en nuestra vida; ante las desgracias; contra los vivos y los muertos; ira reprimida...

Cuando nos sentimos heridos profundamente, la ira suele ser parte de la respuesta. Es una bola de fuego enorme llena de emoción negativa, y cuando no podemos soltarla, por mucho que lo intentemos, adquiere vida propia. Los estragos que causa son enormes. Quiero detenerme concretamente en cómo lidiar con la ira que sentimos hacia otras personas.

Kṣamā es «perdón» en sánscrito. Sugiere que hay que recurrir a la paciencia y la contención cuando te relaciones con los demás. A veces nos han hecho tanto daño que no creemos que podamos perdonar a la persona que nos ha herido. Pero, en contra de lo que la mayoría de nosotros creemos, el perdón es ante todo un acto que ejercemos en nuestro interior. A veces es mejor (y más seguro y saludable) no tener ningún contacto con esa persona; otras, el ofensor ya no está con nosotros para que lo perdonemos directamente. Pero esos factores no impiden el perdón, porque, ante todo, es algo interno. Y te libera de la ira.

Uno de mis clientes me dijo: «He tenido que remontarme a mi infancia para identificar por qué no me sentía querido ni digno. Mi abuela paterna sentó las bases de ese sentimiento. Me he dado cuenta de que me trataba de forma distinta porque mi madre no le caía bien. [He tenido que] perdonarla, aunque ya está muerta. He comprendido que siempre he merecido amor y he sido digno. Ella tenía problemas, no yo».

El Bhagavad Gita habla de tres *gunas* o modelos de vida: *tamas*, *rajas* y *sattva*, que representan, respectivamente, la ignorancia, la impulsividad y la bondad.[16] He descubierto que esos tres modelos se pueden aplicar a cualquier actividad: por ejemplo, cuando te retiras de un conflicto y buscas el entendimiento, es muy útil tratar de cambiar de *rajas* (impulsividad y pasión) a *sattva* (bondad, positividad y amor). Esos modelos son las bases de mi modo de enfocar el perdón.

Perdón transformador

Antes de poder llegar al perdón, nos quedamos atascados en la ira. Puede que incluso deseemos vengarnos para devolver el mal que nos han infligido. Ojo por ojo, diente por diente. La venganza es la modalidad de la ignorancia: no puedes resolver tus problemas causándoselos a otra persona. Los monjes no basan sus decisiones y sentimientos en los comportamientos de otros. Crees que la venganza te hará sentir mejor por la reacción que tendrá la otra persona. Pero, cuando intentas vengarte y el otro no reacciona como tú fantaseabas, ¿sabes qué pasa?, que sientes aún más dolor. La venganza es contraproducente.

Cuando estás por encima de ella, puedes iniciar el proceso del perdón. La gente suele pensar en términos binarios: o perdonas a alguien o no lo perdonas; pero (como plantearé más de una vez en este libro) a menudo existen múltiples niveles intermedios, que nos dan libertad de acción para estar donde estamos, para progresar a nuestro ritmo y para llegar hasta donde podamos llegar. En la escala del perdón, el peldaño más bajo (aunque está por encima de la venganza) es el «perdón nulo». «No pienso perdonar a esa persona, diga lo que diga.» «No quiero hacerles daño, pero nunca voy a perdonarlos.» En este peldaño toda-

vía estamos atascados en la ira y falta resolución. Como te podrás imaginar, se trata de una situación incómoda.

El siguiente peldaño es el «perdón condicional»: si se disculpan, me disculpo. Si prometen no volver a hacerlo, los perdonaré. Este perdón transaccional proviene de la modalidad del impulso, motivado por la necesidad de alimentar tus emociones. Una investigación de la Luther College demuestra que perdonar parece más fácil cuando se disculpan con nosotros (o viceversa),[17] pero no quiero que nos centremos en el perdón condicional. Pretendo que sigas subiendo.

El siguiente peldaño es el «perdón transformador». Se trata del perdón en la modalidad de la bondad. En este nivel hallamos la fuerza y la calma para perdonar sin esperar una disculpa ni nada más a cambio.

Existe un nivel más alto en la escala del perdón: el «perdón incondicional». Se trata del perdón típico que un padre suele sentir por un hijo. Independientemente de lo que ese niño haga, ya lo ha perdonado. Tranquilo, no te propongo que aspires a eso. Lo que quiero que alcances es el perdón transformador.

Paz interior

Se ha demostrado que el perdón aporta tranquilidad a nuestro espíritu. En realidad, contribuye a conservar las energías. Este perdón transformador tiene un montón de beneficios para la salud, incluida la necesidad de tomar menos medicamentos, dormir mejor y la reducción de los síntomas somáticos, como el dolor de espalda, las jaquecas, las náuseas y la fatiga. Alivia el estrés porque ya no damos vueltas a los pensamientos agresivos, tanto conscientes como inconscientes, que nos estresan.[18]

De hecho, la ciencia ha demostrado que en las relaciones íntimas existe menos tensión emocional entre las parejas cuando son capaces de perdonarse y que aumenta el bienestar físico. En un estudio publicado en una edición de 2011 de la revista *Personal Relationships,* 68 parejas casadas accedieron a mantener una conversación de ocho minutos sobre un incidente reciente en el que uno de los cónyuges «infringió las normas» del matrimonio. A continuación, las parejas vieron por separado las entrevistas grabadas y los investigadores les tomaron la presión arterial. En las parejas en las que la «víctima» era capaz de perdonar a su cónyuge, la presión de los dos miembros disminuía. Eso demuestra que el perdón es bueno para todos.[19]

Perdonar y ser perdonado tiene beneficios para la salud. Cuando convertimos el perdón en un hábito de nuestra práctica espiritual, empezamos a ver que todas las relaciones florecen. Ya no guardamos rencor y tenemos menos dramas con los que lidiar.

HAZ LA PRUEBA: PIDE Y RECIBE PERDÓN

En este ejercicio vamos a tratar de deshacer el nudo de dolor o ira creado por el conflicto. Aunque no te interese salvar la relación en cuestión o tener la posibilidad de recuperarla, este ejercicio te ayudará a liberarte de la ira y hallar la paz.

Antes de empezar, ponte en el lugar de la otra persona. Reconoce su dolor y comprende que ese es el motivo por el que te hace daño.

A continuación escribe una carta de perdón.

1. Enumera todas las formas en que crees que la otra persona se ha portado mal contigo. Perdonar de manera sincera y explícita contribuye a sanar la relación. Empieza cada punto con «Te perdono por...». Sigue hasta que lo saques todo. La idea no es enviar la carta, de modo que puedes repetir si siempre te viene lo mismo a la mente. Escribe todo lo que hubieses querido decirle pero no has tenido la ocasión de hacerlo. No tienes por qué sentir el perdón. Aún. Al escribir la carta, empiezas a entender el dolor de forma más específica para poder liberarte poco a poco.
2. Reconoce tus defectos. ¿Qué papel has tenido, si es que has tenido alguno, en la situación o el conflicto? Enumera las razones por las que consideras que has obrado mal, empezando cada una con la frase: «Por favor, perdóname por...». Recuerda que no puedes deshacer el pasado, pero asumir tu responsabilidad te ayudará a entender y liberarte de tu ira hacia ti mismo y la otra persona.
3. Cuando hayas terminado la carta, grábate leyéndola. (La mayoría de los móviles tienen grabadora.) Reprodúcela poniéndote en el lugar de un observador objetivo. Recuerda que el dolor que te han infligido no es tuyo; es de la otra persona. Cuando exprimes una naranja, obtienes zumo. Cuando exprimes a alguien lleno de dolor, rezuma dolor. En lugar de asimilarlo o devolverlo, cuando perdonas a alguien lo ayudas a que el dolor se difumine.

El perdón es cosa de dos

El perdón tiene que ir en los dos sentidos. Ninguno de nosotros es perfecto, y, aunque habrá situaciones en las que tú seas inocente, también habrá veces en las que las dos partes implicadas en el conflicto metan la pata. Cuando causas dolor y otros te lo causan a ti es como si el corazón se enredase en un nudo incómodo. Cuando perdonamos, empezamos a separar nuestro dolor del ajeno y a curarnos emocionalmente. Pero, si al mismo tiempo pedimos perdón, nos desenredamos. Es un poco complicado, porque nos resulta mucho más cómodo buscar defectos en la otra persona antes de perdonarla. No estamos acostumbrados a reconocer los nuestros y a asumir la responsabilidad de lo que hacemos con nuestra vida.

Perdonarnos a nosotros mismos

A veces, cuando sentimos vergüenza o culpa por lo que hicimos en el pasado, es porque esos actos ya no reflejan nuestros valores. Cuando ahora miramos a nuestro antiguo yo, no nos identificamos con sus decisiones. Es una buena noticia: el motivo por el que el pasado duele es porque hemos progresado. Entonces lo hicimos lo mejor que pudimos, pero ahora sabemos hacerlo mejor. ¿Qué puede haber mejor que avanzar? Ya hemos triunfado. Lo estamos bordando.

Cuando entendemos que no podemos deshacer el pasado empezamos a aceptar nuestras imperfecciones y errores, a perdonarnos, y, con ello, a abrirnos a la curación emocional que todos anhelamos.

HAZ LA PRUEBA: PERDÓNATE

El ejercicio anterior también puede servir para perdonarte a ti mismo. Empezando cada línea por «Me perdono a mí mismo por...», enumera los motivos por los que estás furioso o decepcionado con tu persona. A continuación lee la lista en voz alta o grábala y reprodúcela. Adopta el papel de observador objetivo para entenderte y liberarte del dolor.

ELEVARSE

La cima del perdón, el auténtico *sattva,* es desearle lo mejor a la persona que te ha causado dolor.

«Me hice budista porque no soportaba a mi marido.»[20] No es algo que se oiga a diario, pero la monja budista Pema Chödrön, autora de *Cuando todo se derrumba,* lo dice medio en broma. Después de su divorcio, entró en una espiral de negatividad en la que abrigaba fantasías de venganza debido a la aventura de su marido. Con el tiempo, se topó con los escritos de Chögyam Trungpa Rinpoche, un maestro de la meditación que fundó la Universidad de Naropa en Boulder, Colorado. Al leer su libro, se dio cuenta de que su relación se había transformado en una especie de célula maligna: en lugar de desaparecer, su ira y su culpabilidad estaban haciendo que la negatividad de la ruptura se propagase. Una vez que Chödrön logró «convertirse más en un río que en una roca», fue capaz de perdonar a su marido y avanzar. Ahora se refiere a su exmarido como uno de sus mejores maestros.

Si quieres que la negatividad entre otra persona y tú se disipe, debes aspirar a que los dos os curéis. No tienes que decírselo directamente, sino lanzar la energía benevolente al aire. Entonces es cuando te sientes más libre y en paz, porque puedes liberarte de verdad.

La negatividad es inherente a la vida. Fastidiamos y provocamos, expresamos vulnerabilidad, conectamos a través de valores y miedos comunes, etc. Es difícil encontrar un programa de humor que no esté basado en observaciones negativas. Pero existe una línea entre la negatividad que nos ayuda a desenvolvernos en la vida y la que aporta más dolor al mundo. Puede que hables de los problemas que está teniendo el hijo de alguien con una adicción porque temes que le pase a tu familia, cosa que esperas evitar. Pero también puede que cotillees sobre el mismo asunto para juzgar a esa familia y sentirte mejor con la tuya. Ellen DeGeneres ve claramente esa línea: en una entrevista que concedió a la revista *Parade* dijo que no le parece gracioso burlarse de la gente.[21] «El mundo está lleno de negatividad. Quiero que cuando me vean piensen: "Me siento bien y voy a hacer que otra persona se sienta bien hoy".» Ese es el espíritu con el que nos divertimos los monjes: somos guasones y nos reímos con facilidad. Cuando llegaban nuevos, solían tomarse a sí mismos demasiado en serio (sé que fue mi caso), y los veteranos les decían con malicia: «Quietos, no gastéis todas vuestras energías el primer día». Cada vez que el sacerdote sacaba la comida sagrada para las ocasiones especiales —que era más dulce y más sabrosa que la habitual—, los monjes más jóvenes se peleaban en broma por ser los primeros en probarla. Y si alguien se dormía y roncaba en plena meditación, nos mirábamos unos a otros, sin intentar ocultar que era gracioso.

No hacía falta reducir nuestros pensamientos y palabras a la alegría y la positividad absolutas, pero debíamos retarnos a profundizar hasta la raíz de la negatividad para entender su origen en nosotros y en los que nos rodean, y poder ser conscientes y reflexivos a la hora de gestionar la energía que absorbe. Empezamos a liberarnos a través del reconocimiento y el perdón. Detectamos, nos detenemos y nos desviamos: observamos, reflexionamos y desarrollamos comportamientos nuevos para sustituir la negatividad de nuestra vida, siempre tendiendo a la autodisciplina y la dicha. Cuando las desgracias de los demás dejen de inspirarte curiosidad y empieces a disfrutar de sus éxitos, te estarás curando.

Cuanto menos tiempo te obsesiones con los demás, más tiempo tendrás para centrarte en ti mismo.

Como hemos dicho, la negatividad a menudo surge del miedo. A continuación vamos a estudiar el miedo propiamente dicho, cómo se interpone en nuestro camino y cómo podemos convertirlo en algo fructífero para la vida.

3

Miedo

Bienvenido al Hotel Tierra

Nuestros miedos no evitan la muerte, frenan la vida.

BUDA

La épica batalla del Mahabharata está a punto de empezar. La tensión se puede cortar con un cuchillo: miles de guerreros tocan la empuñadura de su espada mientras los caballos resoplan y piafan. Pero nuestro héroe, Arjuna, está asustado. Tiene familiares y amigos en los dos bandos de la batalla y muchos están a punto de morir. Arjuna, uno de los guerreros más temibles del territorio, suelta el arco.

El Bhagavad Gita comienza en un campo de batalla con un guerrero aterrorizado. Arjuna es el arquero más diestro de la región, pero el miedo le ha hecho perder por completo la conexión con sus aptitudes. Lo mismo nos pasa a nosotros cuando sentimos temor y ansiedad, aunque tengamos mucho que ofrecer al mundo. Eso es porque mientras crecíamos nos enseñaron que, directa o indirectamente, ese miedo es negativo. «No tengas miedo», nos decían nuestros padres. «Miedica», nos llamaban nuestros amigos. Era una reacción vergonzosa y humillante que se omitía o escondía. Pero el miedo tiene otra cara, a la que Tom Hanks hizo alusión en el discurso que pronunció en una ceremonia de entrega de diplomas de la Universidad de Yale. «El miedo va a sacar lo peor de lo mejor de nosotros», les dijo a los licenciados.[1]

La verdad es que nunca viviremos del todo sin temor ni ansiedad. Jamás podremos resolver nuestra situación económica, social y política de forma que eliminemos por completo el conflicto y la incertidumbre, por no hablar de los retos interpersonales del día a día. Y no pasa nada, porque el miedo no es malo; simplemente es una advertencia de tu mente, que te dice: «¡Esto no me gusta! ¡Podría pasar algo!». Lo importante es lo que hacemos con esa señal. Podemos utilizar el miedo a los efectos del cambio climático para motivarnos a buscar soluciones, o podemos dejar que nos haga sentir agobiados y desesperanzados y no hacer nada. Hay momentos en que el miedo es un aviso crítico que nos ayuda a sobrevivir al verdadero peligro, pero la mayoría de las veces lo que sentimos es ansiedad relacionada con preocupaciones cotidianas por el dinero, el trabajo y las relaciones. Dejamos que la ansiedad —un temor cotidiano— nos refrene, impidiéndonos experimentar nuestros verdaderos sentimientos. Cuanto más nos aferramos a los miedos, más fermentan, hasta acabar volviéndose tóxicos.

Estoy sentado de piernas cruzadas en el suelo de un sótano frío del monasterio con unos veintes monjes. Solo llevo un par de meses en el ashram. *Gauranga Das acababa de hablar de la escena del Gita en la que a Arjuna, el héroe, le invade el miedo. Resulta que lo paraliza y no entra en combate. Está devastado porque muchos de sus seres queridos van a morir ese día. El miedo y la angustia lo mueven a cuestionarse sus actos por primera vez. Al hacerlo, entabla una larga conversación sobre la moral humana, la espiritualidad y la vida según Krishna, que es su auriga.*

Cuando Gauranga Das concluye la lección, nos pide que cerremos los ojos y, a continuación, nos manda que evoquemos un miedo de nuestro pasado: no solo que lo imaginemos, sino que lo sintamos; todas las imágenes, los sonidos y los olores de esa experiencia. Nos dice que es importante que no elijamos una anécdota menor, como el primer día de clase o cuando aprendimos a nadar (a no ser que esas experiencias sean verdaderamente aterradoras), sino algo importante. Quiere que descubramos, que aceptemos y que establezcamos una relación nueva con nuestros miedos más profundos.

Empezamos a bromear: alguien se burla de mi reacción exagerada ante la piel de serpiente con la que me encontré en uno de los paseos. Gauranga Das acepta nuestras gracias asintiendo con la cabeza con aire cómplice. Entonces dijo: «Si queréis hacer bien esta actividad, tenéis que traspasar la parte de vuestra mente que se la está tomando a risa. Es un mecanismo de defensa que os impide enfrentaros realmente con el problema, y eso es lo que hacemos con el miedo. Nos distraemos de él. Tenéis que pasar ese punto». Las risas desaparecen y casi puedo notar que a todos se nos endereza la columna vertebral.

Cierro los ojos y mi mente se calma, pero sigo sin esperar gran cosa. «No tengo miedo de nada. La verdad es que no», pienso. Entonces, a medida que me sumo más y más en la meditación y dejo atrás el ruido y la cháchara de mi cerebro, me pregunto: «¿Qué me da miedo realmente?». Empiezan a aparecer atisbos de verdad. Veo mi temor a los exámenes cuando era crío. Lo sé; debe de parecer trivial. A nadie le gustan, ¿no? Pero durante la infancia fueron una de mis mayores inquietudes. Meditando sentado, me permito investigar qué había detrás de ese miedo. «¿A qué le temía realmente?», vuelvo a preguntarme. Poco a poco, reconozco que mi temor se centraba en lo que mis padres y mis amigos pensarían de mis notas y, por consiguiente, de mí. En lo que dirían mis familiares y en las comparaciones con mis primos y prácticamente con el resto de los niños de mi entorno. No solo veo mentalmente ese miedo, lo noto en el cuerpo: la opresión en el pecho, la tensión de la mandíbula, como si volviese a estar allí. «¿A qué le temía realmente?» Entonces empiezo a hurgar en el miedo que sentía cuando me metía en líos en el colegio. Me preocupaba mucho que me expulsasen. ¿Cómo reaccionarían mis padres? ¿Qué pensarían mis profesores? Me invito a seguir profundizando. «¿A qué le temía realmente?» Veo un temor relacionado con mis padres: a que no se llevasen bien y a tener que mediar entre ellos a una tierna edad. A pensar: «¿Cómo puedo complacerlos a los dos? ¿Cómo puedo tratar con ellos y asegurarme de que sean felices?». Entonces encuentro la raíz del miedo. «¿A qué le temía realmente?» A no poder hacer felices a mis padres. En cuanto tengo esa revelación, sé que he llegado al verdadero miedo que subyace bajo todos los demás. Es un momento de epifanía que experimento con el cuerpo entero, como si me hundiese más y más en el agua mientras la presión aumenta contra el pecho, cada vez más desesperado por respirar, y al caer en la cuenta asomase de repente la cabeza y empezase a hacerlo con dificultad.

Media hora antes estaba convencido de que no tenía miedo de nada y, de repente, descubro mis temores e inquietudes más profundos, que durante años me había ocultado a mí mismo. Preguntándome sin prisa pero sin pausa de qué tenía miedo, impedí que mi mente sortease la cuestión. Al cerebro se le da muy bien evitar que entremos en terrenos incómodos. Pero, si nos repetimos una pregunta en lugar de reformularla, lo dejamos arrinconado. No se trata de ser agresivo con uno mismo: no es un interrogatorio, sino una entrevista. Debes hacerte la pregunta con sinceridad, no a la fuerza.

Temer los resultados de los exámenes es lo que yo llamo una rama. A medida que desarrolles tu relación con el miedo, tendrás que distinguir entre las ramas —los miedos inmediatos que surgen durante tu entrevista a ti mismo— y la raíz. Localizar ese temor a los resultados de los exámenes y los demás miedos «rama» que aparecieron me permitió llegar a la raíz: el temor a no poder hacer felices a mis padres.

Miedo al miedo

Durante los tres años que fui monje, aprendí a liberarme del miedo al miedo. El temor al castigo, la humillación o el fracaso —y sus consiguientes actitudes negativas— ya no motiva mis intentos torpes de protegerme. Ahora sé reconocer las oportunidades que ofrece el miedo. Este puede ayudarnos a identificar y abordar pautas de pensamiento y conducta que no nos resultan útiles.

Dejamos que nos empuje, pero, en sí, no es nuestro verdadero problema; lo es, sin embargo, que no tememos las cosas adecuadas: debería asustarnos perder las oportunidades que nos ofrece. En *El valor del miedo*, Gavin de Becker, uno de los principales expertos en seguridad del mundo, lo denomina «un guardián interno magnífico dispuesto a avisarte de peligros y guiarte en situaciones arriesgadas».[2] A menudo reparamos en la advertencia del miedo y hacemos caso omiso de sus consejos. Si aprendemos a reconocer lo que puede enseñarnos sobre nosotros y lo que valoramos, podremos usarlo para dar más sentido, propósito y plenitud a nuestra vida; para llegar a lo mejor de nosotros.

Hace unas décadas unos científicos llevaron a cabo un experimento en el desierto de Arizona, donde construyeron Biosphere 2: un recinto enorme de acero y cristal con aire purificado, agua limpia, tierra rica en nutrientes y mucha luz natural.[3] Estaba diseñado para proporcionar las condiciones de vida ideales a la flora y la fauna de su interior. Y aunque fue un éxito en algunos aspectos, en otro fue un fracaso absoluto. De manera recurrente, cuando los árboles que crecían alcanzaban cierta altura, se caían sin más. Al principio, el fenómeno confundió a los científicos, pero finalmente se dieron cuenta de que Biosphere carecía de un elemento clave para la salud de los árboles: el viento. En un medio natural, él los zarandea y ellos reaccionan desarrollando una corteza más fuerte y unas raíces más profundas para aumentar su estabilidad.

Desperdiciamos mucho tiempo y energías tratando de seguir en la comodidad de nuestra propia biosfera. Tememos el estrés y los retos que representan los cambios, pero ambas cosas son el viento que nos hace más fuertes. En 2017, Alex Honnold dejó al mundo atónito al convertirse en la primera persona en escalar la vía Freerider —una ascensión de casi mil metros por el Capitán, un monolito natural del parque nacional de Yosemite— sin ninguna cuerda.[4] El increíble logro de Honnold es el tema del documental *Free Solo*, galardonado con un Oscar. En la película le preguntan cómo lleva el hecho de saber que cuando hace escalada libre las opciones son o bordarlo o morir. «La gente dice que hay que reprimir el miedo —respondió—. Yo intento enfocarlo de otra forma: trato de ampliar mi zona de confort practicando los movimientos una y otra vez. Lo afronto hasta que dejo de tenerlo.» El temor lo empuja a trabajar concentrado muchísimo tiempo antes de emprender una escalada libre monumental en solitario. Convertir el miedo en algo productivo es un componente fundamental de su entrenamiento y lo ha llevado a lo más alto del alpinismo y a la cima de muchas montañas. Cuando consigamos dejar de ver el estrés y el miedo que a menudo lo acompaña como algo negativo en lugar de apreciar sus posibles beneficios, empezaremos a cambiar nuestra relación con él.

La reacción al estrés

Lo primero que tenemos que saber del estrés es que su especialidad no es clasificar los problemas. Hace poco tuve la oportunidad de probar un dispositivo de realidad virtual, que usé para escalar una montaña. Al salir a una cornisa, me asusté tanto como si realmente estuviese a dos mil quinientos kilómetros de altura. Cuando tu cerebro grita de miedo, el cuerpo no puede distinguir si la amenaza es real o imaginaria, si tu supervivencia corre peligro o si estás pensando en los impuestos. En cuanto suena la señal, el cuerpo se prepara para luchar, escapar o, en ocasiones, quedarse paralizado. Si entramos en ese estado de alerta máxima muy a menudo, las hormonas del estrés nos hacen ir cuesta abajo, afectan al sistema inmunológico, el sueño y la capacidad de curación.

Y, sin embargo, algunos estudios demuestran que lidiar satisfactoriamente con factores estresantes intermitentes —por ejemplo, gestionar ese proyecto laboral tan importante o mudarse—, abordarlos de frente, como esos árboles que se alzan contra el viento, contribuye a gozar de una salud mejor, además de generar sensaciones de éxito y bienestar más intensas.

Cuando te propones lidiar con el miedo y la adversidad, te das cuenta de que eres capaz de hacerlo. Eso te brinda una perspectiva nueva: la confianza en que, cuando pasen cosas malas, encontrarás la forma de manejarlas. Gracias a esa objetividad aprendes a distinguir mejor lo que merece ser temido de lo que no.

A partir de la meditación sobre el miedo que he descrito unas líneas más arriba, extraje la idea de que tenemos cuatro reacciones emocionales distintas al temor: dejarse llevar por el pánico, quedarse paralizado, huir u ocultarlo, como había hecho yo con la ansiedad relacionada con mis padres. Las dos primeras son estrategias a corto plazo, mientras que las dos últimas funcionan a largo plazo, pero todas nos distraen de la situación y nos impiden usar el miedo de forma productiva.

Para cambiar nuestra relación con él, tenemos que cambiar la manera en que lo percibimos. Una vez que logremos ver el valor que nos ofrece, podremos cambiar nuestra respuesta. Un paso decisivo en ese proceso de reprogramación es aprender a reconocer la pauta de reacción al miedo.

Trabaja tu miedo

Ya he dicho que los monjes emprenden el proceso de crecimiento con conciencia. Como hacemos cuando nos enfrentamos a la negatividad, nos conviene exteriorizarlo y distanciarnos un poco de él para convertirnos en observadores objetivos.

El proceso para aprender a trabajar con el miedo no consiste en hacer unos cuantos ejercicios con los que todo se soluciona, sino en cambiar tu actitud hacia él, en comprender que tiene algo que ofrecer, y luego en comprometerse a identificar y tratar de modificar tu pauta de distracción cuando aparece. Cada una de las cuatro formas de distraernos que usa el miedo —pánico, parallización, huida y ocultación— es una versión distinta de una sola acción o, mejor dicho, inacción: negarnos a aceptarlo. De modo que el primer paso para transformarlo en positivo es lograr eso mismo.

Acepta tu miedo

Para acortar distancias con el miedo, debemos aceptar su presencia. «Tenéis que reconocer vuestro dolor», nos explicó nuestro maestro. Todavía estábamos sentados y nos dijo que respirásemos hondo y le dijésemos en silencio a nuestro temor: «Te veo». Esa era la primera forma de aceptar la relación con él, inspirar y repetir: «Te veo, dolor mío. Te veo, miedo mío», y al espirar decíamos: «Te veo y estoy aquí contigo. Te veo y estoy aquí para ti». El dolor nos hace prestar atención. O debería. Cuando le decimos que lo vemos, le estamos concediendo la atención que reclama, del mismo modo que un bebé que llora necesita que lo oigan y lo cojan en brazos.

Respirar regularmente mientras aceptábamos el miedo nos ayudó a calmar nuestras respuestas mentales y físicas en su presencia. Dirígete a él. Familiarízate con él. De esa forma lograrás invocar su presencia plena. Si te despertases con el sonido de un detector de humos, reconocerías lo que pasa al momento y acto seguido saldrías de casa. Posteriormente, ya más tranquilo, reflexionarías sobre cómo se ha iniciado el fuego o de dónde ha venido. Llamarías a la aseguradora. Tomarías las riendas de la historia. Eso equivale a reconocer y permanecer en el presente con el miedo.

HAZ LA PRUEBA: **PUNTÚA TU MIEDO**

Dibuja una línea con un cero en un extremo y un diez en el otro. ¿Qué es la peor cosa que se te ocurre? Tal vez sufrir una lesión que te deje paralítico o perder a un ser querido. Sitúalo en el diez de la línea. Ahora puntúa tu temor actual en relación con ese. Este ejercicio tan simple nos da cierta perspectiva. Cuando sientas que aflora el miedo, puntúalo. ¿Qué posición ocupa con respecto a algo verdaderamente aterrador?

Busca las pautas del miedo

Además de aceptarlo, debemos intimar con él. Eso implica reconocer las situaciones en las que aparece regularmente. Una pregunta importante que hacerle (de nuevo, con amabilidad y sinceridad, tantas veces como sea necesario) es «¿Cuándo te siento?». Después de mi trabajo inicial en el monasterio, seguí identificando todos los espacios y situaciones en los que aparecía. Continuamente advertía que, cuando estaba preocupado por los exámenes, por mis padres, por mi rendimiento en la universidad o por la posibilidad de meterme en líos, el miedo siempre me llevaba a la misma inquietud: cómo me percibían los demás. ¿Qué pensarían de mí? Mi miedo raíz influye en mi toma de decisiones. Ahora, cuando llego a un momento decisivo, esa conciencia me empuja a pararme a pensar detenidamente y preguntarme: «¿Esta elección está influida por cómo me perciben los demás?». De esa forma puedo utilizar la conciencia de mi miedo como herramienta para tomar decisiones que estén realmente en consonancia con mis valores y mis intenciones.

A veces podemos detectar los temores en nuestras acciones y otras, precisamente, en aquellas que nos negamos a emprender. Una de mis clientes era una abogada de éxito, pero estaba cansada de ejercer y quería hacer algo nuevo. Acudió a mí porque el miedo la frenaba. «¿Y si me tiro a la piscina y resulta que no hay agua?», me interrogó. Parecía una pregunta rama, de modo que seguí indagando. «¿Qué temes realmente?», le dije y seguí preguntándole con delicadeza, hasta que al final suspiró y contestó: «He dedicado muchos esfuerzos y energías a labrarme esta carrera. ¿Y si lo tiro todo por la borda?». Volví a preguntarle y por fin llegamos a la raíz del asunto: tenía miedo de fracasar y de ser vista por los demás y por sí misma como una persona menos inteligente y capaz. Una vez que descubrió y reconoció la auténtica naturaleza de su temor, estuvo en disposición de cambiar su papel en la vida, pero primero tenía que desarrollar una relación más íntima con él; debía ahondar en su miedo.

Uno de los problemas que identificamos es que ella carecía

de modelos de conducta. Todos los abogados que conocía seguían ejerciendo a tiempo completo. Necesitaba ver a personas que hubiesen logrado lo que ella deseaba, de modo que le pedí que dedicase tiempo a conocer a exabogados que hubiesen emprendido una carrera nueva. Cuando lo hizo, no solo vio que lo que anhelaba era posible, sino que también le alegró saber cuántas de esas personas afirmaban que seguían aplicando destrezas que habían adquirido en el ejercicio del derecho. Al final no tiraría por la borda todo el esfuerzo que había realizado. También le pedí que pensase en empleos que estaría dispuesta a considerar. Mediante ese ejercicio, descubrió que muchas de las habilidades sociales que había tenido que aprender para ser una abogada de éxito, como la comunicación, el trabajo en equipo y la resolución de problemas, también estaban muy solicitadas en el resto de los sectores. Desarrollando esa relación íntima con su miedo —acercándose a él y examinándolo—, acabó obteniendo información que la hizo sentirse más empoderada e ilusionada con la idea de cambiar de profesión.

Las pautas que seguimos para distraernos de nuestros temores se establecen cuando somos pequeños. Están muy arraigadas, de modo que se requiere tiempo y esfuerzo para descubrirlas. Reconocer esas pautas nos ayuda a llegar a la raíz de ese temor. A partir de ahí podemos descifrar si existen realmente motivos de urgencia o si el miedo puede ayudarnos a identificar oportunidades de vivir en sintonía con nuestros valores, pasión y objetivos.

La causa del miedo: el apego; la cura del miedo: el desapego

Aunque entablemos una relación íntima con el miedo, nos interesa verlo como una entidad propia, independiente de nosotros.

Cuando hablamos de las emociones, normalmente lo hacemos identificándonos con ellas: estoy enfadado, estoy triste, estoy asustado... Al hablar con el miedo, lo diferenciamos de nuestra persona y entendemos que no es nosotros, sino simplemente algo que experimentamos. Cuando conoces a alguien que desprende mala vibración, la percibes, pero no piensas que esa vibración seas tú. Lo mismo ocurre con las emociones: son algo que sentimos, pero no son nosotros. Prueba a pasar de «Estoy enfadado» a «Me siento enfadado», «Me siento triste» o «Me siento asustado». Un cambio sencillo pero profundo, porque sitúa las emociones en el lugar que les corresponde. Esa perspectiva apacigua nuestras reacciones iniciales y nos ofrece espacio para examinar el miedo y la situación sin emitir juicios.

Cuando rastreamos los temores hasta su origen, la mayoría descubrimos que están estrechamente relacionados con el apego, es decir, la necesidad de poseer y controlar las cosas. Nos aferramos a las ideas que tenemos sobre nosotros mismos, a las posesiones materiales y el nivel de vida que creemos que nos define, a las relaciones que queremos que sean de una forma, aunque son claramente de otra. Esa es la manera de pensar de la mente de mono. La de monje practica el desapego. Comprendemos que todo —desde nuestra casa hasta nuestra familia— es prestado.

Agarrarse a cosas temporales les concede poder sobre nosotros, y se convierten en fuentes de dolor y de miedo. Pero cuando aceptamos la naturaleza temporal de todo en la vida sentimos gratitud por la buena suerte de que nos las hayan prestado por un tiempo. Ni siquiera las posesiones más permanentes pertenecen realmente a los más ricos y poderosos, sus supuestos propietarios. Lo mismo es aplicable al resto de nosotros. Y a muchos —en realidad, a la mayoría—, esa impermanencia nos provoca terror. Pero, como aprendí en el *ashram,* podemos sustituir el miedo por un sentido de la libertad expansivo.

Nuestros maestros distinguían entre miedos útiles y dolorosos. Nos decían que el útil nos alerta de una situación que podemos cambiar. Si el médico te dice que estás mal de salud a causa de tu dieta y temes acabar discapacitado o enfermo, es un miedo útil, porque puedes cambiar lo que comes. Cuando tu salud mejora como consecuencia, el miedo desaparece. Pero temer que nuestros padres se mueran es un miedo doloroso, porque no podemos alterar esa realidad. Transformamos los primeros en los segundos centrándonos en lo que sí controlamos. No es posible impedir que nuestros padres vayan a morir, pero sí utilizar el miedo para acordarnos de pasar más tiempo con ellos. En palabras de Śāntideva: «No es posible controlar todos los fenómenos externos, pero, si se controla la propia mente, ¿queda algo más por controlar?».[5] Eso es el desapego, cuando observas tus reacciones de lejos —con mente de monje— y tomas decisiones con una perspectiva clara.

Existe un error común sobre el desapego que me gustaría despejar. La gente acostumbra a equipararlo con la indiferencia. Creen que ver las cosas, personas y experiencias como temporales o examinarlas en perspectiva reduce la capacidad de disfrutar de la vida, pero eso no es cierto. Imagina que conduces un coche de alquiler de lujo. ¿Te dices a ti mismo que es tuyo? Por supuesto que no. Sabes que solo lo tienes por una semana y, en cierto sentido, eso te permite disfrutar más de él: agradeces la oportunidad de conducir un descapotable por una carretera del litoral porque es algo que no siempre vas a poder hacer. Imagina que te alojas en un apartamento precioso. Tiene jacuzzi, una cocina digna de un chef y vistas al mar; es de lo más bonito y espectacular, pero no te pasas la estancia entera temiendo la partida, dentro de una semana. Cuando aceptamos que lo que tenemos es como un coche de alquiler de lujo o un apartamento precioso, disponemos de libertad para disfrutar de ellos sin vivir con el miedo constante a perderlo. Todos somos veraneantes afortunados que disfrutamos de nuestra estancia en el Hotel Tierra.

HAZ LA PRUEBA: TUS APEGOS A EXAMEN

Pregúntate: «¿Qué me da miedo perder?». Empieza por las apariencias: ¿tu coche, tu casa, tu belleza...? Anota todo lo que se te ocurra. Ahora piensa en las cosas internas: ¿tu reputación, tu estatus, tu sentido de pertenencia...? Anótalos también. Es probable que esas listas representen las principales fuentes de dolor de tu vida: tu miedo a que te arrebaten esas cosas. Ahora piensa en cambiar tu relación mental con esos elementos de manera que sientas menos apego hacia ellos. Recuerda: puedes igualmente querer y disfrutar de forma plena de tu pareja, tus hijos, tu hogar y tu dinero, pero con base en el desapego. Se trata de comprender y aceptar que todo es temporal y que en realidad las cosas se escapan a nuestro control, de forma que podamos apreciarlas por completo y que así mejoren nuestra vida en lugar de suponer un motivo de queja y miedo. ¿Qué mejor forma de aceptar que tus hijos se acabarán yendo a vivir por su cuenta y que, con suerte, te llamarán una vez a la semana?

Se trata de una práctica de por vida, pero, a medida que aceptes cada vez más el hecho de que no posees ni controlas nada, descubrirás que disfrutas y valoras más a las personas, las cosas y las experiencias, y que piensas más en cuáles incluyes en tu vida.

El desapego es la mejor práctica para reducir el miedo. Una vez que identifiqué la ansiedad que me generaba decepcionar a mis padres, pude desapegarme de ella. Me di cuenta de que tenía que asumir la responsabilidad de mi vida. Puede que mis padres se disgustasen o puede que no; era algo que se escapaba a mi control. Yo tenía que limitarme a tomar decisiones basadas en mis valores.

Desapegarte de tus temores te permite tratarlos. Hace años, un amigo perdió su empleo. Los trabajos representan seguridad y todos estamos apegados por naturaleza a la idea de traer pan a casa. Enseguida, a mi amigo le dio pánico: «¿De dónde voy a sacar dinero? No van a contratarme nunca. ¡Voy a tener que trabajar en dos o tres sitios para pagar las facturas!». No solo hacía predicciones nefastas sobre el futuro, sino que empezó a poner en duda el pasado: «Debería haber hecho mejor mi trabajo. ¡Tendría que haberme esforzado más y haber trabajado más horas!».

Cuando te dejas llevar por el pánico, empiezas a prever resultados que todavía no han ocurrido. El miedo nos convierte en escritores de ficción. Empezamos por una premisa, una idea o un miedo: qué pasaría si... Luego alzamos el vuelo y concebimos posibles escenarios futuros. Cuando anticipamos consecuencias, el temor nos retiene, encarcelándonos en nuestra imaginación. El filósofo estoico romano Séneca observó que «nuestros miedos son más numerosos que los peligros concretos y sufrimos mucho más por culpa de la imaginación que de la realidad».

Podemos lidiar con el estrés agudo si nos desapegamos en el acto. Existe una parábola taoísta sobre un campesino cuyo caballo se ha escapado.

> *—¡Qué mala suerte! —dice el hermano.*
>
> *El campesino se encoge de hombros.*
>
> *—Bueno, malo..., quién sabe —contesta.*
>
> *Una semana más tarde, el caballo extraviado vuelve a casa y con él viene una yegua salvaje preciosa.*
>
> *—¡Es increíble! —exclama el hermano, admirando el caballo nuevo con no poca envidia.*

Una vez más, el campesino permanece impasible.

—Bueno, malo..., quién sabe —dice.

Unos días más tarde, el hijo del campesino monta la yegua esperando domar al animal salvaje, pero el caballo corcovea y se encabrita y el muchacho cae al suelo y se rompe una pierna.

—¡Qué mala suerte! —comenta su hermano, con un dejo de satisfacción.

—Bueno, malo..., quién sabe —responde otra vez el campesino.

Al día siguiente, llaman a filas a los jóvenes del pueblo, pero como el hijo del campesino tiene la pierna rota lo eximen del servicio militar. El hermano le asegura que sin duda esa es la mejor noticia de todas.

—Bueno, malo..., quién sabe —dice el campesino.

El protagonista de esta historia no se recrea en «qué pasaría», sino que se centra en «qué pasa». Durante mi formación como monje, nos enseñaron que no hay que juzgar el momento.

Yo transmití el mismo consejo a un cliente que había perdido su empleo. En lugar de juzgar el momento, esa persona necesitaba aceptar la situación y lo que resultase de ella, centrándose en lo que podía controlar. Primero le enseñé a tomárselo con más calma y luego a aceptar la realidad: había perdido el empleo, punto. A partir de ahí, podía elegir: dejarse llevar por el pánico o quedarse paralizado, o bien aprovechar la oportunidad para utilizar el miedo a modo de herramienta, emplearlo como un indicador de lo que verdaderamente le importaba y ver qué nuevas oportunidades se le presentaban.

Cuando le pregunté qué le daba más miedo, contestó que no poder cuidar de su familia. Lo insté con delicadeza a que fuese más concreto. Dijo que le preocupaba el dinero. Así pues, lo animé a que pensase en otras formas de mantener a su familia. Después de todo, su mujer tenía trabajo, de modo que seguían teniendo ingresos; no se iban a quedar en la calle. Entonces dijo: «Tiempo. Ahora tengo tiempo para estar con mis hijos, para llevarlos y traerlos del colegio, ayudarles a hacer los deberes. Y mientras ellos estén en el colegio, podré buscar trabajo. Uno mejor». Como se tomó la situación con más calma, aceptó su temor y ganó claridad, pudo apaciguar el pánico y ver que el miedo en realidad estaba alertándolo de una oportunidad. El tiempo es otra forma de riqueza. Él se dio cuenta de que, aunque había perdido su empleo, había ganado algo muy valioso. Con el nuevo tiempo del que disponía, no solo estuvo más presente en la vida de sus hijos, sino que acabó encontrando un trabajo mejor. Replantear la situación le ayudó a dejar de consumir energías negativamente y le animó a empezar a aplicarlas de forma positiva.

Aun así, es difícil no juzgar el momento y estar abierto a las oportunidades cuando el futuro incierto asalta tu mente como un torbellino. A veces nuestras reacciones de pánico o de inmovilidad se adelantan a nosotros y hacen difícil suspender el juicio. A continuación vamos a tratar algunas estrategias que nos ayudarán a transformar el pánico y el miedo.

Cortocircuita el miedo

Afortunadamente, siempre tenemos con nosotros una herramienta sencilla y poderosa para cortocircuitar el miedo: la respiración. Antes de dar una charla, cuando estoy entre bastidores escuchando mientras me presentan, noto que el corazón me late más rápido y que se me humedecen las manos. He asesorado a personas que actúan en estadios abarrotados y a gente que hace presentaciones en reuniones a diario, y, como todos los demás, experimentan la mayor parte del miedo a nivel físico. Ya sea pánico escénico o miedos sociales, como antes de asistir a una entrevista de trabajo o una fiesta, nuestro temor se manifiesta en el cuerpo y esos indicios corporales son las primeras señales de que está a punto de apoderarse de nosotros. El pánico y la parálisis suponen la desconexión entre el cuerpo y la mente. O el cuerpo se pone en estado de máxima alerta y se adelanta a nuestros procesos mentales, o los pensamientos se agolpan en la mente y el cuerpo empieza a colapsarse. Durante mi formación como monje, aprendí un ejercicio de respiración muy sencillo para ayudar a realinearlos e impedir que el miedo me detuviese. Todavía lo uso cuando me dispongo a dar una charla ante un grupo nutrido de gente, participar en una reunión estresante o entrar en una habitación llena de personas que no conozco.

HAZ LA PRUEBA: ¡QUE NO CUNDA EL PÁNICO! USA LA RESPIRACIÓN PARA REALINEAR EL CUERPO Y LA MENTE

«Respira para tranquilizarte y relajarte» (véase la página 130)

1. Inspira despacio contando hasta cuatro.
2. Mantén la respiración mientras cuentas hasta cuatro.
3. Espira despacio contando hasta cuatro o más.
4. Repite la operación hasta que notes que tu ritmo cardíaco disminuye.

Es así de sencillo. La respiración profunda activa una parte del sistema nervioso llamada «nervio vago», que a su vez estimula una respuesta de relajación en todo el cuerpo.[6] El simple acto de respirar de forma controlada es como dar a un interruptor que hace que el sistema nervioso pase del estado simpático (lucha, huida o parálisis) al parasimpático (reposo y digestión), un cambio que permite que la mente y el cuerpo vuelvan a sincronizarse.

Visualiza la historia entera

La respiración es útil en un aprieto, pero algunos miedos son difíciles de disipar solo con eso. Cuando pasamos por un período de inestabilidad, tememos lo que se avecina. Cuando sabemos que tenemos un examen o una entrevista de trabajo, tememos el resultado. En el momento somos incapaces de ver el panorama completo, pero, cuando el período de estrés pasa, no volvemos la vista atrás para aprender de la experiencia. La vida no es una serie de hechos sin relación; es una narración que se extiende del pasado al futuro. Somos narradores natos y esa propensión puede ir en detrimento nuestro, de forma que acabemos contando historias de terror sobre posibles acontecimientos futuros. Es preferible intentar ver la vida como una historia única larga y continuada, y no como simples piezas inconexas. Cuando te contraten para un trabajo, dedica un momento a reflexionar sobre todos los empleos perdidos o las entrevistas fallidas que han llevado a esa victoria. Puedes pensar en ellos como desafíos necesarios repartidos por el camino. Cuando aprendemos a dejar de segmentar experiencias y períodos de la vida y los vemos como escenas y actos de una narración más grande, adquirimos una perspectiva que nos ayuda a lidiar con el miedo.

Es verdad que se nos da muy bien celebrar a posteriori. Cuando realmente estamos en apuros, es complicado decirnos: «¡Esto podría acabar siendo algo bueno!». Pero, cuanta más práctica tenemos en el arte de mirar por el retrovisor y agradecer las épocas difíciles que hemos experimentado, más cambiamos nuestra programación; la brecha entre sufrimiento y gratitud se reduce cada vez más y la intensidad del miedo en los momentos de adversidad empieza a disminuir.

HAZ LA PRUEBA: DILATA EL MOMENTO

Piensa en algo muy bueno que te haya pasado. Tal vez sea el nacimiento de un hijo o un empleo que deseabas. Permítete sentir esa alegría por un instante. Ahora retrocede hasta los acontecimientos que ocurrieron justo antes. ¿Qué pasaba en tu vida previa al nacimiento de tu hijo o de que te seleccionasen para ese trabajo? Quizá durante meses intentaste concebir sin éxito o te rechazaron en tres empleos. Ahora trata de ver ese relato como una historia completa: una progresión de lo malo a lo bueno. Hazte a la idea de que tal vez lo que pasó en las épocas difíciles te allanó el terreno para lo que ahora celebras o te ha hecho sentir todavía más feliz por la experiencia posterior. Dedica un momento a expresar tu agradecimiento por esas dificultades e imbrícalas en la historia de tu vida.

Reconsidera los miedos a largo plazo

Es posible lidiar con el pánico y la parálisis empleando la respiración y replanteando las circunstancias, pero esas son reacciones al miedo a corto plazo. Es mucho más difícil dominar las dos estrategias a largo plazo que usamos para distraernos del temor: escondernos y huir. Uno de mis ejemplos favoritos para entender cómo funcionan esas estrategias tiene que ver con una casa en llamas. Imagina que los pitidos del detector de humos te despiertan en mitad de la noche. Enseguida te asustas, como es normal: esa señal ha cumplido su función, que es llamar tu atención. Entonces hueles el humo, de modo que reúnes a tu familia y tus mascotas y salís de casa, ¿no? Esa es una forma inmejorable de aprovechar el miedo.

Pero ¿y si al oír el detector de humos, en lugar de evaluar rápidamente la situación y dar los siguientes pasos lógicos, fueses corriendo al detector, le quitases las pilas y volvieses a la cama? Como te podrás imaginar, tus problemas estarían a punto de aumentar. Y, sin embargo, eso es lo que a menudo hacemos con el miedo. En lugar de evaluarlo y reaccionar, negamos o ignoramos la situación. Las relaciones son un espacio en el que solemos recurrir a la «solución» de la evitación. Supongamos que estás teniendo un conflicto grave con tu pareja. En lugar de sentarte con ella a hablar de lo que pasa (apagar el fuego), o incluso entender que no estáis hechos el uno para el otro (sacar a todo el mundo de casa tranquilamente y ponerlos a salvo), finges que no pasa nada (mientras el fuego destructor sigue ardiendo).

Cuando negamos el miedo, los problemas nos persiguen. De hecho, probablemente aumenten más y más y en algún momento algo nos fuerce a lidiar con ellos. Cuando todo lo demás falla, el dolor nos obliga a prestarle atención. Si no aprendemos de la señal que nos avisa de un problema, acabamos aprendiendo de los resultados del propio problema, y esa es una opción mucho menos deseable. Pero, si nos enfrentamos al miedo —nos quedamos, nos encargamos del fuego, mantenemos esa conversación difícil—, nos hacemos más fuertes.

La primera lección que nos enseña el Gita es controlar el miedo. En los momentos previos al inicio de la batalla, cuando el temor se apodera de Arjuna, el arquero no huye ni se esconde de él, sino que le planta cara. En el texto, Arjuna es un guerrero diestro y valeroso, pero en ese momento es el temor el que, por primera vez, lo hace reflexionar. A menudo se dice que cuando el miedo a seguir igual pesa más que el miedo al cambio es cuando cambiamos. Arjuna pide ayuda en forma de entendimiento y comprensión. Mediante ese acto, pasa de estar dominado por el miedo a interpretarlo. «Cuando huyes de algo, solo consigues que permanezca más tiempo contigo», escribe el autor de la novela *El club de la lucha,* Chuck Palahniuk, en su libro *Monstruos invisibles.*[7] «Descubre qué es aquello que más miedo te da y vete a vivir allí.»

Aquel día, en el sótano del *ashram*, me abrí a mis temores más profundamente arraigados sobre mis padres. Casi nunca experimentaba reacciones de pánico o de parálisis, pero eso no significaba que no tuviese temores, sino que estaba reprimiéndolos. Como me dijo mi maestro, «cuando el miedo está enterrado, nos aferramos a él y todo parece seguro porque estamos bajo esa carga de cosas que nunca hemos soltado». Cuando los reprimes o huyes de ellos, tus miedos y tus problemas siguen contigo y se acumulan. Antes pensábamos que no importaba tirar la basura en vertederos sin tener en cuenta el medioambiente. Como no la veíamos ni la olíamos, pensábamos que, de alguna forma, se gestionaba sola. Y, sin embargo, antes de que se regulasen, los vertederos contaminaban los suministros de agua, y todavía hoy son uno de los mayores productores de gas metano generado por el hombre en Estados Unidos.[8] De la misma forma, ocultar los temores tiene un efecto grave en nuestro paisaje interno.

HAZ LA PRUEBA: **SUMÉRGETE EN TUS MIEDOS**

Como hicimos nosotros en el *ashram*, sumérgete en las profundidades de tus temores. Al principio aflorarán unos cuantos superficiales. Sigue con el ejercicio preguntándote qué te da miedo realmente y empezarán a revelarse otros más grandes y profundos. Normalmente esas respuestas no vienen de repente. Por regla general, se tarda tiempo en atravesar las distintas capas hasta llegar a la auténtica raíz de tus miedos. Que no te sorprenda que la respuesta se revele con el paso del tiempo, y puede que ni siquiera durante una meditación u otra sesión específica. Tal vez un día estés en el supermercado escogiendo aguacates cuando de repente caigas en la cuenta. Así funcionamos.

Los procesos de aceptar el miedo, observar nuestras pautas para lidiar con él, y abordarlas y corregirlas nos permiten reprogramar nuestra visión del temor como algo intrínsecamente negativo por una señal neutra, o incluso un indicador de oportunidades. Cuando reclasificamos el miedo, podemos ver lo que es auténtico más allá del humo y las mentiras, y con ello descubrir verdades profundas y valiosas que pueden instruirnos y empoderarnos. Cuando identificamos los temores relacionados con el apego y fomentamos el desapego, vivimos con mayor sensación de libertad y gozo. Y cuando encauzamos toda la energía oculta tras los miedos hacia el servicio, reducimos el temor a no tener suficiente en la vida y nos sentimos más felices, satisfechos y conectados con el mundo que nos rodea.

El miedo nos motiva; a veces para lo que deseamos, pero otras, si no andamos con cuidado, nos constriñe con lo que creemos que nos mantendrá a salvo.

A continuación vamos a estudiar las cuatro motivaciones principales (el miedo es una de ellas) y cómo podemos usarlas conscientemente para llevar una vida satisfactoria.

4

Intención

Cegado por el oro

Cuando existe armonía entre la mente, el corazón
y la determinación, nada es imposible.[1]

Rig Veda

Todos tenemos una imagen mental de nuestra vida ideal: cómo deseamos que sean nuestras relaciones, el tiempo que invertimos en trabajar y en ocio, qué queremos conseguir... Incluso sin la interferencia de las influencias externas, determinadas metas nos cautivan y proyectamos nuestra vida alrededor de su consecución porque pensamos que nos harán felices. Pero ahora vamos a averiguar qué motiva esas ambiciones, si es probable que nos hagan realmente felices y si la felicidad es de verdad el objetivo adecuado.

Acabo de salir de una clase donde hemos tratado la idea del renacimiento, el Saṃsāra, y paseo por el ashram *silencioso con un monje veterano y otros estudiantes. El* ashram *tiene dos sedes: un templo en Bombay y en el que estoy yo, una avanzadilla rural cerca de Palghar. Con el tiempo, se transformará en la ecoaldea Govardhan, un precioso lugar de retiro, pero de momento solo hay unos cuantos edificios normales y corrientes en un terreno sin cultivar. Los pastos están divididos por senderos de tierra seca. Aquí y allá hay monjes sentados en esteras de paja leyendo o estudiando. El edificio principal está a la intemperie y dentro podemos ver a monjes trabajando. Mientras andamos, el monje veterano menciona los logros de algunos de los compañeros con los que nos cruzamos. Señala a uno que puede meditar ocho horas seguidas. Minutos más tarde, apunta a otro:*

—Él puede ayunar siete días consecutivos.

Más adelante, observa:

—¿Veis al hombre sentado debajo de ese árbol? Puede recitar todos los versículos de las escrituras.

Impresionado, digo:

—Ojalá yo pudiera hacer eso.

El monje se detiene y se vuelve para mirarme.

—¿Te gustaría poder hacerlo o te gustaría poder aprender a hacerlo? —me pregunta.

—¿A qué se refiere? —Para entonces, ya sé que algunas de mis lecciones favoritas no las he aprendido en clase, sino en momentos así.

—Piensa en tus motivaciones —dice él—. ¿Deseas memorizar todas las escrituras porque es una proeza impresionante o deseas la experiencia de haberlas estudiado? En el primer caso, lo que anhelas es el resultado. En el segundo, te inspira curiosidad lo que podrías aprender en el proceso.

Ese era un concepto nuevo para mí y me dejó alucinado. Anhelar un resultado siempre me había parecido razonable. El monje me estaba instando a poner en duda por qué deseaba hacer lo que hiciera falta para alcanzar ese resultado.

Las cuatro motivaciones

Por muy desorganizados que seamos, todos hacemos planes. Tenemos una idea de lo que queremos conseguir al día siguiente;

probablemente tengamos una opinión sobre lo que nos deparará el año o lo que esperamos lograr; y todos tenemos sueños para el futuro. Cada una de esas ideas está motivada por algo: desde la necesidad de pagar el alquiler hasta querer recorrer el mundo. El filósofo hindú Bhaktivinoda Thakur enumera las cuatro motivaciones fundamentales:[2]

1. *Miedo.* Thakur lo describe como actuar movido por «la enfermedad, la pobreza, el miedo al infierno o el miedo a la muerte».
2. *Deseo.* La búsqueda de la gratificación personal a través del éxito, la riqueza y el placer.
3. *Deber.* Motivado por la gratitud, la responsabilidad y el anhelo de hacer lo correcto.
4. *Amor.* Impuesto por el afecto por otros y las ganas de ayudarlos.

Estas cuatro motivaciones están detrás de todo lo que hacemos. Por ejemplo, tomamos decisiones porque nos asusta perder el empleo, queremos ganarnos la admiración de nuestros amigos, esperamos satisfacer las expectativas de nuestros padres o queremos ayudar a otros a tener una vida mejor.

Voy a hablar de cada motivación por separado para que comprendamos cómo condicionan nuestras decisiones.

El miedo no es sostenible

En el último capítulo hablamos del miedo, de modo que no voy a extenderme aquí. Cuando el temor te motiva, eliges lo que quieres conseguir —un ascenso, una relación, una casa...— porque crees que te proporcionará seguridad y estabilidad.

El miedo nos alerta y nos enciende. Esa bengala de aviso resulta útil: como ya hemos dicho, señala problemas y a veces nos motiva. Por ejemplo, el temor a que te despidan puede incitarte a que te organices.

El problema del miedo es que no es sostenible. Cuando funcionamos con él durante mucho tiempo, no podemos dar lo mejor de nosotros. Nos preocupa demasiado equivocarnos. Nos desesperamos o nos quedamos paralizados y no podemos evaluar la situación objetivamente ni correr riesgos.

La maya *del éxito*

La segunda motivación es el deseo. Se trata de cuando perseguimos la gratificación personal. Nuestro camino hacia aventuras, placeres y comodidades a menudo adopta la forma de objetivos materiales. «Quiero una casa de un millón de dólares.» «Quiero libertad económica.» «Quiero una boda increíble.» Cuando le pido a la gente que escriba sus metas, suelen ser objetivos en sintonía con lo que la mayoría entiende por éxito.

Creemos que este equivale a la felicidad, pero esa idea es una ilusión. En sánscrito, la palabra para referirse a ella es *maya*, que significa creer en aquello que no existe. Si dejamos que los logros y las adquisiciones determinen nuestro rumbo, viviremos en la ilusión de que la felicidad depende de las muestras externas de éxito, pero muy a menudo descubrimos que, cuando por fin logramos lo que deseamos, cuando hallamos el éxito, este no conduce a la felicidad.

Jim Carrey dijo en una ocasión: «Creo que todo el mundo debería hacerse rico y famoso y conseguir lo que siempre ha soñado para darse cuenta de que no es la solución».

La ilusión del éxito está ligada no solo a los ingresos y las adquisiciones, sino también a logros como ser médico, conseguir un ascenso o... memorizar las escrituras. Mi deseo en la anécdota del principio —poder recitar todos los versículos de memoria— es la versión monacal del deseo material. Como todas esas «necesidades», mi ambición se concentraba en un resultado externo: ser tan extraordinariamente docto como aquel monje.

La celebridad espiritual estadounidense Tara Brach, fundadora de la Insight Meditation Community de Washington, escribe: «Mientras sigamos atribuyendo la felicidad a los acontecimientos externos de la vida, que siempre están cambiando, nos quedaremos esperándola eternamente».[3]

En una ocasión, siendo monje, visité un templo en Srirangam, una de las tres ciudades sagradas principales del sur de la India. Me tropecé con un obrero subido a un andamio que estaba aplicando polvo de oro a los intrincados detalles del techo del templo. Yo nunca había visto algo parecido y me detuve a observar. Mientras miraba, me cayó polvo de oro en los ojos. Salí corriendo del templo para lavármelos y volví, pero esta vez mantuve una distancia prudencial. El episodio parece una lección extraída de las escrituras: el polvo de oro es precioso, pero, si te acercas demasiado, te empañará la vista.

El dorado que se usa para decorar los templos no es oro puro: se mezcla hasta obtener una solución. Y, como sabemos, se emplea para tapar la piedra y que parezca oro puro. Es *maya*, una ilusión. Del mismo modo, el dinero y la fama no son más que apariencias, porque nunca buscamos una cosa, sino la sensación que creemos que nos proporcionará. Todos lo sabemos: vemos gente rica o famosa que parece «tenerlo todo», pero que posee relaciones insatisfactorias o que sufre depresión, y resulta evidente que el éxito no da la felicidad. Lo mismo es aplicable a aquellos de nosotros que no somos ricos ni famosos. Rápidamente nos cansamos del móvil y queremos el modelo más reciente. Nos dan una prima, pero la emoción inicial se desvanece sorprendentemente rápido al ver que en realidad nuestra vida no mejora. Creemos que un móvil nuevo o una casa más grande nos harán sentir mejor de alguna forma —más guais o más satisfechos—, pero descubrimos que queremos más.

La gratificación material es exterior, mientras que la felicidad es interior. Cuando los monjes hablan de ella narran la historia del ciervo almizclero, un cuento derivado de un poema de Kabir, un místico y poeta indio del siglo XV. El ciervo almizclero capta un aroma irresistible en el bosque y busca su origen, sin darse cuenta de que la fragancia sale de sus propios poros. Se pasa la vida entera vagando infructuosamente.[4] De la misma forma, nosotros buscamos la felicidad, que nos resulta esquiva, cuando podemos hallarla en nuestro interior.

La dicha y la satisfacción solo vienen del dominio de la mente y de la conexión con el alma, no de objetos ni logros. El éxito no la garantiza y lograrla no requiere éxito. Pueden alimentarse mutuamente y podemos tenerlas ambas al mismo tiempo, pero no están interconectadas. Después de analizar una encuesta de Gallup sobre el bienestar, investigadores de la Universidad de Princeton concluyeron oficialmente que el dinero no compra la felicidad una vez que las necesidades básicas y alguna más están cubiertas.[5] Aunque tener más dinero contribuye a una satisfacción vital general, ese impacto se estabiliza cuando tienes un sueldo anual de unos setenta y cinco mil dólares. En otras palabras, en lo referente al impacto que el dinero tiene en cómo una persona percibe la calidad de su vida, a un ciudadano estadounidense de clase media le va igual de bien que a Jeff Bezos.

El éxito consiste en ganar dinero, que te respeten en tu trabajo, llevar a cabo proyectos sin complicaciones, recibir elogios, etc. La felicidad consiste en sentirse bien con uno mismo, tener relaciones estrechas y hacer del mundo un sitio mejor. Más que nunca, la cultura popular celebra la búsqueda del éxito. Los programas de televisión dirigidos a adolescentes se centran en la imagen, el dinero y la fama más que en el pasado. Las canciones y los libros de éxito emplean un lenguaje que promueve el triunfo individual por encima de la conexión con la comunidad, la pertenencia a un grupo o la aceptación de uno mismo. No es de extrañar que la tasa de felicidad haya descendido consecuentemente entre los estadounidenses desde los años setenta.[6] Y no se reduce solo a los ingresos. En una entrevista concedida al *Washington Post*, Jeffrey Sachs, director del Centro para el Desarrollo Sostenible y redactor del *World Happiness Report*, un informe sobre la felicidad global, señala: «Aunque los ingresos medios de la población de todo el mundo sin duda afectan a su sensación de bienestar, no justifican gran cosa, porque hay otros factores, tanto personales como sociales, determinantes para el bienestar». Sachs afirma que, a pesar de que en Estados Unidos los ingresos han aumentado en general desde 2005,[7] la felicidad de sus habitantes ha disminuido, en parte debido a factores sociales, como la pérdida de la confianza en el Gobierno y en sus compatriotas, y a unas redes sociales más débiles.

El deber y el amor

Si el miedo nos constriñe y el éxito no nos satisface, ya te habrás imaginado que el deber y el amor tienen más que ofrecernos. Todos tenemos metas distintas, pero en el fondo deseamos lo mismo: una vida llena de dicha y sentido. Los monjes no ansiamos la parte de la dicha; no buscamos felicidad ni placer. Nos centramos en la satisfacción de llevar una vida plena de sentido. La felicidad puede ser esquiva; es difícil mantener un nivel elevado de dicha. Pero sentir esa plenitud demuestra que los actos tienen un propósito. Que conducen a un resultado que merece la pena. Que creemos que dejamos una huella positiva. Lo que hacemos es importante, de modo que nosotros somos importantes. Ocurren cosas malas, hay que hacer tareas aburridas, la vida no es toda luz y color..., pero siempre es posible hallar sentido. Si pierdes a un ser querido y alguien te dice que pienses en lo positivo, que seas feliz, que te centres en las cosas buenas de la vida, puede que tengas ganas de darle un puñetazo. Pero podemos sobrevivir a las peores tragedias buscando sentido en la pérdida. Podemos honrar a un ser querido aportando a la comunidad. O descubrir una gratitud renovada por la vida y transmitírsela a los que nos han apoyado. Al final, el valor que veamos en nuestros actos nos dará sentido. En el Atharva Veda pone: «El dinero y las mansiones no son la única riqueza. Atesora la riqueza del espíritu. El carácter es riqueza; la buena conducta es riqueza; y la sabiduría espiritual es riqueza».[8]

El propósito y el sentido, no el éxito, llevan a la auténtica satisfacción. Cuando entendemos eso, apreciamos el valor de tener como motivación el deber y el amor. Cuando actúas movido por ellos, sabes que estás aportando valor.

Cuanto más dejemos de intentar satisfacer nuestras necesidades egoístas para hacer las cosas por voluntad de servicio y amor, más conseguiremos. En su libro *Estrés: el lado bueno*, la escritora Kelly McGonigal dice que podemos lidiar mejor con la inquietud si logramos asociarla a una meta, un propósito o una persona que nos importa.[9] Por ejemplo, a la hora de planificar la fiesta de cumpleaños de un hijo, una madre puede estar dispuesta a soportar la molestia de trasnochar. El fastidio de perder horas de sueño queda compensado por la satisfacción de ser una madre afectuosa. Pero ¿y si se trata de trabajar hasta tarde en un empleo que esa misma mujer detesta? Se deprime. Podemos asumir más faena cuando lo hacemos por alguien que queremos o sirve para algo en lo que creemos que cuando nos basamos en la idea equivocada de que la felicidad nos dará el éxito. Si trabajamos con la convicción de que lo que hacemos importa, vivimos intensamente. Sin un motivo por el que avanzar, carecemos de empuje. Cuando vivimos intencionadamente —con la sensación clara de que lo que hacemos es importante—, la vida tiene sentido y proporciona satisfacción. La intención es el combustible que llena nuestro depósito.

La escalera del porqué

El miedo, el deseo, el deber y el amor son las raíces de todas las intenciones. En sánscrito, «intención» es *sankalpa,* y yo pienso en ella como el motivo, con corazón y mente propios, de que uno luche por una meta. Es decir, que a partir de tu motivación raíz desarrollas unas intenciones que te hacen avanzar. Tu intención es quién pretendes ser para actuar con propósito y sentir que lo que haces tiene un porqué. Así pues, si lo que me motiva es el miedo, mi intención podría ser proteger a mi familia; si me motiva el deseo, mi intención podría ser obtener reconocimiento mundial; si me motiva el deber, mi intención podría ser ayudar a mis amigos por muy ocupado que esté; y si me motiva el amor, mi intención podría ser servir donde más se me necesita.

No existen reglas que atribuyan ciertas intenciones a determinadas motivaciones. También puedes prestar un servicio con el fin de causar buena impresión (deseo, no amor). Puedes mantener a tu familia por amor, no por miedo. Puedes querer hacerte rico para servir. Ninguno de nosotros tiene una sola motivación ni una única intención. Quiero que aprendamos a hacer elecciones grandes y pequeñas intencionadamente. En lugar de escalar eternamente la montaña del éxito, necesitamos descender al valle de nuestro verdadero yo para eliminar las falsas creencias.

Con el fin de vivir intencionadamente, debemos profundizar al máximo en el porqué de una necesidad. Para ello tenemos que detenernos y pensar no solo en por qué deseamos algo, sino también en quiénes somos o necesitamos ser con el fin de conseguirlo y si ser esa persona nos atrae.

La mayoría estamos acostumbrados a buscar respuestas, pero los monjes nos centramos en las preguntas. Cuando yo trataba de abordar mi miedo, me preguntaba qué me da miedo una y otra vez. Cuando intento llegar a la raíz de un deseo, empiezo por cuestionarme por qué.

Ese enfoque monacal de la intención se puede aplicar a los objetivos más mundanos. He aquí una muestra que he elegido porque es algo que nunca habríamos contemplado en el *ashram* y porque la intención subyacente no es evidente: «Quiero dar la vuelta al mundo en barco solo».

¿Por qué quieres dar la vuelta al mundo en barco?

«Para pasarlo bien. Veré muchos sitios y me demostraré que soy un gran marinero.»

Da la impresión de que tu intención es complacerte a ti mismo y que te motiva el deseo.

Pero tu respuesta a la pregunta podría ser otra: «Dar la vuelta al mundo en barco siempre fue el sueño de mi padre. Lo hago por él».

En ese caso, tu intención es honrar a tu progenitor y te motivan el deber y el amor.

«Voy a dar la vuelta al mundo en barco porque quiero ser libre. No tendré que darle explicaciones a nadie y dejaré atrás todas mis responsabilidades.»

Ese marinero quiere escapar: lo impulsa el miedo.

Ahora consideremos una necesidad más común: «Mi principal necesidad es el dinero, y aquí está Jay, que seguro que va a decirme que sea amable y compasivo. Eso no ayuda».

No hay problema en querer ser rico porque sí. Pertenece decididamente a la categoría de la gratificación material, de modo que no esperes que te dé una sensación interna de realización personal. De todas formas, las comodidades materiales son parte innegable de lo que queremos en la vida, de modo que vamos a llegar a la raíz de ese objetivo en lugar de descartarlo sin más.

La riqueza es el resultado que deseas. ¿Por qué?

«No quiero tener que volver a preocuparme por el dinero.»

¿Por qué te preocupas por él?

«No puedo permitirme las vacaciones con las que sueño.»

¿Por qué las deseas?

«En las redes sociales veo que todo el mundo hace viajes exóticos. ¿Por qué ellos pueden y yo no?»

¿Por qué deseas lo mismo que ellos?

«Se divierten mucho más que yo los fines de semana.»

¡Ajá! Hemos dado con la raíz de la necesidad. Tus fines de semana no te llenan. ¿Qué te falta?

«Quiero que mi vida sea más emocionante, más atrevida, más excitante.»

Está bien, tu intención es hacer que tu vida sea más emocionante. Fíjate en la diferencia que hay entre eso y «Quiero dinero». La motivación sigue siendo el deseo de gratificación personal, pero has aprendido dos cosas: primero, puedes vivir más aventuras sin gastar más dinero, y segundo, ahora tienes la claridad para decidir si es algo por lo que esforzarse.

Si alguien acudiese a mi maestro y le dijese: «Solo quiero ser rico», él le preguntaría: «¿Lo haces por voluntad de servicio?». El motivo del interrogante sería llegar a la raíz del deseo.

Si el hombre contestase: «No, quiero vivir en una casa bonita, viajar y comprarme lo que me dé la gana», su intención sería tener libertad económica para darse caprichos.

Mi maestro le diría: «De acuerdo, está bien que seas sincero contigo mismo. Adelante, haz fortuna. De todas formas, acabarás prestando servicio. Puede que tardes cinco o diez años, pero llegarás a la misma respuesta». Los monjes creen que el ser humano no se queda satisfecho tras hacer fortuna y que si después sigue buscando un sentido, al final la respuesta siempre la encontrará en el servicio.

Sé sincero sobre tu intención. Lo peor que puedes hacer es engañarte diciéndote que actúas por voluntad de servicio cuando solo quieres éxito material.

Si sigues los porqués, no pararás de escarbar. Cada respuesta da lugar a preguntas más profundas. A veces resulta de ayuda meditar durante un día, o incluso una semana. Muy a menudo descubrirás que lo que en el fondo buscas es una sensación interna (felicidad, seguridad, confianza, etc.). O tal vez descubras que actúas por envidia, que no es precisamente la emoción más positiva, pero sí un buen aviso de la necesidad que intentas satisfacer. Muestra curiosidad por ese descubrimiento. ¿Por qué tienes envidia? ¿Hay algo —como la aventura— en lo que debas empezar a trabajar de inmediato? Una vez que lo hagas, las necesidades externas te resultarán más fáciles de conseguir, si es que te siguen importando.

HAZ LA PRUEBA: MEDITACIÓN INTERROGATIVA

Elige un deseo que tengas y pregúntate por qué lo quieres. Sigue preguntándote hasta que llegues a la intención principal.

Las respuestas más comunes son las siguientes:

Tener buen aspecto y sentirme bien
Seguridad
Servicio
Crecimiento

No niegues las intenciones que no son «buenas»; sé consciente de ellas y reconoce que, si tus motivos no son el amor, el crecimiento o el conocimiento, la oportunidad quizá cubra necesidades prácticas importantes, pero no resultará valiosa emocionalmente. Cuando más satisfechos estamos es cuando progresamos, aprendemos o nos realizamos.

Semillas y malas hierbas

Durante la formación como monjes, aprendimos a esclarecer nuestras intenciones mediante la analogía de las semillas y las malas hierbas. Cuando plantas una semilla, puede transformarse en un árbol grande que dé fruta y refugio a todo el mundo. Eso es lo que se consigue con una intención general, como el amor, la compasión o el servicio. La pureza de tu intención no tiene nada que ver con la profesión que eliges. Un guardia de tráfico puede poner una multa por exceso de velocidad para demostrar su poder, o puede pedirte que no superes el límite con la misma compasión que mostraría un padre al decirle a un hijo que no juegue con fuego. Puedes ser cajero de banco y realizar una simple transacción con amabilidad. Pero, si nuestras intenciones son vengativas o egoístas, cultivamos malas hierbas. Estas normalmente crecen del amor propio, la avaricia, la envidia, la ira, el orgullo, la competitividad o el estrés. Al principio pueden parecer plantas normales, pero nunca se transformarán en algo maravilloso.

Si empiezas a ir al gimnasio para ejercitarte por venganza, con la intención de que tu ex se arrepienta de haber roto contigo, estás plantando una mala hierba. No has proyectado debidamente lo que deseas (probablemente, sentirte entendido y querido, un fin que requeriría otro enfoque). Te pondrás fuerte y recogerás los beneficios para la salud de hacer ejercicio, pero tu éxito dependerá de factores externos: provocar a tu ex. Si tu expareja no se fija o le da igual, seguirás sintiendo la misma frustración y soledad. Sin embargo, si empiezas a ir al gimnasio porque quieres sentirte fuerte físicamente después de la ruptura, o a lo largo del proceso de entrenamiento tu intención pasa a ser esa, te pondrás en forma y te sentirás satisfecho emocionalmente.

Otro ejemplo de mala hierba es cuando una buena intención se vincula al objetivo equivocado. Supongamos que mi intención es desarrollar mi confianza en mí mismo y que conseguir un ascenso es la mejor forma de conseguirlo. Me esfuerzo, impresiono a mi jefe y asciendo, pero, cuando lo logro, me doy cuenta de que hay otro por encima y sigo sintiéndome inseguro. Las metas externas no pueden llenar vacíos internos. Ninguna etiqueta o logro externo puede proporcionarme confianza verdadera. Tengo que buscarla en mí mismo. En la segunda parte vamos a hablar de cómo llevar a cabo cambios internos como ese.

Los buenos samaritanos

Los monjes saben que no se puede plantar un jardín de flores bonitas y dejar que crezcan por su cuenta. Tenemos que ser el jardinero de nuestra vida, plantar solo semillas de buenas intenciones, estar atentos para ver en qué se convierten y quitar las malas hierbas que brotan y molestan.

En un experimento llamado «De Jerusalén a Jericó» realizado en 1973, unos investigadores les pidieron a varios seminaristas que preparasen una charla breve sobre lo que significa ser pastor.[10] A algunos les ofrecieron la parábola del buen samaritano para ayudarles a prepararla. En ella Jesús habla de un hombre que se detuvo a auxiliar a una persona necesitada cuando nadie más la auxiliaba. A continuación buscaron un pretexto para que los seminaristas cambiasen de habitación. Cuando se dirigían a la nueva estancia, un actor, caracterizado como si necesitase ayuda, se asomó a una puerta. El hecho de que un seminarista supiera la historia del buen samaritano no tuvo que ver en si se paró a ayudar. Los investigadores descubrieron que si tenían prisa era mucho menos probable que ayudasen, y, «en varias ocasiones, algunos, cuando iban a dar su charla sobre el buen samaritano, pisaron a la víctima por el camino».

Los seminaristas estaban tan centrados en la tarea que se olvidaron de sus intenciones más profundas. Es de suponer que estudiaban en el seminario con la intención de ser compasivos y serviciales, pero, en ese momento, la ansiedad o el deseo de dar un discurso magnífico interfirieron en el resultado. Como dijo el monje benedictino Laurence Freeman en su libro *Aspects of Love:* «Todo lo que haces a lo largo del día, desde asearte para desayunar hasta tener reuniones, ir en coche al trabajo [...] ver la televisión o preferir leer [...] todo lo que haces es tu vida espiritual. Todo depende de cuán conscientemente llevas a cabo todos esos actos cotidianos...».[11]

Vive tus intenciones

Naturalmente, no basta con tener intenciones. Hay que hacer algo para facilitar que las semillas crezcan. No creo en «manifestar» ilusiones, es decir, la idea de que algo pasará solo con creer que así es. No podemos quedarnos cruzados de brazos con nuestras intenciones sinceras esperando que lo que deseamos nos caiga sobre el regazo. Ni tampoco podemos esperar que alguien nos encuentre, descubra lo increíbles que somos y nos ofrezca un lugar en el mundo. Nadie va a crear nuestra vida por nosotros. Martin Luther King dijo: «Los que aman la paz deben aprender a organizarse tan bien como los que aman la guerra». Cuando la gente acude a mí buscando asesoramiento, continuamente oigo: «Ojalá... Ojalá... Ojalá...»; «Ojalá mi pareja fuera más atenta»; «Ojalá tuviese el mismo trabajo pero ganase más dinero»; «Ojalá mi relación fuese más seria», etc.

Nunca decimos: «Ojalá fuese más organizado y centrado y me esforzase para conseguirlo». No verbalizamos lo que en realidad haría falta para lograr lo que queremos. **«Ojalá» es sinónimo de «No quiero hacer nada de otra forma».**

Existe una anécdota apócrifa sobre Picasso que ilustra perfectamente nuestra incapacidad para reconocer el trabajo y la perseverancia que hay detrás de un logro. Según la historia, una mujer ve a Picasso en un mercado, se le acerca y le dice:

—¿Le importaría dibujarme algo?

—En absoluto —contesta él, que medio minuto más tarde le da un dibujito extraordinariamente bello—. Son treinta mil dólares —dice.

—Pero, señor Picasso —repone la mujer—, ¿cómo puede cobrarme tanto? ¡Solo ha tardado medio minuto!

—Madame —dice Picasso—, he tardado treinta años en poder hacerlo.

Lo mismo es aplicable a cualquier obra artística; en realidad, a cualquier trabajo bien hecho. El esfuerzo que hay detrás es invisible. El monje de mi *ashram* que sabía recitar sin dificultad las escrituras dedicó años a memorizarlas. Yo necesitaba considerar esa inversión, toda una vida, antes de convertirla en mi meta.

Cuando nos preguntan quiénes somos, solemos declarar a qué nos dedicamos: «Soy contable»; «Soy abogado»; «Soy ama/amo de casa»; «Soy atleta»; «Soy profesor», etc. A veces es una forma útil de empezar una conversación con alguien que acabas de conocer. Pero la vida tiene más sentido cuando nos caracterizamos por las intenciones y no por los logros. Si verdaderamente te defines por tu empleo, ¿qué pasa cuando lo pierdes? Si te defines como atleta y una lesión pone fin a tu carrera, no sabes quién eres. Perder el trabajo no debería destruir nuestra identidad, pero a menudo es lo que ocurre. En cambio, si vivimos intencionadamente, tenemos una razón de ser y un sentido que no está ligado a lo que conseguimos, sino a quiénes somos.

Si tu intención es ayudar a la gente, tienes que expresarla

siendo amable, franco e innovador, reconociendo los puntos fuertes de la gente, tolerando los débiles, escuchando, ayudándolos a crecer, descifrando lo que necesitan de ti y advirtiendo si eso cambia. Si tu intención es apoyar a tu familia, podrías ser generoso, estar presente y ser trabajador y organizado. Si tu intención es vivir tu pasión, puede que tengas que comprometerte, ser activo y honrado. (Recuerda que en el primer capítulo despejamos el ruido externo para poder ver más claramente nuestros valores, que se revelan cuando identificas tus intenciones. Tu intención de ayudar a la gente y servir implica que valoras el servicio. Tu intención de apoyar a tu familia implica que la valoras. No hay que ser un genio para darse cuenta de que se abusa de esos términos de forma intercambiable, de modo que es útil saber en qué coinciden.)

Vivir de acuerdo con tu intención conlleva impregnarla de tu comportamiento. Por ejemplo, si tu meta es mejorar tu relación, podrías planear citas, regalarle algo a tu pareja y cortarte el pelo para resultarle más atractivo. Tu cartera se resentirá, el pelo podría quedarte mejor y puede que tu relación progrese o no. Pero fíjate en lo que ocurre si haces cambios internos para vivir según tu intención. Con el fin de mejorar tu relación, procura ser más tranquilo, más comprensivo y más curioso. (Puedes seguir yendo al gimnasio y cortándote el pelo.) Si los cambios que haces son internos, te sentirás mejor contigo mismo y serás mejor persona. Si tu relación no progresa, saldrás beneficiado de todas formas.

Haz tu trabajo

Una vez que sepas el porqué de una necesidad, considera el esfuerzo subyacente a esa necesidad. ¿Qué hará falta para conseguir una casa bonita y un coche de lujo? ¿Te interesa ese trabajo? ¿Estás dispuesto a hacerlo? ¿Te proporcionará sensación de plenitud, aunque no obtengas éxito enseguida... o nunca? El monje que me preguntó por qué quería aprenderme las escrituras de memoria no pretendía que me dejase cautivar por los superpoderes de otros monjes y que aspirase a ellos por vanidad. Le interesaba saber si me gustaba el trabajo: la vida que tendría, la persona que sería, el sentido que hallaría en el proceso de aprendizaje, etc. El foco está en ese proceso, no en el resultado.

Los Padres del Desierto fueron los primeros monjes cristianos y vivieron en ermitas en los desiertos de Oriente Medio. Según ellos, «no progresamos porque no somos conscientes de cuánto podemos hacer; nos desinteresamos del trabajo que hemos empezado y queremos ser buenos sin ni siquiera intentarlo».[12] Si no te interesas de verdad, no puedes darlo todo. No lo haces por los motivos adecuados. Puedes alcanzar tus metas, conseguir lo que siempre has querido, tener éxito a ojos de cualquiera y al final descubrir que sigues sintiéndote perdido y desconectado. Pero, si te apasiona el proceso diario, lo haces con ahínco, autenticidad y deseo de dejar huella. Podrías tener el mismo éxito de una u otra forma, pero si te mueve la intención sentirás gozo.

Y si tienes claro y estás seguro de por qué has dado cada paso, serás más resiliente. El fracaso no significa que seas inútil, sino que tienes que buscar otra ruta para alcanzar unos objetivos que merezcan la pena. Lo que proporciona satisfacción es creer en el valor de lo que haces.

HAZ LA PRUEBA: **AÑADE CUALIDADES A TUS TAREAS PENDIENTES**

Al lado de tu lista de tareas pendientes, intenta elaborar una lista de cualidades necesarias. Lo bueno es que no vas a alargarla —no son puntos que tachar o completar—, pero el ejercicio te va a servir para recordar que lograr tus objetivos con intención significa estar a la altura de los valores que los impulsan.

EJEMPLO 1

Supongamos que mi meta es tener libertad económica. Esta es mi lista de tareas pendientes:

- Buscar oportunidades laborales lucrativas que requieran mis conocimientos.
- Rehacer el currículum y concertar reuniones informativas para localizar puestos vacantes.
- Postularme para todos los puestos que cumplan con mis pretensiones salariales.

Pero ¿qué cualidades necesito? Debería...

- ser disciplinado.
- estar centrado.
- ser apasionado.

EJEMPLO 2

Pongamos que quiero tener una relación plena. ¿Qué necesito hacer?

- Planear citas.
- Tener detalles bonitos con mi pareja.
- Mejorar mi apariencia.

Pero ¿qué cualidades necesito?

- Ser más tranquilo.
- Ser más comprensivo.
- Mostrar interés por la jornada y los sentimientos de mi pareja.

Modelos de conducta

La mejor forma de averiguar qué trabajo hace falta para llevar a cabo tu intención es buscar modelos de conducta. Si quieres ser rico, estudia (¡sin acosar!) cómo es y qué hace la gente rica que admiras, o lee sobre cómo consiguieron lo que tienen. Céntrate especialmente en lo que hicieron cuando estaban en tu situación para llegar adonde están ahora.

Puedes ir al despacho de un emprendedor o visitar la granja de aguacates de un expatriado y averiguar si es lo que quieres, pero eso no te revelará nada sobre el recorrido necesario para llegar allí. Ser actor no consiste en aparecer en la gran pantalla y en las revistas, sino en tener paciencia y creatividad e interpretar una escena sesenta veces hasta que el director obtiene lo que desea. Ser monje no consiste en admirar a alguien que se sienta a meditar, sino en despertarse a la misma hora, compartir su estilo de vida y emular sus cualidades. Sigue a alguien en su trabajo durante una semana y te harás una idea de los retos a los que se enfrenta y si te interesa aceptarlos.

Cuando observes a la gente hacer algo, recuerda que puede haber múltiples caminos para llegar a la misma intención. Por ejemplo, dos personas distintas podrían tener la intención de ayudar a conservar la tierra, pero una podría hacerlo a través de la ley, colaborando con un bufete de abogados sin ánimo de lucro, como Earthjustice, y la otra podría a través de la moda, como Stella McCartney, que ha contribuido a popularizar la piel vegana. En el próximo capítulo vamos a hablar del método y el propósito que más te convienen, pero este ejemplo demuestra que, si actúas con intención, te abres a distintas opciones para alcanzar tu meta.

Y como vimos en el ejemplo de la vuelta al mundo en barco, dos actos idénticos pueden tener detrás intenciones muy distintas. Supongamos que dos personas hacen unas generosas donaciones a la misma organización benéfica. Una, porque le importan mucho las obras benéficas, es decir, una intención general, y la otra, porque quiere establecer contactos, esto es, una intención reducida. Los dos donantes reciben elogios por sus aportaciones. El que verdaderamente buscaba cambiar las cosas se siente feliz, orgulloso y más pleno. Al que quería establecer contactos solo le preocupa si ha conocido a alguien útil para su carrera o su estatus social. Sus intenciones son irrelevantes para la organización benéfica —las donaciones hacen bien al mundo de cualquier forma—, pero la gratificación interna es totalmente distinta.

Hay que decir que ninguna intención es del todo pura. Mis actos benéficos podrían estar destinados a ayudar a la gente en un 88 por ciento, a sentirme bien conmigo mismo en un 8 por ciento y a divertirme con mis otros amigos caritativos en un 4 por ciento. No hay nada intrínsecamente malo en tener intenciones vagas o múltiples. Solo debemos recordar que, cuanto menos puras sean, más improbable será que nos hagan felices, aunque nos reporten éxito. Cuando la gente obtiene lo que desea pero no es nada feliz se debe a que no lo hicieron con la intención adecuada.

Liberarse para crecer

Las intenciones más generales a menudo están detrás de iniciativas de ayuda y apoyo a otras personas: padres que hacen horas extra para llevar el pan a casa; voluntarios que se dedican a una causa; trabajadores que sirven a sus clientes con motivación... Percibimos esas intenciones en la gente con la que nos encontramos, ya sea el peluquero que se empeña en buscar un estilo que te quede bien o el médico que se molesta en preguntarte por tu vida. La gente irradia intenciones generosas y eso es precioso. Repetidamente vemos que, cuando hacemos algo por el resultado externo, no somos felices. Con la intención adecuada, es decir, servir, todos los días tienen sentido y propósito.

Vivir de forma intencionada significa distanciarse de las metas externas, liberarse de los conceptos ajenos de éxito y mirar en nuestro interior. Practicar meditación a través de la respiración es una forma natural de mantener esa intención. Al mismo tiempo que te purgas de opiniones e ideas que no coinciden con quién eres y qué deseas, te recomiendo que uses la respiración para acordarte de vivir a tu ritmo y de acuerdo con tu tiempo. Te ayudará a entender que tu método es único, y así es como debe ser.

Meditación

Respirar

El carácter físico de la respiración te ayuda a expulsar las distracciones de la cabeza. Respirar es tranquilizante, pero no siempre resulta fácil. De hecho, las dificultades que plantea forman parte del proceso.

> *Estoy sentado en el suelo, lleno de boñigas de vaca secas, y está sorprendentemente fresco. No es incómodo, pero tampoco es cómodo. Me duelen los tobillos. Me cuesta mantener la espalda derecha. Dios, no lo soporto, qué difícil es. Han pasado veinte minutos y todavía no he despejado la mente. Se supone que tengo que tomar conciencia de mi respiración, pero estoy pensando en mis amigos de Londres.*
>
> *Echo una miradita al monje que tengo más cerca. Está sentado muy erguido. Qué bien lo hace. «Buscad vuestra respiración», dice el guía. Respiro hondo. Es una respiración lenta, bonita, serena...*
>
> *Un momento. Vale, estoy tomando conciencia de mi respiración.*
>
> *Inspiro... Espiro...*
>
> *Ya lo tengo...*
>
> *Eh, cómo mola...*
>
> *Qué interesante...*
>
> *Bueno.*
>
> *Esto...*
>
> *Funciona...*
>
> *Un momento, me pica la espalda...*

Inspiro... Espiro...
Tranquilo.

Mi primera visita al *ashram* duró dos semanas y las pasé meditando con Gauranga Das cada mañana durante dos horas. Estar sentado tanto tiempo, a menudo mucho más, es incómodo, cansado y, a veces, aburrido. Y lo que es peor, me venían a la mente pensamientos y sentimientos no deseados. Me preocupaba no estar bien sentado y que los monjes me juzgasen. Con mi descontento, mi ego empezó a expresarse: quería ser el mejor meditador, la persona más lista del *ashram*, el que causase la mejor impresión. Esos no son pensamientos dignos de un monje. Decididamente, la meditación no era como yo esperaba. ¡Me estaba convirtiendo en una mala persona!

Me sorprendió y, para ser sincero, me decepcionó ver toda la negatividad no resuelta que había dentro de mí. La meditación solo me estaba mostrando ego, ira, codicia, dolor..., cosas que no me gustaban de mí mismo. ¿Era un problema... o en eso consistía precisamente?

Les pregunté a mis maestros si estaba haciendo algo mal. Uno de ellos me contó que todos los años los monjes limpiaban meticulosamente el templo de Gundicha, en Puri, inspeccionando cada rincón, y que, mientras lo hacían, visualizaban que estaban limpiando su corazón. Me dijo que, cuando terminaban, el templo ya había empezado a ensuciarse otra vez. Esa, explicó, es la sensación de la meditación. Era un trabajo y, como tal, no acababa nunca.

La meditación no me estaba convirtiendo en mala persona. Yo tenía que hacer frente a una realidad igualmente poco atractiva. Con aquella quietud y aquel silencio, estaba amplificando lo que ya había dentro de mí. En el cuarto oscuro de mi mente, la meditación había encendido las luces.

Para llevarte adonde quieres estar, puede que la meditación te muestre lo que no quieres ver.

Muchas personas huyen de ella porque les resulta difícil y desagradable. En el Dhammapada, Buda dice: «Como un pez cuando lo sacas del agua y lo dejas sobre la arena, la mente que aprende a meditar tiembla».[1] Pero su finalidad es examinar por qué cuesta tanto. Es algo más que cerrar los ojos quince minutos al día. Es la práctica mediante la que te concedes espacio para reflexionar y evaluar.

A estas alturas ya he hecho muchas meditaciones maravillosas. Me he reído, he llorado y he sentido el corazón más vivo de lo que creía posible. La dicha apaciguadora, etérea y serena acaba llegando. En el fondo, el proceso es tan dichoso como los resultados.

Respirar por el cuerpo y la mente

Como ya sabrás, la respiración cambia con las emociones. La contenemos cuando nos concentramos y respiramos superficialmente cuando estamos nerviosos o tenemos ansiedad. Pero esas reacciones son más instintivas que provechosas; eso quiere decir que contenerla no ayuda realmente a concentrarse y que hacerlo superficialmente, de hecho, agrava los síntomas de la ansiedad. La respiración controlada, en cambio, es una forma inmediata de calmarse, una herramienta portátil que se puede usar para modificar la energía sobre la marcha.

Durante milenios, los yoguis han practicado técnicas de respiración (llamadas *prāṇāyāma*) para conseguir cosas como estimular la curación, aumentar la energía y centrarse en el presente. El Rig Veda describe la respiración como el camino hacia la conciencia más allá del yo. Asegura que la respiración es «la vida, como el hijo de uno» o, como lo describe Abbot George Burke (también conocido como Swami Nirmalananda Giri), «la extensión de nuestra vida más íntima». En el Mahāsatipaṭṭhāna Sutta, Buda se refirió al *ānāpānasati* (que, a grandes rasgos, significa «ser consciente de la respiración») como una forma de obtener iluminación.[2] La ciencia moderna confirma la efectividad del *prānāyāma* por innumerables efectos, como la mejora de la salud cardiovascular, la disminución del estrés en general e incluso la mejora del rendimiento en pruebas académicas.[3] Las meditaciones que presento aquí y en distintas partes del libro son de uso universal en terapias, coaching y otras prácticas meditativas en todo el mundo.

Cuando estás en armonía con tu respiración, aprendes a estarlo contigo mismo a través de todas las emociones: te calmas, te centras y te desestresas.

Una o dos veces al día, recomiendo reservar tiempo para trabajarla. Además, es un método tan efectivo para tranquilizarse que yo lo utilizo, y recomiendo a los demás que lo hagan, en momentos del día en que siento que me falta la respiración o que estoy conteniendo el aliento. No hace falta que estés en un espacio relajante para hacerlo (aunque evidentemente ayuda y es adecuado cuando te estás iniciando). Puedes ser en cualquier parte: en el cuarto de baño de una fiesta, al subir a bordo de un avión o justo antes de hacer una presentación o conocer a gente nueva.

HAZ LA PRUEBA: **RESPIRACIÓN**

He aquí unas pautas muy eficaces que uso a diario. Puedes utilizarlas según tus necesidades con el fin de favorecer la concentración o serenarte.

PREPARACIÓN PARA LA RESPIRACIÓN

Para hacer estos ejercicios de respiración relajantes que describo más abajo, empieza la práctica con los siguientes pasos:

1. Busca una posición cómoda: sentado en una silla o erguido sobre un cojín, o tumbado.
2. Cierra los ojos.
3. Baja la vista (sí, se puede hacer aun con los ojos cerrados).
4. Ponte cómodo en esta posición.
5. Echa los hombros atrás.
6. Centra tu conciencia en...

la calma,
el equilibrio,
la comodidad,
la quietud y
la paz.

Cada vez que tu mente se distraiga, dulce y suavemente, vuelve a centrarla en...

la calma,
el equilibrio,
la comodidad,
la quietud y
la paz.

7. Ahora toma conciencia del ritmo natural de tu respiración. No la fuerces ni ejerzas presión; simplemente toma conciencia de su ritmo natural.

   En el *ashram* nos enseñaron a usar la respiración diafragmática. Para hacerla, posa una mano sobre la barriga y otra sobre el pecho y...

   Aspira por la nariz y espira por la boca.
   Cuando inhales, nota la barriga dilatándose (a diferencia del pecho).
   Cuando exhales, nota cómo se contrae.
   Sigue con el ejercicio a tu ritmo y tomándote el tiempo que necesites.

Cuando inhales, siente que recoges energía positiva y enriquecedora. Cuando exhales, siente que liberas toda la energía negativa y tóxica.

8. Baja la oreja izquierda al hombro del mismo lado mientras inspiras... y llévala otra vez al centro cuando espires.
9. Baja la oreja derecha al hombro del mismo lado mientras inspiras... y llévala otra vez al centro cuando espires.
10. Nota realmente la respiración, sin prisas ni hacer fuerza, a tu ritmo y tomándote el tiempo que necesites.

Respira para tranquilizarte y relajarte

Haz esto después de la preparación descrita líneas arriba:

Inspira por la nariz contando hasta cuatro a tu ritmo.
Aguanta la respiración contando hasta cuatro.
Exhala por la boca contando hasta cuatro.

Hazlo un total de diez veces.

Respira para obtener energía y concentración (*kapalabhati*)

Haz esto después de la preparación descrita líneas arriba:

Inspira por la nariz contando hasta cuatro.
A continuación, exhala fuerte por la nariz durante menos de un segundo. (Notarás una especie de motor bombeando en los pulmones.)
Vuelve a inspirar por la nariz contando hasta cuatro.

Hazlo un total de diez veces.

Respira para dormir

Inspira durante cuatro segundos.
Exhala durante más de cuatro segundos.

Hazlo hasta que te duermas o estés a punto.

SEGUNDA PARTE

Crecer

5

Propósito

La naturaleza del escorpión

Cuando proteges tu *dharma*, tu *dharma* te protege.[1]

MANUSMRITI, 8,15

Desde fuera, parece que ser monje consiste fundamentalmente en liberarse: la calva, la túnica, nada de distracciones... En realidad, el ascetismo no era tanto un fin como un medio para llegar a una meta. Liberarnos nos abrió la mente.

Dedicábamos el día al servicio, pero de una manera concebida para expandir la mente. En el curso de ese servicio, no podíamos desviarnos a nuestras formas favoritas de servir, sino ayudar allí donde era necesario. Para experimentar y dejar clara nuestra disposición y flexibilidad, nos turnábamos en varias tareas y actividades en lugar de elegir roles y especializarnos: cocinar, limpiar, trabajar en el jardín, cuidar de las vacas, meditar, estudiar, rezar, enseñar, etc. Me costó ver realmente todas las actividades de la misma forma —prefería estudiar a limpiar lo que ensuciaban las vacas—, pero nos decían que viésemos la sociedad como órganos de un cuerpo. Ninguno es más importante que otro; todos trabajan en sintonía y son necesarios.

A pesar de esa coexistencia equitativa, empezó a verse claro que cada uno tenía afinidades naturales. A uno podía atraerle ocuparse de los animales (¡a mí no!), otro podía disfrutar cocinando (tampoco era mi caso; soy de los que comen para subsistir) y a otro quizá le daba mucha satisfacción cuidar del jardín.

Realizábamos tal variedad de actividades que, aunque no nos recreábamos en las pasiones particulares, observábamos y reflexionábamos sobre cuáles eran. Podíamos experimentar con destrezas nuevas, estudiarlas y ver cómo nos sentíamos a medida que las perfeccionábamos. ¿Qué nos gustaba? ¿Qué nos resultaba natural y satisfactorio? ¿Por qué?

Si algo, como limpiar la suciedad de las vacas, me hacía sentir incómodo, en lugar de abandonar, me obligaba a entender los sentimientos que se hallaban en la raíz de mi incomodidad. Rápidamente identifiqué mi odio a algunas de las tareas más mundanas como un problema de ego. Las consideraba un desperdicio de tiempo, pues prefería estar aprendiendo. Una vez que lo reconocí, analicé si limpiar tenía algo que ofrecerme. ¿Podía enseñarme algo una fregona? ¿Practicar versículos en sánscrito mientras plantaba patatas? En el curso de mis tareas, observé que el mocho de las fregonas tiene que ser totalmente flexible para llegar a todos los espacios y rincones. No a todas las tareas les viene bien algo sólido, como una escoba. Para mi mente de monje, eso encerraba una lección interesante: necesitamos flexibilidad para acceder a todos los rincones del estudio y el crecimiento. Cuando se trataba de plantar patatas, descubrí que el ritmo de la actividad me ayudaba a recordar versículos y que estos le aportaban emoción a la tarea de las patatas.

Estudiar nuestros puntos fuertes y débiles en el universo autónomo del *ashram* nos ayudó a cada uno a llegar a nuestro *dharma.* Este término, como muchos del sánscrito, no puede definirse con una sola palabra en nuestro idioma, aunque «tu vocación» se le aproxima. Lo que yo entiendo por *dharma* es un esfuerzo por hacer que sea práctico en nuestra vida hoy día. Veo el *dharma* como la combinación de *varna* y *seva.* Piensa en el *varna* (otra palabra de significado complejo) como en la pasión y las habilidades. El *seva* es entender las necesidades del mundo y servir desinteresadamente a los demás. Cuando tus aptitudes naturales y pasiones *(varna)* conectan con lo que el universo necesita *(seva)* y se convierten en tu propósito, vives en el *dharma.*

Cuando dedicas tiempo y energías a vivir en él, tienes la satisfacción de usar tus mejores capacidades y de hacer algo importante para el mundo. **Vivir en el *dharma* es un camino seguro a la plenitud.**

En la primera parte de este libro hablamos de la necesidad de ser conscientes y liberarnos de las influencias y distracciones que nos desvían de la vida plena. Ahora vamos a reconstruir nuestra vida en torno a nuestros valores rectores e intenciones más profundas. Ese crecimiento empieza por el *dharma.*

> *Dos monjes estaban lavándose los pies en un río cuando uno se dio cuenta de que había un escorpión ahogándose en el agua. Enseguida lo recogió y lo dejó en la orilla. Aunque lo hizo rápido, el animal le picó en la mano. El monje siguió lavándose el pie y el otro le dijo:*
>
> *—Mira, ese escorpión tonto ha vuelto a caerse.*
>
> *El primer monje se inclinó, lo salvó otra vez y recibió otra picadura. El otro le preguntó:*
>
> *—Hermano, ¿por qué lo rescatas cuando sabes que está en su naturaleza picar?*
>
> *—Porque en mi naturaleza está salvarlo —contestó el monje.*

Este demuestra humildad: no valora más su dolor que la vida del animal. Pero la lección más importante de esta historia es que «salvar» es tan esencial para la naturaleza de ese monje, que se siente obligado y satisfecho de hacerlo aun sabiendo que el escorpión le va a picar. Tiene tanta fe en su *dharma* que está dispuesto a sufrir por él.

Es mi primer verano en el ashram. *He limpiado cuartos de baño, cocinado curri de patatas y recolectado coles. Me he lavado la ropa a mano, que no es tarea fácil: las túnicas tienen tanta tela como unas sábanas, y limpiar las manchas de comida o de hierba restregándolas podría contar como un entrenamiento de CrossFit.*

Un día estoy fregando los cacharros con el afán de un aprendiz entusiasmado cuando un monje veterano se me acerca.

—Nos gustaría que esta semana dieses una clase —dice—. El tema es este versículo del Gita: «Cuando un gran hombre realiza cualquier acción, los hombres comunes siguen sus pasos y todos imitan el precedente que sienta con sus actos ejemplares».

Acepto la propuesta y mientras sigo fregando pienso en lo que diré. Entiendo lo esencial de la escritura: hay que predicar con el ejemplo. Soy consciente de que uno no es lo que dice ser, sino cómo se comporta, y me recuerda una cita atribuida con frecuencia a san Francisco de Asís: «Predica el Evangelio en todo momento y, cuando sea necesario, utiliza las palabras».

Al igual que yo, muchos de los monjes no entraron en el ashram *a los cinco años. Estudiaron en un colegio convencional, tuvieron pareja, vieron la televisión y fueron al cine. No les costará entender el significado de ese versículo, pero me entusiasma pensar en cómo puedo hacer que les resulte original y relevante con respecto a sus experiencias fuera del* ashram.

Los ordenadores viejos de la biblioteca tienen una conexión a internet lentísima. Estoy en la India, en el quinto pino, y parece que cada imagen tardase una hora en descargarse.

Después de haber trabajado en los veloces ordenadores de la biblioteca universitaria, me resulta insoportable. Pero sé que, en la cocina, mis compañeros están esperando a que el agua hierva. Al igual que ellos, trato de respetar el proceso.

Durante mi investigación, me quedo fascinado con la psicología de la comunicación.[2] *Descubro estudios de Albert Mehrabian que demuestran que el 55 por ciento de las comunicaciones se lleva a cabo a través del lenguaje corporal; el 38 por ciento, mediante el tono de voz, y apenas un 7 por ciento corresponde a las palabras que pronunciamos. (Es una aproximación, pero, incluso en situaciones en las que esos porcentajes varían, la realidad sigue siendo que la mayor parte de la comunicación es no verbal.) Me entusiasmo indagando cómo transmitimos mensajes y valores, analizo los estilos de comunicación de varios líderes y averiguo la relevancia que todo ello tiene en la vida. Entre otros, leo sobre Jane Goodall, que nunca tuvo la intención de convertirse en líder de nada. En 1960 se internó en las tierras inexploradas de Tanzania para estudiar a los chimpancés, pero su investigación y su trabajo continuado han redefinido notablemente la labor de conservación, han atraído a mujeres a su terreno y han animado a cientos de miles de jóvenes a participar en la conservación.*[3]

Nuestra clase se reúne en una sala de tamaño medio. Yo me sitúo en un asiento acolchado y elevado y los alumnos se sientan en cojines enfrente de mí. No me considero por encima de ellos en ningún sentido, salvo por el asiento elevado. Los monjes hemos aprendido que todo el mundo es al mismo tiempo alumno y maestro.

Cuando termino de dar la charla, estoy contento con el resultado. He disfrutado compartiendo las ideas tanto como haciendo la labor de investigación. Los alumnos me dan las gracias; me dicen que han valorado los ejemplos y que he lo-

grado dotar de pertinencia un versículo antiguo. Uno o dos me preguntan cómo me he preparado: se han percatado de todo el trabajo que he dedicado. Mientras me deleito en la aureola de satisfacción y su agradecimiento, empiezo a ser consciente de mi dharma: *estudiar, experimentar con el conocimiento y hablar.*

Todo el mundo tiene un carácter psicofísico que determina en qué aspecto florece y prospera. El *dharma* consiste en emplear esa inclinación natural, las cosas que se te dan bien, la esfera en la que prosperas, para servir a los demás. Deberías sentir pasión cuando el proceso es agradable y tu ejecución demuestra habilidad. Y la reacción de los demás debería ser positiva y demostrar así que tu pasión tiene un propósito. Esta es la fórmula mágica del *dharma.*

Pasión + Experiencia + Utilidad = *Dharma*

Si solo nos hace ilusión cuando la gente habla bien de nuestro trabajo, es señal de que no nos apasiona el trabajo en sí. Y si nos dejamos llevar por nuestros intereses y aptitudes, pero nadie reacciona a ellos, la pasión carece de propósito. Si falta cualquiera de las dos piezas, no estamos viviendo nuestro *dharma.*

Cuando una persona fantasea con lo que quiere hacer y quién quiere ser, no suele investigar lo suficiente para averiguar si coincide con su *dharma.* La gente cree que anhela dedicarse a las finanzas porque saben que es lucrativo. O quieren ser médicos porque es una profesión respetada y honorable. Pero avanzan sin tener ni idea de si esas profesiones les convienen: si les gusta el proceso, el entorno y la energía del trabajo, o si se les da bien.

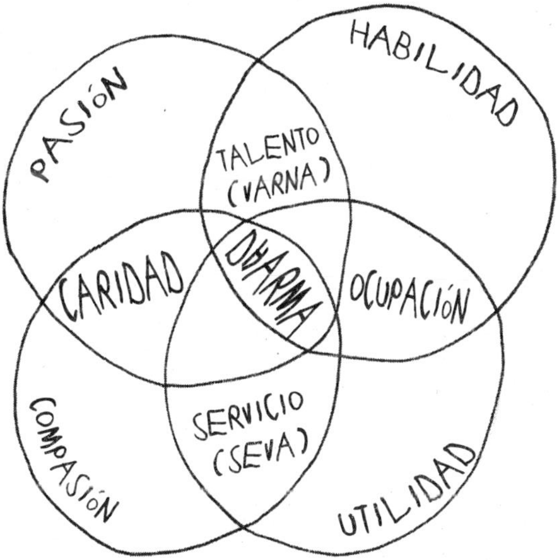

TODO LO QUE ERES

Hay dos mentiras que a algunos nos dicen cuando nos hacemos mayores. La primera es «Nunca vas a ser nada en la vida». La segunda, «Puedes ser todo lo que te propongas». La verdad es otra:

No puedes ser todo lo que te propongas.

Pero puedes ser todo lo que eres.

Un monje es un viajero, pero el viaje es interior y nos acerca a nuestro yo más auténtico, seguro y poderoso. No es necesario que te busques a ti mismo pasando un año en la Provenza para hallar tu pasión y tu propósito, como si fuese un tesoro enterrado en una isla apartada, a la espera de ser descubierto. Tu *dharma* ya está contigo. Siempre lo ha estado. Forma parte de tu ser. Si mantenemos una mentalidad abierta y curiosa, el *dharma* se acaba anunciando.

Aun así, descubrir el *dharma* puede requerir años de investigación. Uno de los mayores desafíos a los que nos enfrentamos en el mundo actual es la presión de triunfar rápido. Gracias al éxito temprano de personas como el fundador de Facebook, Mark Zuckerberg; el cofundador de Snapchat, Evan Spiegel (que se convirtió en el multimillonario más joven del mundo a los veinticuatro años), y famosos, como Chance the Rapper y Bella Hadid, muchos tenemos la sensación de que, si no hemos encontrado nuestra vocación ni llegado a lo más alto en nuestros respectivos campos a los veintitantos, hemos fracasado.

Esa presión ejercida sobre la gente para que triunfe pronto no solo es estresante, sino que en realidad puede impedir el éxito. Según el editor de la revista *Forbes* Rich Karlgaard, en su libro *Late Bloomers*, la mayoría no hemos dado lo mejor de nosotros tan pronto, pero la atención de la sociedad está tan centrada en las pruebas académicas, en entrar en la universidad «adecuada», y en desarrollar y vender una aplicación por millones antes incluso de sacarse un título (si abandonas la universidad para dirigir tu propia empresa multimillonaria), que está provocando unos elevados niveles de ansiedad y depresión no solo entre quienes no han conquistado el mundo a los veinticuatro años, sino también entre aquellos que han dejado una huella importante. Muchos triunfadores jóvenes sienten una tremenda presión por mantener ese nivel de éxito.[4]

Pero, como Karlgaard señala, hay muchas personas tremendamente ricas que dan lo mejor de sí mismas a una edad más avanzada: *Ojos azules*, la primera novela de Toni Morrison, no se publicó hasta que tenía treinta y nueve años. Y después de una década de universidad y de trabajar un tiempo como instructor de esquí, Dietrich Mateschitz creó la exitosa empresa de bebida energética Red Bull cuando ya había cumplido los cuarenta. Presta atención, cultiva la conciencia de ti mismo, estimula tus puntos fuertes y encontrarás el camino. Y una vez que descubras tu *dharma*, persíguelo.

EL *DHARMA* DE LOS DEMÁS

En el Bhagavad Gita se dice que es preferible hacer el *dharma* de uno mismo de manera imperfecta que el de otro a la perfección. O, como declaró Steve Jobs en el discurso que pronunció en la ceremonia de entrega de diplomas de Stanford en 2005: «Vuestro tiempo es limitado, así que no lo desperdiciéis viviendo la vida de otro».

En su autobiografía, Andre Agassi soltó una bomba:[5] al que fuera número uno mundial de tenis, ganador de ocho Grand Slam y medallista de oro, no le gustaba dicho deporte. El padre de Agassi lo obligó a jugar y, aunque era un fuera de serie en el deporte, él detestaba jugar. El hecho de que tuviese un éxito tremendo y ganase una fortuna carece de importancia; no era su *dharma*. Sin embargo, Agassi ha pasado del éxito en las canchas a su auténtica pasión: en lugar de servir bolas, ahora sirve a los demás. Además de proporcionar otros servicios básicos a niños de su Nevada natal, la Fundación Andre Agassi dirige una escuela secundaria privada para jóvenes en situación de riesgo.

La sociedad está construida en torno a la idea de fortalecer los puntos débiles y no a la de desarrollar los fuertes. En el colegio, si sacas tres sobresalientes y un suficiente, todos los adultos de tu entorno se centran en ese suficiente. Las notas escolares, los resultados en pruebas estandarizadas, las evaluaciones de rendimiento e incluso los esfuerzos de autosuperación destacan nuestras carencias y nos instan a mejorar esos puntos. Pero ¿qué pasa si no consideramos esas debilidades como fallos, sino como el *dharma* de otro? La hermana Joan Chittister, una monja benedictina, escribió: «Es la confianza en los límites del yo la que hace que seamos abiertos, y es la confianza en los dones de los demás la que hace que estemos seguros. Un día nos damos cuenta de que no tenemos por qué hacerlo todo, de que no podemos, de que lo que yo no puedo es desarrollar el don y la responsabilidad de otra persona. [...] Mis limitaciones hacen hueco a los dones del resto».[6] En lugar de centrarnos en los puntos débiles, apoyémonos en los fuertes y busquemos formas de que sean fundamentales en nuestra vida.

He aquí dos advertencias importantes: primero, seguir tu *dharma* no significa tener vía libre. Debes apoyarte en tus fortalezas, pero, si tus debilidades son cualidades emocionales, como la empatía, la compasión, la amabilidad y la generosidad, no deberías dejar de desarrollarlas nunca. Es absurdo ser un genio de la tecnología si no eres compasivo. No te conviertes en un capullo solo por ser un experto.

Segundo, una mala nota en el colegio no implica que puedas abandonar para siempre esa asignatura. Debemos tener cuidado con no confundir la inexperiencia con la debilidad. Algunos vivimos fuera de nuestro *dharma* porque no hemos descubierto cuál es. Es importante experimentar en general antes de rechazar opciones, y gran parte de esa experimentación se realiza en el colegio y en otros sitios cuando somos jóvenes.

Mi *dharma* surgió de unas experiencias que me resultaron extremadamente desagradables. Antes de dar la clase en el *ashram*, tenía aversión a hablar en público. Con siete u ocho años, participé en un acto escolar en el que los niños compartían sus tradiciones culturales. Mi madre me vistió de rey indio envolviéndome en un modelito, como un sari, que no era de mi talla, cosa que no contribuyó a hacerme sentir más cómodo. En cuanto salí al escenario, los niños se pusieron a reír. Soy incapaz de seguir una melodía por mucho que lo intente y, cuando empecé a cantar una oración en sánscrito transcrito, se troncharon de risa. No hacía ni dos minutos que había empezado y quinientos niños y todos los profesores estaban riéndose de mí. Me olvidé de la letra y miré la hoja que tenía delante, pero las lágrimas no me dejaban leer las palabras. Mi profesora tuvo que venir al escenario, rodearme con el brazo y sacarme de allí mientras todo el mundo seguía riéndose. Fue humillante. A partir de ese momento, detesté los escenarios. Luego, cuando tenía catorce años, mis padres me obligaron a asistir a un programa extraescolar que combinaba teatro con técnicas para hablar en público. Esas tres horas tres veces a la semana durante cuatro años me brindaron herramientas para estar sobre un escenario, pero no tenía nada que contar y no disfrutaba. Era y sigo siendo tímido, pero aquel curso para hablar en público me cambió la vida, porque, una vez que esas técnicas conectaron con mi *dharma*, no las abandoné.

Después de mi primer verano en el *ashram*, todavía no era monje con dedicación exclusiva. Volví a la universidad y decidí probar suerte dando clases. Preparé un club extraescolar llamado Think Out Loud, en el que cada semana venía gente a oírme hablar de un tema filosófico, espiritual o científico y luego debatíamos sobre él. La primera sesión se llamó «Problemas materiales, soluciones espirituales». Yo quería indagar en el hecho de que, en la vida, los humanos experimentamos los mismos contratiempos, problemas y dificultades, y la espiritualidad puede ayudarnos a dar con la solución. No se presentó nadie. Era una habitación pequeña y, al ver que se quedaba vacía, pensé: «¿Qué puedo aprender de esto?». Entonces seguí: hablé para nadie con todas mis energías, porque sentía que el tema lo merecía. Desde entonces he hecho lo mismo en un medio u otro: iniciar una conversación sobre quiénes somos y cómo podemos encontrar soluciones a los retos diarios.

Para la siguiente sesión de Think Out Loud me esforcé más y distribuí folletos y pósteres; aparecieron unas diez personas. El tema de mi segunda tentativa fue el mismo: «Problemas materiales, soluciones espirituales». Inicié el debate poniendo un vídeo de un monólogo del cómico Chris Rock sobre el poco interés de la industria farmacéutica en curar enfermedades; en realidad, lo que le interesa es que tengamos siempre la necesidad de las medicinas que fabrica. Lo enlacé con un debate sobre nuestra tendencia a buscar estímulos inmediatos en lugar de realizar el auténtico trabajo de crecimiento. Siempre me ha gustado partir de ejemplos graciosos y contemporáneos para relacionar la filosofía monacal con nuestra vida cotidiana. En Think Out Loud hice precisamente eso cada semana durante los siguientes tres años de universidad. Cuando me licencié, el club había crecido hasta las cien personas y se había convertido en un taller semanal de tres horas.

Todos tenemos un don especial en nuestro interior, pero quizá no se encuentre en el camino que se abre ante nosotros. Puede que no haya camino en absoluto. Mi *dharma* no estaba en una de las rutas laborales que son comunes en mi universidad, sino en el club que fundé allí después de que un encargo fortuito en el *ashram* me diese a conocer cuál era mi *dharma.* Este no se esconde, pero a veces tenemos que esforzarnos pacientemente para reconocerlo. Como los investigadores Anders Ericsson y Robert Pool subrayaron en su libro *Número uno: secretos para ser el mejor en lo que nos propongamos*, el dominio requiere práctica deliberada, y mucha. No obstante, si te gusta, lo haces. Picasso experimentó con otras formas artísticas, pero la pintura siguió siendo su prioridad. Michael Jordan jugó a béisbol una temporada, pero el baloncesto fue donde realmente se desarrolló. Esfuérzate al máximo en tu punto fuerte y dotarás tu vida de profundidad, sentido y satisfacción.

Para descubrir el *dharma*, tenemos que identificar nuestras pasiones: las actividades que nos gustan y que estamos predispuestos a hacer bien de forma natural. Cualquiera que observe los cuadrantes de potencial tiene claro que debemos pasar el mayor tiempo posible en el superior derecho, el segundo cuadrante: haciendo cosas que se nos dan bien y que nos gustan. Pero la vida no siempre es así. De hecho, muchos pasamos nuestra trayectoria en el primer cuadrante: trabajando en profesiones que se nos dan bien, pero no nos gustan. Cuando tenemos tiempo libre, saltamos al cuarto cuadrante para dedicarnos a las aficiones y actividades extraescolares que nos interesan, aunque nunca tenemos tiempo suficiente para hacerlas tan bien como quisiéramos. Todo el mundo estará de acuerdo en que queremos evitar el tercer cuadrante. Vivir allí es tremendamente deprimente, haciendo cosas que no nos gustan y que no se nos dan bien. De modo que debemos preguntarnos cómo podemos dedicar más

CUADRANTES DE POTENCIAL

I. HABILIDAD, PERO PASIÓN NULA	II. HABILIDAD Y PASIÓN
III. HABILIDAD NULA Y PASIÓN NULA	IV. HABILIDAD NULA PERO PASIÓN

PREGUNTA:

¿CÓMO PODEMOS DEDICAR MÁS TIEMPO Y ENERGÍA A LA SEGUNDA SECCIÓN, HACER COSAS QUE SE NOS DAN BIEN Y QUE NOS GUSTAN?

tiempo al segundo: hacer cosas que se nos dan bien y nos gustan. (Verás que no los menciono por orden numérico. El motivo es que el primero y el cuarto ofrecen la mitad de lo que deseamos, de modo que es lógico hablar de ellos primero.)

Primer cuadrante: se te da bien, pero no te gusta

Pasar de aquí al segundo es más fácil en la teoría que en la práctica. Supongamos que no te gusta tu trabajo. La mayoría de nosotros no podemos dar el salto así como así a un empleo que nos llene y que milagrosamente ofrezca un salario generoso. Un planteamiento más práctico es buscar formas innovadoras de avanzar hacia el segundo cuadrante dentro del empleo que tenemos. ¿Qué puedes hacer para traer el *dharma* adonde te encuentras?

Cuando me fui por primera vez del *ashram*, acepté un trabajo de consultor en Accenture, una empresa de consultoría de gestión internacional. Continuamente manejábamos números, datos y estados financieros, y rápidamente quedó claro que era imprescindible dominar el programa Excel para destacar en mi puesto. Pero no era lo mío. A pesar de mis esfuerzos, no lograba obligarme a mejorar. Simplemente no me interesaba. Para mí, era peor que limpiar las cuadras de las vacas. De modo que, mientras seguía haciéndolo lo mejor que podía, pensé en cómo demostrar lo que se me daba bien. Mi pasión eran la sabiduría y herramientas para la vida como la meditación y el *mindfulness*, de modo que me ofrecí a dar una charla de eso a mi grupo de trabajo. A la directora de gestión le encantó la idea, y tuvo tanto éxito que me pidió que hablase de esos temas en un acto corporativo para analistas y consultores celebrado en verano. Me dirigiría a mil personas en el estadio de Twickenham, el campo del equipo de rugby nacional de Inglaterra.

Cuando llegué al estadio, me enteré de que mi turno en el estrado estaba entre los discursos del presidente y Will Greenwood, una leyenda del rugby. Estaba sentado entre el público escuchando el programa y pensé: «Mierda, todos se van a reír de mí. ¿Por qué habré aceptado?». Los demás ponentes dominaban sus especialidades y eran muy elocuentes. Empecé a reconsiderar lo que pensaba decir y cómo pronunciarlo. Entonces hice mis ejercicios de respiración, me tranquilicé y, dos segundos antes de salir al escenario, pensé: «Sé tú mismo». Iba a hacer mi *dharma* a la perfección en lugar de tratar de hacer el de otra persona. Subí, pronuncié el discurso y cuando acabé la respuesta no pudo haber sido mejor. La directora que había organizado el acto dijo: «En mi vida he visto a un público de consultores tan callado. Se cae un alfiler y no se oye». Más adelante me invitó a dar clases de *mindfulness* por todas las sedes de la empresa en el Reino Unido.

Para mí ese fue un punto de inflexión. Comprendí que no había dedicado tres años de mi vida a aprender una filosofía extraña solo para monjes que era irrelevante fuera del *ashram.* Podía echar mano de todas mis aptitudes y ponerlas en práctica; hacer mi *dharma* en el mundo moderno. Por cierto, sigo sin saber usar Excel.

En lugar de cambiar radicalmente de profesión, puedes intentar llevar a cabo mi planteamiento: busca oportunidades de hacer lo que te gusta en la vida que ya tienes. Nunca sabes adónde te podría llevar. Leonardo DiCaprio no ha dejado de actuar ni de producir, pero también dedica una energía considerable a la defensa del medioambiente porque es parte de su *dharma.* Un secretario ejecutivo podría ofrecerse a hacer labores de diseño; un camarero puede organizar un concurso de preguntas y respuestas. Trabajé con una abogada cuyo sueño era participar en el concurso de pastelería *The Great British Bake Off.* Le parecía una meta poco realista, de modo que consiguió aficionar al programa a un grupo de compañeros y empezaron a celebrar los «lunes pasteleros», que consistían en que cada lunes alguien de su equipo llevaba algo que había preparado. Ella siguió esforzándose igual y rindiendo bien en un trabajo que le parecía un poco aburrido, pero trasladar su pasión a la oficina fortaleció a su equipo y la hizo sentirse más motivada durante toda la jornada. Si tienes dos hijos y una hipoteca y no puedes dejar tu empleo, haz lo que hizo esa abogada y busca una manera de introducir la energía de tu *dharma* en tu puesto de trabajo, o busca formas de encajarla en otros aspectos de tu vida, como tus aficiones, tu hogar y tus amistades.

Considera también por qué no te gustan tus puntos fuertes. ¿Se te ocurre un motivo? A menudo me encuentro con gente con un cargo empresarial que tiene las aptitudes para desempeñar bien su labor, pero que considera que su trabajo carece de sentido. La mejor forma de aportárselo a una experiencia es buscar cómo podría servirte en el futuro. Si te dices a ti mismo: «Estoy aprendiendo a trabajar en un equipo a escala mundial» o «Estoy adquiriendo todos los conocimientos de administración que voy a necesitar si algún día abro una tienda de monopatines», puedes alimentar una pasión por algo que tal vez no sea tu primera opción. Vincula la sensación de pasión a la experiencia de aprendizaje y crecimiento.

Amy Wrzesniewski, psicóloga de la facultad de Dirección de Empresas de Yale, y sus colegas estudiaron a personal de limpieza de hospitales para entender cómo experimentaban su trabajo.[7] Una de las plantillas lo describió como un empleo que no era especialmente satisfactorio y que no requería muchos conocimientos. Y cuando explicaron las tareas que realizaban, básicamente parecía la descripción del puesto que figuraba en el manual para el personal. Pero, cuando los investigadores hablaron con otra plantilla, se sorprendieron de lo que escucharon. El segundo grupo disfrutaba de su trabajo; consideraban que merecía mucho la pena y lo percibían como un empleo para el que había que estar muy cualificado. Cuando describieron sus tareas, el motivo de la distinción entre los grupos empezó a verse claro. El segundo no solo habló de las típicas tareas de mantenimiento, sino que también se fijaba en qué pacientes estaban especialmente tristes o tenían pocas visitas y se preocupaban por entablar conversación o ir a verlos más a menudo. Relataron episodios en los que acompañaron a visitantes mayores por el aparcamiento para que no se perdiesen (aunque técnicamente podrían haberlos despedido por eso). Una mujer dijo que cambiaba periódicamente los cuadros de las paredes entre distintas habitaciones. Cuando le preguntaron si formaba parte de su trabajo, contestó: «No forma parte de mi trabajo. Forma parte de mí».

A partir de ese estudio y de la investigación posterior, Wrzesniewski y sus colegas crearon la expresión *job crafting* o «personalización del puesto de trabajo», que describe «qué hacen los empleados para rediseñar su empleo de forma que fomente la implicación, la satisfacción profesional, la resiliencia y la prosperidad». Según los investigadores, podemos redirigir nuestras tareas, relaciones o incluso cómo percibimos lo que hacemos (como conserjes que se consideran «sanadores» y «embajadores»). La intención con la que abordamos el trabajo tiene un impacto tremendo en el sentido que nos da y en la motivación personal. Aprende a buscar ese sentido ahora y te servirá toda la vida.

Cuarto cuadrante: no se te da bien, pero te gusta

Cuando nuestras pasiones no son lucrativas, les restamos prioridad. Entonces nos sentimos insatisfechos, porque nos gusta una actividad, pero no podemos hacerla bien o lo bastante a menudo como para disfrutar plenamente de ella. La vía más segura para perfeccionar las aptitudes siempre es el tiempo. ¿Puedes recurrir al coaching, asistir a cursos o recibir formación con el fin de mejorar en la actividad que te gusta?

«Imposible. Si tuviese tiempo para eso, lo haría, créeme», te dices. En el próximo capítulo vamos a hablar de cómo encontrar tiempo donde no lo hay, pero de momento te diré una cosa: todo el mundo tiene tiempo. Nos desplazamos al trabajo, cocinamos o vemos la tele; puede que no dispongamos de tres horas, pero tenemos diez minutos para escuchar un pódcast o aprender una técnica nueva con un vídeo de YouTube. Puedes hacer muchas cosas en diez minutos.

A veces, cuando nos dedicamos a nuestro *dharma*, nos roba tiempo para nosotros. Cuando empecé a hacer vídeos, me ponía con ello al volver de trabajar en la empresa. Durante cinco horas al día, cinco días a la semana, me centraba en editar vídeos de cinco minutos. Durante mucho tiempo, la rentabilidad de la inversión fue irrisoria, pero no estaba dispuesto a darme por vencido hasta intentar sacar el máximo partido de mi habilidad.

En los años transcurridos desde entonces, he visto a gente monetizar las cosas más extrañas. Pásate un rato por Etsy y te sorprenderá la cantidad de maneras que hay de ganar dinero con tus pasiones. Sin embargo, si el mundo te hace saber de forma rotunda que no te compensará o que no necesita o no le interesa tu pasión, no pasa nada. Acéptalo. El mundo anhela imperiosamente el fútbol, pero no necesita que yo juegue. Aun así, los partidos que yo organizaba en Accenture eran para mí el mejor momento de la semana. Aunque no sea tu *dharma*, puede seguir haciéndote feliz.

Tercer cuadrante: no se te da bien y no te gusta

Haz todo lo posible para salir de este cuadrante deprimente. Siempre habrá tareas desagradables, pero no deberían representar la mayor parte de tu vida. Si es posible, intenta externalizar las tareas de esta categoría. Perjudica el bolsillo, pero salva la mente. Y recuerda: que a ti no te guste no quiere decir que no le guste a nadie. ¿Puedes intercambiar con un amigo o un colega las tareas que menos os agradan a cada uno?

HAZ LA PRUEBA: **IDENTIFICA TU CUADRANTE**

Es posible que hayas estado haciendo este ejercicio mentalmente mientras leías sobre los cuadrantes de potencial. Aun así, quiero que hagas el ejercicio de reconocer lo cerca que estás de vivir tu *dharma* actualmente.

¿Te gusta tu trabajo?
¿Te encanta tu trabajo?
¿Se te da bien tu trabajo?
¿Necesitan y aprecian otras personas tu trabajo?
¿Tu mayor habilidad o pasión se encuentra fuera de tu trabajo?
¿Cuál es?
¿Sueñas con convertirla en tu trabajo?
¿Crees que es un sueño alcanzable?
¿Crees que podría haber formas de aplicar tu pasión a tu trabajo?
Anota las ideas que se te ocurran para aportar tu pasión al universo.

Si no es posible librarte de la faena, recuerda la lección que yo aprendí en el *ashram*: cada tarea es un órgano imprescindible; todas son igual de importantes y nadie lo es demasiado como para hacer determinada faena. Si te crees muy bueno para algo, sucumbes a los peores impulsos egoístas y subestimas a cualquiera que haga esa tarea. Cuando estás satisfecho en tu *dharma*, puedes apreciar, sin envidia ni ego de por medio, a quienes poseen otra habilidad. Yo respeto profundamente a los que saben manejar Excel; simplemente, yo no quiero hacerlo. Cuando me encuentro con médicos, soldados u otros profesionales, pienso: «Es extraordinario. Qué pasada. Pero yo no soy así».

Segundo cuadrante: personalidad védica

Nos conviene vivir en este cuadrante, donde empleamos nuestras aptitudes para hacer lo que nos gusta. Si no estamos en este punto, debemos examinar el problema como un monje: en lugar de considerar las aptitudes concretas que has desarrollado y las actividades específicas que te gustan, mira más allá, a la raíz. El Bhagavad Gita contempla el *dharma* dividiéndonos en cuatro tipos de personalidad, los *varnas.* Saber el tuyo te permite conocer tu carácter y tu competencia. En la historia relativamente reciente (durante el siglo XIX), cuando los dirigentes británicos impusieron su rígida jerarquía de clases en la sociedad india, los *varnas* se emplearon como la base del sistema de castas.[8] Aunque estas —una jerarquía de categorías laborales— se basaban en los *varnas*, se trata de una malinterpretación del texto original. No me refiero al sistema de castas: creo que todos somos iguales; simplemente tenemos distintos dones y aptitudes. Mi debate sobre los *varnas* se centra en cómo aprovecharlos para vivir sacándole el máximo partido a tu potencial. Los distintos tipos de personalidad están destinados a colaborar en comunidad, como órganos de un mismo cuerpo: todos imprescindibles y ninguno superior a los demás.

Los *varnas* no los determina el nacimiento, sino que están pensados para ayudarnos a entender nuestro verdadero carácter y nuestras inclinaciones. No eres creativo solo porque tus padres lo sean.

Ningún *varna* es mejor que otro. Todos buscamos un trabajo, diversión, amor y servicio distintos. No existe ninguna jerarquía ni segregación. Cuando dos personas se comportan de acuerdo con su mejor *dharma*, viven para servir a los demás, de modo que ninguna es superior a la otra. ¿Es mejor alguien que investiga el cáncer que un bombero?

HAZ LA PRUEBA: EL TEST DE LA PERSONALIDAD VÉDICA

Esta sencilla prueba no es concluyente para determinar tu tipo de personalidad, pero te ayudará a buscar tu *dharma*.

Busca el test de la personalidad védica en el apéndice.

LOS *VARNAS*

Los cuatro *varnas* son el guía, el líder, el creador y el artesano. Estas etiquetas no están directamente relacionadas con un empleo o actividad concretos. Sí, determinadas actividades nos

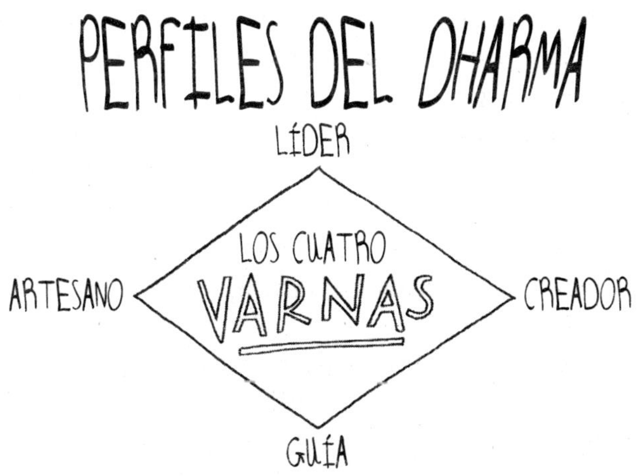

proporcionan placer porque satisfacen nuestro *dharma.* Un guía, como verás en la página 157, está obligado a aprender y compartir conocimientos: podría ser maestro o escritor. A un líder le gusta influir y proveer, pero eso no significa que tenga que ser consejero delegado de una empresa o teniente: podría ser director de colegio o gerente de tienda. A un creador le gusta propiciar cosas: quizá una empresa emergente o una asociación de vecinos. A un artesano le agrada ver cómo se crean las cosas de forma tangible: podríamos estar hablando de un programador o de una enfermera.

Recuerda los *gunas*: *tamas*, *rajas* y *sattva* (ignorancia, impulsividad y bondad). Para cada *varna*, voy a describir el comportamiento que le corresponde según las modalidades de *gunas.* Aspiramos al *sattva* a través de liberarnos de la ignorancia, de la entrega a nuestra pasión y del servicio bondadoso. Cuanto más tiempo pasamos en el *sattva*, más eficaces y realizados nos volvemos.

Creadores

Originalmente: comerciantes, empresarios

Actualmente: vendedores, dependientes, animadores, productores, emprendedores, CEO

Aptitudes: poner ideas en común, crear redes de contactos, innovar

- Propician cosas.
- Saben convencerse a sí mismos y a los demás de cualquier cosa.
- Se les dan muy bien las ventas, la negociación y la persuasión.
- Les motivan mucho el dinero, el placer y el éxito.
- Son muy trabajadores y determinados.

- Destacan en el trueque, el comercio y la banca.
- No paran quietos.
- Trabajan mucho y viven intensamente.

Modalidad de ignorancia

- Se corrompen y venden cosas sin valor; mienten, engañan y roban para vender algo.
- El fracaso los hunde.
- Se agotan, se deprimen, se ponen de mal humor con el exceso de trabajo.

Modalidad de impulso

- Les motiva el estatus.
- Dinámicos, carismáticos y cautivadores.
- Tenaces, orientados a los objetivos, incansables.

Modalidad de bondad

- Usan el dinero para el bien común.
- Crean productos e ideas que generan dinero, pero que también sirven a los demás.
- Proporcionan empleos y oportunidades a otros.

Artesanos

Originalmente: artistas, músicos, creativos, escritores

Actualmente: trabajadores sociales, psicólogos, médicos, enfermeros, directores ejecutivos, jefes de recursos humanos, artistas, músicos, ingenieros, programadores, carpinteros, cocineros

Aptitudes: inventar, apoyar, implementar

Modalidad de ignorancia

- Les deprime el fracaso.
- Se sienten atrapados e indignos.
- Padecen ansiedad.

Modalidad de impulso

- Investigan y experimentan con ideas nuevas.
- Compaginan demasiadas cosas al mismo tiempo.
- Pierden de vista la experiencia y el cuidado; se centran más en el dinero y los resultados.

Modalidad de bondad

- Les motivan la estabilidad y la seguridad.
- Suelen estar contentos y satisfechos con su situación actual.
- Eligen metas que valga la pena perseguir.
- Trabajan mucho, pero siempre mantienen el equilibrio con los compromisos familiares.
- Son las mejores personas de confianza.
- Encabezan las reuniones de equipo.
- Apoyan a quienes lo necesitan.
- Están muy cualificados para las profesiones manuales.

Conexiones

Los artesanos y los creadores se complementan.

Los artesanos hacen que los creadores se centren en el detalle, la calidad, el agradecimiento y la satisfacción.

Los creadores ayudan a los artesanos a ser más ambiciosos y orientarse más a los objetivos.

Guías

Original y actualmente: maestros, guías, gurús, instructores, mentores

Aptitudes: aprender, estudiar, compartir conocimientos y sabiduría

- Son instructores y mentores independientemente del papel que desempeñen.
- Quieren sacar lo mejor de la gente que los rodea.
- Valoran los conocimientos y la sabiduría más que la fama, el poder, el dinero y la seguridad.
- Les gusta tener espacio y tiempo para reflexionar y aprender.
- Quieren ayudar a la gente a dar sentido, plenitud y propósito a su vida.
- Les gusta trabajar solos.
- Disfrutan de las actividades intelectuales en su tiempo libre: leer, debatir, hablar...

Modalidad de ignorancia

- No predican con el ejemplo.
- No son modélicos.
- Tienen problemas con la implementación.

Modalidad de impulso

- Les gusta debatir y echar por tierra los argumentos de los demás.
- Utilizan el conocimiento para conseguir fuerza y poder.
- Tienen curiosidad intelectual.

Modalidad de bondad

- Utilizan el conocimiento para ayudar a la gente a hallar su propósito.
- Aspiran a conocerse mejor para dar más.
- Son conscientes de que el conocimiento no es exclusivo de ellos, sino que están aquí para servir.

Líderes

Originalmente: reyes, guerreros

Actualmente: militares, jueces, cuerpos de seguridad, políticos

Aptitudes: gobernar, motivar, atraer a los demás

- Líderes natos de personas, movimientos, grupos y familias.
- Les guían el valor, la fuerza y la determinación.
- Protegen a los menos privilegiados.
- Les motivan morales y valores más elevados y pretenden imponerlos en todo el mundo.
- Proporcionan estructuras y marcos para ayudar a la gente a progresar.
- Les gusta trabajar en equipo.
- Son expertos en organizarse, concentrarse y dedicarse a una misión.

Modalidad de ignorancia

- Renuncian al cambio debido a la corrupción y la hipocresía.
- Desarrollan un punto de vista negativo y pesimista.
- Pierden el sentido de la moral por su sed de poder.

Modalidad de impulso

- Crean estructuras y marcos por la fama y el dinero, no por su sentido.
- Usan su talento en beneficio propio, no para la humanidad.
- Se centran en sus propios objetivos a corto plazo.

Modalidad de bondad

- Luchan por morales, éticas y valores más elevados.
- Estimulan a las personas para que trabajen juntas.
- Crean objetivos a largo plazo para apoyar a la sociedad.

Conexiones

Los guías y los líderes se complementan.
Los guías proporcionan sabiduría a los líderes.
Los líderes aportan estructuras a los guías.

La finalidad de los *varnas* es ayudarte a entenderte a ti mismo para poder concentrarte en tus aptitudes e inclinaciones más desarrolladas. Tener conciencia de ti mismo te proporciona más concentración. Al considerar mis tendencias de guía, me doy cuenta de que tengo éxito cuando me centro en la estrategia. A los creadores y los artesanos se les da mejor la implementación, de modo que me he rodeado de gente que puede ayudarme en ese ámbito. Un músico puede ser un artesano, motivado por la seguridad. Para tener éxito, quizá necesite rodearse de estrategas. Invierte en tus puntos fuertes y rodéate de personas que puedan compensar tus carencias.

Cuando conoces tu *varna* —tu pasión y tus habilidades— y sirves con base en él, se convierte en tu *dharma.*

HAZ LA PRUEBA: **TU MEJOR YO**

1. Elige a un grupo de gente que conozcas bien: una mezcla variada de personas con las que hayas trabajado, familiares y amigos. Con tres bastaría, pero es preferible de diez a veinte.
2. Pídeles que pongan por escrito un momento concreto en que diste lo mejor de ti.
3. Busca patrones y temas comunes.
4. Escribe un perfil de ti mismo incorporando esa información como si no tuviese que ver contigo.
5. Piensa cómo poner en práctica tus mejores aptitudes. ¿Cómo podrías usarlas este fin de semana? ¿Y en otras circunstancias o con personas distintas?

PON A PRUEBA TU *DHARMA*

El test de la personalidad védica te ayudará a empezar a ver tu *varna*, pero, como el horóscopo, no puede decirte qué va a pasar mañana. De ti depende probar esos *varnas* en el mundo real indagando y experimentando. Si tu *varna* es el líder, prueba a asumir ese rol en el trabajo u organizando la fiesta de cumpleaños de tu hijo. ¿Disfrutas realmente del proceso?

Piensa en el nivel de conciencia que tenemos cuando comemos algo. Enseguida reflexionamos y decidimos si nos gusta, y no nos costaría puntuarlo del uno al diez si nos lo pidiesen. Es más, puede que al día siguiente opinásemos distinto. (Cuando me como mi helado de chocolate favorito un domingo por la noche, me pongo muy contento, pero el lunes por la mañana ya no me parece tan bien meterme eso entre pecho y espalda.) Mediante la reflexión tanto inmediata como a largo plazo, nos formamos opiniones matizadas sobre si deseamos que ese alimento sea parte de nuestra dieta habitual. Todos hacemos eso con la comida, cuando salimos del cine («¿Te ha gustado?») y algunos en Yelp. Pero no se nos ocurre evaluar la compatibilidad y el gusto por cómo empleamos el tiempo. Cuando nos acostumbramos a identificar lo que nos empodera, nos comprendemos mejor a nosotros mismos y lo que deseamos en la vida. Eso es exactamente lo que vamos a hacer para entender más claramente nuestro *varna*.

La primera pregunta y la más crítica cuando estudias tu *varna* es la siguiente: ¿me ha gustado el proceso?

Evalúa la descripción de tu *varna* de acuerdo con tu experiencia para determinar lo que te agrada de él. En lugar de decir: «Me gusta hacer fotos», busca la raíz. ¿Te gusta ayudar a familias a preparar una tarjeta de Navidad de la que se sientan orgullosos? (Guía.) ¿Te gusta documentar las luchas del ser humano u otras situaciones importantes para fomentar el cambio? (Líder.) ¿O te gustan los aspectos técnicos de la iluminación, el enfoque y el revelado? (Artesano.) Durante mi estancia con los monjes, cada vez que completábamos una actividad o un ejercicio de reflexión como los de este libro, nos hacíamos preguntas: «¿Qué me ha gustado de eso?»; «¿Se me da bien?»; «¿Quiero leer y aprender de ello y dedicarle mucho tiempo?»; «¿Estoy motivado para mejorar?»; «¿Qué me ha hecho sentir cómodo o incómodo? Si me he sentido incómodo, ¿ha sido de forma positiva —un desafío que me ha hecho crecer— o negativa?», etc. Esa conciencia nos proporciona una visión mucho más matizada de dónde nos sentimos realizados. En lugar de remitirnos a un camino único, esa conciencia nos abre formas nuevas de poner en práctica nuestras pasiones.

HAZ LA PRUEBA: ESCRIBE UN DIARIO DE ACTIVIDADES

Toma nota de cada actividad en la que participas en el curso de unos cuantos días: asistir a reuniones, pasear al perro, comer con un amigo, redactar correos electrónicos, preparar comida, hacer ejercicio, dedicar tiempo a las redes sociales... Por cada actividad, responde a las dos preguntas fundamentales para el *dharma*: ¿he disfrutado del proceso y han disfrutado otras personas del resultado? No hay respuestas correctas ni incorrectas. Se trata de un ejercicio de observación para aumentar tu conciencia.

Abraza tu *dharma*

La cabeza puede intentar convencernos de que siempre tomamos las mejores decisiones, pero el auténtico carácter —nuestras pasiones y nuestro propósito— no se encuentra en ella, sino en el corazón. De hecho, la cabeza a menudo se interpone en las pasiones. He aquí algunas de las excusas a las que recurrimos para cerrar la mente:

> «Soy demasiado mayor para abrir mi propio negocio.»
> «Sería una irresponsabilidad por mi parte hacer ese cambio.»
> «No puedo permitírmelo.»
> «Eso ya lo sé.»
> «Siempre lo he hecho así.»
> «Eso no me va a servir.»
> «No tengo tiempo.»

Creencias pasadas, falsas o engañosas se cuelan y obstaculizan nuestros progresos. Los miedos nos impiden probar cosas novedosas. El ego se opone a que aprendamos información nueva y nos abramos al crecimiento. (Más sobre el tema en el capítulo 8.) Y nadie tiene nunca tiempo para cambiar. Pero cuando abrazas tu *dharma* se obran milagros.

Durante su educación, Joseph Campbell careció de un modelo profesional que abarcase sus diversos intereses.[9] De niño, a principios de la década de 1900, le atrajo la cultura nativa americana y la estudió todo lo que pudo. En la universidad, se quedó cautivado con los rituales y símbolos del catolicismo. Mientras estudiaba en el extranjero, amplió sus intereses con las teorías de Jung y Freud y el arte moderno. En la Universidad de Columbia, Campbell les explicó a los tutores de su tesis que quería mezclar leyendas antiguas sobre el Santo Grial con ideas sobre arte y psicología. Ellos rechazaron el tema. Campbell dejó de trabajar en su tesis y, en 1949, encontró un empleo como profesor de literatura en la Universidad Sarah Lawrence, que mantuvo durante treinta y ocho años. Mientras tanto, publicó cientos de libros y artículos y buceó en la mitología y la filosofía indias antiguas. Pero fue en *El héroe de las mil caras* donde planteó por primera vez sus ideas revolucionarias sobre lo que denominó «el viaje del héroe»: un concepto que consagró a Campbell como una de las principales autoridades en mitología y en la psique humana. Considerando que fue alguien que siguió su *dharma*, no es de extrañar que Joseph Campbell fuese el responsable del consejo «Sigue tu bienaventuranza». Escribió lo siguiente: «Llegué a esa idea de la bienaventuranza porque en sánscrito, que es el principal idioma espiritual del mundo, hay tres términos que representan el límite, el punto de partida hacia el océano de la trascendencia: *sat*, *chit* y *ananda*. La palabra *sat* significa "ser". *Chit* quiere decir "conciencia". Y *ananda* es "bienaventuranza" o "éxtasis". Pensé: "No sé si mi conciencia es la adecuada o no; no sé si lo que sé de mi ser es mi ser adecuado o no; pero sí sé dónde se encuentra mi éxtasis. De modo que permítanme aferrarme a él; eso me traerá tanto mi conciencia como mi ser". Creo que funcionó». Si sigues tu bienaventuranza, dijo, «se te abrirán puertas que no se le habrían abierto a nadie más».

El instinto de protección nos retiene o nos dirige hacia las decisiones prácticas (Campbell enseñó literatura durante treinta y ocho años), pero podemos ver más allá y seguir nuestro *dharma* si sabemos qué buscar.

El *dharma* es del cuerpo

En lugar de escuchar a la mente, debemos fijarnos en cómo notamos una idea o una actividad en el cuerpo. Primero, cuando te visualizas en un proceso, ¿sientes alegría?, ¿te atrae la idea? Luego, cuando realmente haces la actividad, ¿cómo responde tu cuerpo? Si estás en tu elemento, lo notas.

1. *Vivo.* Para algunas personas, estar en su *dharma* significa sentir una satisfacción serena y llena de seguridad. Para otras, se produce un estremecimiento y una emoción. En cualquier caso, te sientes vivo, conectado, sonriente. Se enciende una luz.
2. *Fluidez.* En el *dharma* hay un impulso natural. Sientes que estás donde te corresponde, que nadas con la corriente en lugar de luchar contra la resaca. Cuando estás verdaderamente en sintonía, se produce una sensación de fluidez: sales de tu cabeza y pierdes la noción del tiempo.
3. *Comodidad.* En tu *dharma* no te sientes solo ni fuera de lugar, independientemente de quién vaya o venga o dónde estés físicamente; donde estás te sientes bien, incluso si ese donde es viajando por el mundo. A mí no me gusta

la sensación de peligro, pero tengo un amigo al que le encantan los coches veloces y las motos de agua. El peligro —lo peor que puede ocurrir— es igual para los dos, pero a él le merece la pena, o el peligro en sí lo hace disfrutar. En el escenario yo me encuentro en mi elemento, pero otra persona se bloquearía.

4. *Regularidad.* Si te lo pasas estupendamente haciendo esnórquel cuando vas de vacaciones, no quiere decir ni que practicarlo ni que ir de vacaciones sea tu *dharma.* Estar en tu *dharma* exige repetición. De hecho, mejora cuanto más lo haces. Pero un episodio ya es una pista de qué energía te gusta y de cuándo y cómo te sientes vivo.
5. *Positividad y crecimiento.* Cuando somos conscientes de nuestros puntos fuertes, tenemos más confianza en nosotros mismos, valoramos más las capacidades de los demás y nos sentimos menos competitivos. Puede que la tendencia a compararte con otros no desaparezca del todo, pero disminuye, porque solo lo haces con gente de tu ámbito de competencia. El rechazo y la crítica no se perciben como ataques, sino como información que podemos aceptar o rehusar, dependiendo de si nos ayudan a avanzar.

El *dharma* es tu responsabilidad

Una vez que te has hecho una idea de cuál es tu *dharma*, depende de ti organizarte de forma que puedas vivirlo. No siempre vamos a estar en un lugar o una situación en la que los demás reconozcan nuestro *dharma* y hagan lo imposible para ayudarnos a satisfacerlo. Como todos hemos tenido ocasión de experimentar en un momento u otro, los jefes no siempre aprovechan al máximo el potencial de sus empleados. Si mientras lees este capítulo estás pensando: «Mi jefa tiene que saber cuál es mi *dharma*, así me dará el ascenso», no lo has entendido. Nunca vamos a presenciar un mundo idílico en el que toda la gente viva continuamente su *dharma*, con alguna que otra pausa para que el jefe te llame y te pregunte si te sientes realizado.

Es nuestra responsabilidad demostrar y defender nuestro *dharma*. El Manusmriti dice que el *dharma* protege a los que lo protegen.[10] El *dharma* te proporciona estabilidad y paz. Cuando tenemos la seguridad de saber dónde florecemos, encontramos oportunidades para demostrarlo. Eso crea una reacción en cadena: cuando salvaguardas tu *dharma*, te esfuerzas constantemente por estar en posición de florecer; cuando floreces, la gente se da cuenta y obtienes recompensas que te facilitan seguir en tu *dharma*, protector de tu felicidad y de tu rumbo en la vida que además te ayuda a crecer.

Expande tu *dharma*

Una persona que no vive su *dharma* es como un pez fuera del agua. Puedes darle al pez todas las riquezas del mundo, pero morirá a menos que vuelva a su elemento. Una vez que lo descubras, esfuérzate por desempeñar ese papel en todos los aspectos de tu vida. Sigue tu pasión en tu lugar de trabajo. Dedícate a actividades comunitarias empleando las mismas aptitudes. Comparte tu *dharma* con tu familia, haciendo deporte, con tus relaciones, durante las salidas con tus amigos, etc. Si mi *dharma* es ser un líder, probablemente yo sea quien deba planificar las vacaciones de la familia. Ese rol me dará sentido. Pero si soy un líder y no desempeño ese papel, me sentiré insignificante y frustrado.

Estarás pensando: «Jay, no tiene sentido limitarte a tu *dharma*. Todo el mundo sabe que hay que esforzarse al máximo. Probar cosas nuevas. Aventurarte fuera de tu elemento». Aunque tu *dharma* es tu estado natural, su gama de posibilidades es más amplia que tu zona de confort. Por ejemplo, si el tuyo es ser un orador, puedes pasar de tener un público de diez personas a uno de cien y aumentar tu impacto. Si ya te diriges a estudiantes, puedes empezar a hacerlo con CEO.

También es importante que expandas tu *dharma*. Yo no soy la persona más sociable del mundo, pero asisto a actos y reuniones porque sé que me conviene relacionarme con gente. Ir contra él es como patinar sobre ruedas: te sientes un poco desequilibrado, ligeramente mareado y agotado después, pero, cuanto más te entiendes a ti mismo, más firme es tu equilibrio; puedes desviarte y patinar conscientemente en una nueva dirección tras un fin más elevado. Ser consciente de tu *dharma* es decisivo para saber cuándo y cómo dejarlo atrás.

El *dharma* evoluciona con nosotros. Una expatriada británica, Emma Slade, vivió en Hong Kong, donde trabajó de inversora para un banco internacional que administra cuentas valoradas en más de mil millones de dólares. Dice al respecto: «Me encantaba. Era trepidante, emocionante... Me desayunaba las hojas de balance». Entonces, en septiembre de 1997, Slade estaba de viaje de negocios en Yakarta, Indonesia, cuando un hombre armado le puso una pistola en el pecho, le robó y la tuvo secuestrada en la habitación del hotel. Ella afirma que, mientras estaba encogida de miedo en el suelo, se dio cuenta del valor de la vida humana. Afortunadamente, la policía llegó antes de que Slade resultase herida. Más tarde, cuando los agentes le mostraron una fotografía del hombre desplomado contra la pared del hotel rodeado de manchas de sangre, a Slade le impactó sentir tristeza y compasión por él. Esa sensación no la abandonó y la empujó a perseguir su verdadero propósito.[11]

Slade dejó su trabajo y empezó a estudiar yoga y la naturaleza de la mente. En 2011, viajó a Bután, donde se topó con un monje que le dejó una huella indeleble (¡conozco esa sensación!). En 2012, se hizo monja budista y Slade (también responde actualmente a Pema Deki) sintió que por fin había encontrado la paz. Sin embargo, la sensación de compasión que había experimentado por el hombre que la atacó volvió; entonces comprendió que tenía que hacer algo para transformar su compasión en hechos. De modo que en 2015 fundó una organización benéfica con sede en el Reino Unido, Opening Your Heart to Bhutan, cuyo objetivo es atender las necesidades básicas de los habitantes de las zonas rurales del este de Bután. Aunque convertirse hizo que se sintiera realizada, su *dharma* nunca fue quedarse sentada en una cueva y meditar el resto de su vida. Ahora utiliza sus habilidades financieras para servir más generosamente a los demás y a sí misma. «Los conocimientos del pasado me han sido muy útiles para vivir una vida feliz y llena de sentido», dice Slade. Ella compara su experiencia con la flor de loto, que brota del lodo y crece hacia arriba a través del agua en busca de luz. En el budismo, el loto representa que el fango y el lodo de las dificultades de la vida pueden servir de suelo fértil para el crecimiento. A medida que crece, se eleva a través del agua hasta florecer finalmente. Como dice Buda: «Igual que un loto rojo, azul o blanco, que nace y crece en el agua y se yergue por encima de ella sin que lo salpique, de la misma forma, yo, aunque he nacido y crecido en el mundo, tras haberlo superado, moro sin que me salpique».[12]

«Yakarta fue mi lodo, pero también la semilla de mi desarrollo futuro», afirma Slade en su charla TED.

Recuerda la ecuación completa del *dharma.* No es solo pasión y aptitudes; es pasión al servicio de los demás. Tu pasión es para ti; tu propósito, para los demás. La primera se convierte en lo segundo cuando la utilizas para servir a los demás. El *dharma* tiene que satisfacer una necesidad del mundo. Como ya he dicho, los monjes creen que debes estar dispuesto a hacer lo que sea necesario cuando existe un fin superior (y los monjes lo cumplen a rajatabla), pero, si no eres monje, míralo de esta forma: el placer que sientes llevando a cabo tu pasión debe ser igual a lo mucho que lo valoran los demás. Si el resto no cree que eres eficaz, tu pasión es una afición que puede enriquecer tu vida.

Eso no quiere decir que toda actividad fuera del *dharma* sea una pérdida de tiempo. En la vida hay actividades que contribuyen a desarrollar competencias y otras que son útiles para desarrollar el carácter. Cuando me pidieron por primera vez que diese charlas, desarrollé mi competencia en el *dharma.* Pero cuando me dijeron que sacase la basura, desarrollé mi carácter. Desarrollar la competencia sin tener en cuenta el carácter es narcisista, y desarrollar el carácter sin basarse en las propias aptitudes carece de impacto. Tenemos que trabajar en ambos aspectos para servir a nuestras almas y a un fin más elevado.

Conocer tu propósito y llevarlo a cabo es más fácil y productivo si empleas sabiamente tu tiempo y tus energías a diario. En el próximo capítulo vamos a hablar de cómo empezar el día de la mejor forma posible y seguir así el resto de la jornada.

6

Rutina

Los lugares tienen energía, y el tiempo, memoria

Cada día, cuando te despiertes, piensa: «Hoy me siento afortunado de estar vivo, tengo una vida preciosa y no voy a desperdiciarla».

DALAI LAMA

Estamos doce, puede que más, durmiendo en el suelo sobre una estera fina, como las de hacer yoga, cubierta de una sábana y nada más. Las paredes de la habitación están hechas de boñiga de vaca compacta que parece yeso áspero y llena el lugar de un olor a tierra no del todo desagradable. El suelo de piedra sin terminar está liso por el uso, pero a años luz de un colchón viscoelástico. Las ventanas están inacabadas; estamos en un cuarto interior que nos resguarda durante la estación de las lluvias y tiene muchas puertas para ventilarse bien.

Aunque duermo aquí cada noche, no hay ningún espacio concreto que considere «mío». En este lugar evitamos la propiedad: ni posesiones ni apegos materiales. Ahora mismo la habitación está oscura como una cueva, pero por el tenor de los pájaros que cantan fuera el cuerpo sabe que son las cuatro de la madrugada: hay que despertarse. Tenemos que asistir a las oraciones colectivas dentro de media hora. Sin decir palabra, nos dirigimos al vestuario y algunos nos duchamos y otros nos ponemos la túnica. Esperamos en fila para cepillarnos los dientes en uno de los cuatro lavabos comunes. Nadie del mundo exterior es testigo de nuestra actividad, pero, si lo fuera, vería a un grupo de hombres aparentemente descansados con aspecto de no tener el más mínimo problema en levantarse tan temprano.

No siempre fue tan fácil. Cada mañana, mi cerebro, desesperado por seguir desconectado un poco más, buscaba un pretexto distinto para quedarme durmiendo. Pero me obligaba a adoptar esa rutina nueva porque estaba comprometido con el proceso. El hecho de que fuese difícil era parte importante del viaje.

Con el tiempo aprendí un truco infalible para conseguir levantarme más temprano: acostarme antes, así de simple. Me había pasado la vida entera alargando la jornada al máximo, sacrificando el día siguiente porque no quería perderme el presente. Pero, cuando por fin me liberé y empecé a acostarme antes, despertarme a las cuatro se volvió cada vez más fácil. Y a medida que eso pasaba, descubrí que podía hacerlo sin la ayuda de nadie ni nada aparte de mi cuerpo y el mundo natural que lo rodeaba.

Para mí fue una experiencia reveladora. Comprendí que nunca había empezado el día sin sobresaltarme de una manera u otra. Cuando era adolescente, mis llamadas matutinas adoptaban la forma de mi madre gritándome desde el piso de abajo: «¡Jay, despierta!». En años posteriores, un despertador realizó esa misma tarea ingrata. Cada día de mi vida empezaba con una intrusión repentina e irritante. Sin embargo, ahora me despertaba con el piar de los pájaros, los árboles susurrando al viento, una corriente de agua... Me levantaba con los sonidos de la naturaleza.

Por fin llegué a entender el valor que tenía. La finalidad de despertarnos temprano no era torturarnos, sino empezar el día con paz y tranquilidad. Pájaros. Un gong. El sonido del agua fluyendo. Y nuestra rutina matutina no variaba nunca. La sencillez y el orden de las mañanas en el *ashram* nos evitaban la complejidad estresante de las decisiones y la variación. Empezar el día de forma tan sencilla era como una ducha mental. Nos limpiaba de las dificultades del día anterior y nos daba espacio y energía para transformar la codicia en generosidad, la ira en compasión y la pérdida en amor. Por último, nos infundía determinación, un propósito que llevar a cabo en el día.

En el *ashram*, cada detalle de la vida estaba pensado con el fin de facilitar el hábito o el ritual que queríamos practicar. Por ejemplo, las túnicas: cuando nos levantábamos, nunca teníamos que pensar qué nos poníamos. Como Steve Jobs, Barack Obama y Arianna Huffington, todos famosos por tener un uniforme básico particular, los monjes simplifican su ropa para no malgastar energías ni tiempo en vestirse. Cada uno teníamos dos: la que llevábamos y otra para cambiarnos cuando la lavábamos. De forma parecida, el objetivo de levantarse temprano era arrancar el día con el espíritu adecuado. Era una hora intempestiva, pero era espiritualmente instructivo.

«Yo nunca me levantaría tan temprano. No se me ocurre peor forma de empezar el día», puede que estés pensando. ¡Entiendo esa perspectiva porque yo me decía lo mismo! Pero consideremos cómo empieza el día la mayoría de la gente en la actualidad: según los investigadores del sueño, el 85 por ciento de nosotros necesita un despertador para levantarse para ir a trabajar. Cuando nos levantamos antes de que el cuerpo esté preparado, la melatonina, que ayuda a regular el sueño, normalmente sigue activa, uno de los motivos por los que buscamos a tientas el botón del despertador.[1]

Lamentablemente, la sociedad, regida por la productividad, nos alienta a vivir así. Maria Popova, una escritora más conocida por ser la responsable del sitio web Brain Pickings, dice: «Solemos llevar nuestra capacidad para apañárnoslas durmiendo poco como una medalla de honor que confirma nuestra ética profesional, pero en realidad denota una falta de respeto enorme hacia uno mismo y la ausencia de prioridades».[2]

A continuación, una vez que nos hemos despertado después de dormir muy pocas horas, casi una cuarta parte de nosotros hacemos otra cosa que también contribuye a que empecemos el día con mal pie: enseguida buscamos el móvil. Más de la mitad consultamos los mensajes a los diez minutos. Una mayoría de la gente pasa cada mañana de estar frita a procesar montañas de información en cuestión de minutos.[3]

Solo hay seis coches que pueden pasar de cero a cien kilómetros por hora en menos de dos segundos.[4] Como la mayoría de los coches, los humanos no estamos hechos para una transición tan repentina, ni desde el punto de vista mental ni del físico. Y lo que menos necesitas cuando acabas de despertarte es topar directamente con tragedia y sufrimiento a través de titulares de noticias o de amigos que se desahogan hablando del atasco en el trayecto al trabajo. Mirar el teléfono a primera hora de la mañana es como invitar a cien extraños parlanchines a tu cuarto antes de haberte duchado, cepillado los dientes y arreglado el pelo. Entre el despertador y el mundo de tu móvil, enseguida te sientes agobiado por el estrés, la presión y la ansiedad. ¿De verdad esperas salir de ese estado y tener un día agradable y productivo?

En el *ashram* empezábamos cada mañana con el espíritu del día que queríamos vivir y nos entrenábamos para mantener esa intención deliberada y esa concentración durante todo el día. Sí, eso está muy bien si tu programa diario consiste en orar, meditar, estudiar, servir y hacer quehaceres domésticos, pero el mundo exterior es más complejo.

He aquí mi primera recomendación: despiértate una hora antes que ahora. «¡Ni hablar! ¿Por qué iba a hacerlo? Tal como están las cosas, no duermo suficiente. ¡Además, qué pereza!», dirás. Pero escucha lo que te tengo que decir. Nadie quiere ir a trabajar cansado y luego llegar al final de la jornada sintiendo que podría haber hecho más cosas. La energía y el humor de la mañana nos ayudan a sobrellevar el resto del día, de modo que para dotar la vida de más sentido hay que empezar por ahí.

Estamos acostumbrados a despertarnos poco antes de tener que ir a trabajar, a clase, a hacer ejercicio o a llevar a los niños al colegio. Dejamos el tiempo justo para ducharnos, desayunar, recoger, etc. Pero «el tiempo justo» equivale a no tener suficiente. Llegas tarde. Te saltas el desayuno. Dejas la cama sin hacer. No puedes disfrutar de la ducha, cepillarte los dientes como es debido, terminar el desayuno o guardarlo todo de forma que al volver te encuentres la casa ordenada. No puedes poner intención y cuidado si tienes que hacer las cosas a toda prisa. Cuando empiezas la mañana con mucha presión y estrés, estás programando el cuerpo para funcionar de ese modo el resto del día, durante conversaciones, reuniones y citas.

Levantándose temprano, el día resulta más productivo. Los empresarios de éxito ya lo saben. El CEO de Apple, Tim Cook, empieza el día a las 3.45 de la mañana.[5] Richard Branson se levanta a las 5.45. Michelle Obama está en pie a las 4.30. Pero es importante señalar que, mientras que mucha gente influyente se levanta temprano, entre los altos ejecutivos también existe una tendencia que aboga por recuperar el sueño perdido. El CEO de Amazon, Jeff Bezos, considera prioritario dormir ocho horas cada noche, pues afirma que, aunque menos sueño puede representar más tiempo para producir, la calidad se resiente. De modo que, si vas a levantarte temprano, debes acostarte a una hora que te permita descansar toda la noche.

La vida se complica si tienes hijos o un trabajo nocturno, de modo que, si esas u otras circunstancias hacen inconcebible la idea de despertarte una hora antes, no desesperes. Empieza con aumentos razonables (mira el destacado de más abajo). Ten en cuenta que no te he propuesto una hora concreta para levantarte. No te pido que salgas de la cama a las cuatro de la madrugada, ni siquiera tiene que ser temprano: el objetivo es que tengas suficiente tiempo para actuar con intención y acabar las cosas. Ese espíritu te ayudará a sobrellevar el día.

Crea un colchón de tiempo al principio de la jornada o te la pasarás buscándolo. Te garantizo que no lo vas a encontrar en mitad del día. Consíguelo quitándote sueño matutino y recupéralo por la noche. Fíjate en qué cambia.

HAZ LA PRUEBA: ACOSTÚMBRATE A DESPERTARTE MÁS TEMPRANO

Esta semana despiértate quince minutos antes. Probablemente tengas que usar un despertador, pero escoge uno que emita un sonido suave. Utiliza una iluminación tenue cuando te despiertes; pon música tranquila. No consultes el teléfono durante al menos esos quince minutos extra. Concédele al cerebro ese tiempo para que marque el ritmo del día que tienes por delante. Después de una semana de práctica, adelanta la hora otros quince minutos. Ahora tienes media hora solo para ti. ¿A qué vas a dedicarla? Puedes darte una ducha más larga, beberte el té con más calma, ir a dar un paseo, meditar, limpiar lo que has ensuciado antes de salir por la puerta... Por la noche, apaga la televisión y el teléfono y acuéstate cuando notes la primera señal de fatiga.

Una vez que has creado espacio por la mañana, es todo tuyo y nadie más controla qué haces con él. Considerando la cantidad de tiempo que consumen las obligaciones —trabajo, familia, etc.—, ese remanso es uno de los mayores regalos que podemos hacernos. Puedes emprender tu rutina habitual, pero siente el espacio y el ocio del que dispones ahora. Tal vez puedes prepararte el café en lugar de comprarlo por el camino. O mantener una conversación mientras desayunas, leer el periódico o hacer ejercicio. Si meditas, puedes empezar el día con una práctica de visualización de agradecimiento. O tal vez, como les gusta recomendar a los expertos en salud, aparcar un poco más lejos del trabajo e incorporar un pequeño paseo a tu rutina mañanera. Una vez creado ese espacio, verás que se llena de lo que más te falta: tiempo para ti.

HAZ LA PRUEBA: UNA RUTINA MATUTINA NUEVA

Cada mañana busca tiempo para lo siguiente:

Agradecimiento. Expresa gratitud a una persona, un sitio o una cosa a diario. Eso incluye pensarlo, escribirlo y compartirlo. (Véase el capítulo 9.)

Conocimiento. Adquiere conocimiento leyendo el periódico, un libro o escuchando un pódcast.

Meditación. Pasa quince minutos solo, respirando, visualizando o meditando con sonido. (Al final de la tercera parte encontrarás más información sobre esta práctica.)

Ejercicio. Los monjes hacíamos yoga, pero puedes hacer estiramientos básicos o gimnasia.

Agradecimiento. Conocimiento. Meditación. Ejercicio. Una nueva forma de dedicarte tiempo por las mañanas.

En el *ashram* aprendí que las mañanas están condicionadas por las noches. Para nosotros es natural considerar cada mañana un nuevo comienzo, pero lo cierto es que nuestros días dan vueltas sobre sí mismos. No pones el despertador por la mañana, sino la noche antes. Se deduce, pues, que si quieres levantarte por la mañana lleno de intención, tienes que motivar ese impulso fijando una rutina nocturna saludable y tranquila, y de esa forma la atención que hemos concedido a las mañanas empezará a ampliarse y a determinar el día entero.

Dices que no tienes tiempo para despertarte una hora antes, pero ¿con qué frecuencia pones la televisión, un programa u otro, y acabas viéndolo hasta pasada la medianoche? La ves porque quieres relajarte. Estás demasiado cansado para hacer otra cosa. Pero, si te acuestas antes, tu humor puede mejorar.[6] La hormona del crecimiento humano es muy importante. Desempeña un papel clave en dicho crecimiento, en la reparación celular y en el metabolismo, y sin ella incluso podemos morir antes. Hasta un 75 por ciento de la hormona del crecimiento humano[7] del cuerpo se segrega cuando dormimos, y algunas investigaciones demuestran que los momentos de mayor liberación tienen lugar entre las diez y las doce de la noche, de modo que, si estás despierto a esas horas, te estás privando de ella. Si tu empleo te obliga a trabajar pasada la medianoche, o si los niños te tienen en vela, puedes saltarte este consejo, pero despertarse antes de que empiecen las exigencias del día no debería ir en detrimento de dormir bien. Si durante esa franja comprendida entre las diez y las doce descansas como es debido, no debería costarte encontrar esos momentos por la mañana.

En el *ashram* pasábamos las tardes estudiando y leyendo y nos acostábamos entre las ocho y las diez. Dormíamos en una oscuridad absoluta, sin ningún aparato en la habitación y en camiseta y pantalón corto, nunca con la túnica, que cargaba con la energía del día.

La mañana marca el ritmo de la jornada, pero una noche bien planificada te prepara para la siguiente. En una entrevista publicada en *Make It*, de la cadena CNBC, la estrella del programa *Shark Tank* Kevin O'Leary dijo que antes de acostarse escribe tres cosas que quiere hacer a la mañana siguiente previamente a hablar con nadie de su familia.[8] Sigue su consejo y, antes de acostarte, piensa en lo primero que quieres hacer por la mañana. Saber a lo que te enfrentarás al levantarte te simplificará las cosas. No tendrás que forzar la mente mientras está calentando. (Y, encima, esas tareas no te quitarán el sueño por la noche si sabes que vas a encargarte de ellas.)

A continuación, busca tu versión de la túnica, el uniforme que te pondrás por la mañana. Yo ahora tengo una colección más grande de prendas y, para consuelo de mi mujer, no hay ninguna túnica naranja, pero prefiero el mismo tipo de ropa en distintos colores. El objetivo es eliminar complicaciones por la mañana. Por insignificante que pueda parecer, si te la pasas decidiendo qué desayunar, qué ponerte y qué tareas hacer primero, las opciones se acumulan y complican innecesariamente las cosas.

Christopher Sommer, exentrenador del equipo nacional de gimnasia artística de Estados Unidos, con cuarenta años de experiencia, les dice a sus atletas que reduzcan la cantidad de decisiones que tienen que tomar, porque cada decisión es una oportunidad de desviarse del camino.[9] Si dedicas la mañana a tomar decisiones triviales, habrás desperdiciado esa energía. Adopta pautas y tómalas la noche anterior, así cuando te levantes estarás en una posición ventajosa y te encontrarás en mejores condiciones de tomar decisiones concretas a lo largo del día.

Finalmente, considera cuáles son tus últimos pensamientos

antes de acostarte: ¿«La pantalla se ve borrosa; mejor apago ya el teléfono» o «Me he olvidado de felicitar a mi madre por su cumpleaños»? No te programes para despertarte con malas energías. Cada noche, mientras me duermo, me digo: «Estoy relajado, animado y centrado. Estoy tranquilo, entusiasmado y productivo». Así, escrito, suena a yoga robótico, pero a mí me da resultado. Programo la mente para despertarme con energía y convicción. **La emoción con la que te duermes por la noche es probable que sea la misma que sientas cuando te despiertes por la mañana.**

Una piedra en el camino

El objetivo de toda esta preparación es aportar intencionalidad a tu día entero. En cuanto salgas de casa, te encontrarás con más complicaciones imprevistas, sea cual sea tu empleo. Necesitarás la energía y la concentración que has cultivado toda la mañana. Los monjes no solo tenemos rutinas matutinas y nocturnas; empleamos rutinas de tiempo y lugar en cada momento del día. La hermana Joan Chittister, la monja benedictina que mencioné antes, dice: «La gente que vive en una ciudad o una zona residencial [...] puede tomar decisiones sobre su estilo de vida, aunque la mayoría no se dan cuenta, porque están condicionados a no parar nunca. [...] Imagínate por un momento cómo sería Estados Unidos, el grado de serenidad que tendríamos, si los laicos tuviesen algo comparable al plan diario de la vida en clausura. Proporciona tiempo programado para la oración, el trabajo y el recreo».[10] **Las rutinas nos arraigan.** Las dos horas que paso meditando me permiten aguantar las otras 22 que quedan, del mismo modo que esas 22 influyen en mi meditación. La relación entre ambas es simbiótica.

HAZ LA PRUEBA: VISUALIZACIÓN PARA MAÑANA

Al igual que un inventor tiene que visualizar una idea antes de hacerla realidad, nosotros podemos visualizar la vida que deseamos, empezando por cómo queremos que sean las mañanas.

Después de hacer los ejercicios de respiración para relajar la mente, quiero que visualices tu mejor versión. Imagínate despertándote por la mañana saludable, descansado y lleno de energía. Visualiza el sol entrando por las ventanas. Te levantas y, cuando tocas el suelo, experimentas una sensación de agradecimiento por vivir un día más. Siente de verdad ese agradecimiento y luego di mentalmente: «Doy gracias por el día de hoy. Estoy ilusionado por el día de hoy. Me hace feliz el día de hoy».

Imagínate cepillándote los dientes, tomándotelo con calma, deteniéndote en cada uno. Luego, cuando te metas en la ducha, visualízate sintiendo tranquilidad, armonía, alivio y sosiego. Al terminar, como la noche anterior elegiste lo que te ibas a poner, vestirte no es una molestia. Ahora imagínate definiendo tus intenciones, escribiendo: «Mis intenciones hoy son estar centrado, ser disciplinado y ayudar».

Vuelve a visualizar la mañana entera de la forma más realista posible. Puedes añadir algún ejercicio o un poco de meditación. Créetelo. Percíbelo. Dale la bienvenida a tu vida. Siéntete descansado, lleno de energía.

Ahora visualízate siguiendo con la jornada con tu mejor versión. Imagínate motivando a los demás, guiándolos, compartiendo con ellos, escuchándolos, aprendiendo del resto, estando abierto a la gente, a sus reacciones y sus pensamientos. Sumérgete en ese entorno dinámico, dando y recibiendo lo mejor de ti.

Visualízate volviendo a casa al final del día. Estás cansado, aunque contento. Quieres sentarte a descansar, pero agradeces lo que tienes: un empleo, una vida, una familia, amigos y un hogar; más que mucha gente. Imagínate por la noche; en lugar de estar con el teléfono o viendo una serie, se te ocurren ideas nuevas para dedicar ese tiempo a algo que valga la pena.

Cuando te visualices acostándote a una hora adecuada, imagínate mirando hacia arriba y diciendo: «Agradezco el día de hoy. Mañana me despertaré sintiéndome saludable, lleno de energía y descansado. Gracias». Luego visualízate recorriendo todo tu cuerpo y agradeciéndole a cada una de sus partes haberte ayudado a lo largo de la jornada.

Cuando estés listo, tomándote el tiempo que necesites, a tu ritmo, abre los ojos lenta y suavemente.

Nota: La vida echa por tierra los planes. Mañana no será como te lo imaginas. La visualización no te cambia la vida, pero sí tu forma de verla. Puedes vivirla volviendo al ideal que imaginaste. Cada vez que sientas que se tuerce, endérezala con esta práctica.

En el *ashram* dábamos el mismo paseo de treinta minutos por el mismo camino al menos una vez al día. Cada jornada el monje nos pedía que estuviésemos pendientes, por si reparábamos en algo distinto, algo que no hubiésemos visto en el paseo del día anterior, y el previo a ese, y el de antes.

Buscar cada día algo nuevo era una forma de recordarnos que teníamos que centrar la atención en ese paseo, ver la novedad en cada «rutina», ser conscientes. Ver algo no es lo mismo que fijarse en ello.[11] Investigadores de la UCLA les preguntaron a profesores, empleados y estudiantes del departamento de psicología si sabían dónde se encontraba el extintor más cercano. Solo un 24 por ciento recordaba dónde estaba el más próximo, aunque el 92 por ciento de los participantes tenía un extintor a escasos metros de donde rellenó la encuesta (que normalmente era su despacho o una clase que visitaban con frecuencia). Un profesor no sabía que había un extintor a solo unos centímetros del despacho que ocupaba desde hacía veinticinco años.

Si nos fijamos de verdad en lo que nos rodea, evitamos que el cerebro ponga el piloto automático. En el *ashram* nos enseñaron a hacerlo en nuestro paseo diario.

Ya he dado este paseo cientos de veces. Hace calor, pero la túnica no molesta. El bosque es frondoso y fresco y el camino de tierra resulta relajante bajo los pies. Hoy un monje veterano nos ha pedido que busquemos una piedra nueva, una en la que nunca nos hayamos fijado. Me llevo una pequeña decepción. Durante la última semana más o menos nos han pedido que busquemos una flor nueva cada día, y ayer reservé una para hoy, una florecilla azul que envolvía una gota de rocío y parecía guiñarme el ojo como si yo lo tuviese planeado. Pero no, nuestro guía ha adivinado mis intenciones de alguna forma y ha cambiado el ejercicio. Y por eso la búsqueda ha vuelto a empezar.

Los monjes entienden que la rutina libera la mente, pero el mayor peligro para esa libertad es la monotonía. La gente se queja de su mala memoria, pero yo he oído decir que no tenemos un problema de retentiva, sino de atención. Cuando investigas algo nuevo, le recuerdas a tu cerebro que atienda y lo reconectas para que entienda que siempre hay algo que aprender. La vida no es tan segura como damos por supuesto.

¿Cómo puedo defender a la vez la rutina y la novedad? ¿No son contradictorias? Pero es precisamente haciendo lo conocido como se da cabida al descubrimiento. El difunto Kobe Bryant lo sabía. La leyenda del baloncesto había empezado a mostrar su faceta creativa escribiendo libros y desarrollando una serie de vídeos. Como Bryant dijo en mi pódcast, *On Purpose*, tener una rutina es decisivo en su profesión.[12] «Muchas veces la creatividad es consecuencia del orden. Cuando tienes unos parámetros y un orden, puedes ser creativo dentro de ellos. Sin orden, te limitas a hacer las cosas al tuntún.» Las normas y las rutinas aligeran nuestra carga cognitiva de tal forma que disponemos de banda ancha para la creatividad. El orden mejora la espontaneidad. Y el descubrimiento infunde un vigor nuevo a la rutina.

Este enfoque conduce a buscar el placer en los detalles pequeños. Solemos anticipar los acontecimientos importantes de la vida: vacaciones, ascensos, fiestas de cumpleaños, etc. Ejercemos presión sobre ellos para que estén a la altura de nuestras expectativas. Pero si buscamos pequeños placeres no tenemos que esperar a que se acerquen en el calendario. Al contrario, son ellos los que nos esperan cada día si dedicamos tiempo a buscarlos.

¡La he encontrado! Mira qué curiosa piedra anaranjada que parece haber salido de la nada desde ayer. Le doy la vuelta en la palma de la mano. Encontrarla no supone el final del proceso de descubrimiento. La observamos a fondo, describimos su color, su forma, nos sumergimos en ella para entenderla y apreciarla. Entonces podemos volver a describirla para estar seguros de haberla experimentado plenamente. Eso no es un ejercicio; es la realidad. Una experiencia profunda. Sonrío antes de devolverla al borde del camino, medio escondida, para que otra persona la encuentre.

Recorrer el camino viejo y encontrar una piedra nueva es abrir la mente.

Mastica la bebida y bébete la comida

El aprendizaje monacal no consistía solo en detectar lo nuevo, sino también en hacer cosas familiares con conciencia.

Una tarde un monje veterano nos dijo:

—Hoy vamos a comer en silencio. Acordaos de masticar la bebida y bebed la comida.

—¿Qué quiere decir eso? —pregunté.

—No dedicamos suficiente tiempo a consumir la comida como es debido —contestó el monje—. Cuando te bebes la comida, mueles los sólidos hasta convertirlos en líquido. Cuando masticas la bebida, en lugar de tragarla te bebes cada sorbo como si fuese un bocado que saborear.

HAZ LA PRUEBA: LO MISMO DE SIEMPRE, LO MISMO DE NUNCA

Busca algo nuevo en una rutina que ya tengas. ¿Qué puedes descubrir en el trayecto al trabajo que no hayas visto nunca? Trata de iniciar una conversación con alguien que veas con regularidad, pero a quien no hayas abordado nunca. Hazlo con una persona nueva cada día y observa cómo cambia tu vida.

Si un monje es capaz de ser consciente de un simple sorbo de agua, imagina eso aplicado al resto de la rutina diaria. ¿Cómo puedes redescubrir lo cotidiano? Cuando haces ejercicio, ¿puedes ver la ruta que sigues mientras corres o notar los ritmos del gimnasio de otra forma? ¿Ves a la misma mujer pasear al perro todos los días? ¿Podrías saludarla con la cabeza? Cuando haces la compra, ¿te tomas tiempo para elegir la manzana perfecta, o la más inusual? ¿Puedes mantener un diálogo con el cajero?

En tu espacio físico, ¿cómo puedes mirar las cosas con otros ojos? En casa y en el lugar de trabajo hay artículos que hemos colocado porque nos gustan: fotos, chismes, objetos artísticos... Fíjate atentamente en los tuyos. ¿Son un verdadero reflejo de lo que te hace feliz? ¿Tienes otros objetos favoritos que merecen ser el centro de atención e infundir novedad en tu entorno familiar? Pon un jarrón con flores o cambia de sitio los muebles para dar una alegría y una utilidad novedosas a las posesiones familiares. El mero hecho de elegir un sitio distinto para la correspondencia puede hacer que pase de ser un lío a una parte integrante de una vida organizada.

Podemos despertar la familiaridad del hogar cambiando cosas. Ten música puesta cuando tu pareja vuelve a casa si no sueles hacerlo. O al revés: si normalmente pones música o un pódcast cuando llegas, prueba el silencio. Compra una fruta rara y ponla en medio de la mesa del comedor. Introduce un tema de conversación a tus compañeros de cena o turnaos para hablar de tres momentos sorprendentes del día. Cambia la bombilla por una luz más suave o más clara. Dale la vuelta al colchón. Duerme en el lado contrario de la cama.

Apreciar el día a día ni siquiera tiene que implicar cambiar tanto como para valorar las actividades cotidianas. En su libro *Mi casa es el mundo*, el monje Thich Nhat Hanh escribe: «En mi opinión, solo puedes pensar que lavar los platos es desagradable cuando no los friegas. [...] Si soy capaz de lavarlos con alegría, si quiero terminar rápidamente para tomarme el postre o una taza de té, seré igual de incapaz de disfrutar de ellos cuando por fin pueda tomármelos. [...] Cada idea y cada acción son sagradas bajo la luz de la conciencia. A su amparo no existe el límite entre lo sagrado y lo profano».[13]

HAZ LA PRUEBA: TRANSFORMA LO MUNDANO

Incluso una tarea tan cotidiana como fregar los platos puede transformarse si tú lo permites. Sitúate delante de la pila y dedícate a una sola tarea. En lugar de poner música, centra todos tus sentidos en los platos: mira cómo las superficies pasan de estar sucias a limpias, huele el lavavajillas, nota el vapor del agua caliente... Observa lo satisfactorio que es ver cómo se vacía el fregadero. Hay un *koan* zen que dice: «Antes de la iluminación, corta leña y acarrea agua. Después de ella, corta leña y acarrea agua». Por muy mayores que nos hagamos, nunca estaremos libres de los quehaceres y las rutinas cotidianas, pero para iluminarse hay que aceptarlas. Por fuera puedes parecer igual, pero por dentro te transformas.

Hemos propuesto pensar en un momento familiar cualquiera y buscar formas nuevas de valorarlo. Para llevar esa presencia a otro nivel, tratamos de conectar esos momentos, de manera que no tengamos que elegir ni escoger determinados paseos ni sesiones de fregoteo para hacerlos especiales: elevamos la conciencia de cada momento en todo momento.

Nos es familiar la idea de estar en el presente. No cuesta entender que, si participas en una carrera, no es posible volver atrás y cambiar tu velocidad en el tercer kilómetro. Tu única oportunidad de éxito es en ese momento. Ya estés en una reunión de trabajo o cenando con amigos, las conversaciones que mantienes, las palabras que eliges..., no tendrás otra oportunidad como esa. En ese instante no puedes cambiar el pasado y estás decidiendo el futuro, de modo que más te vale estar presente donde quiera que estés. Kālidāsa, el gran escritor en sánscrito del siglo xv, escribió: «Ayer no es más que un sueño. Mañana es solo una visión. Pero, si vives bien hoy, harás que cada ayer sea un sueño de felicidad y cada mañana una visión de esperanza».[14]

Todos coincidimos en que vivir el presente tiene sentido, pero la verdad es que solo estamos dispuestos a tener una presencia selectiva. Solo nos prestamos en determinados momentos —durante nuestra serie favorita o una clase de yoga, o incluso durante la tarea rutinaria que hayamos decidido elevar—, pero aun así queremos distraernos cuando elegimos hacerlo. En el trabajo nos pasamos el tiempo soñando con ir de vacaciones a la playa, pero luego, allí, con el cóctel tan deseado en la mano, nos molesta descubrir que no podemos parar de pensar en el trabajo. Los monjes aprenden que esas dos situaciones están conectadas. Una distracción deseada en el trabajo se convierte en una no deseada en las vacaciones. Una distracción en la comida afecta a la tarde. Entrenamos la mente para estar donde no nos encontramos físicamente. Si te permites fantasear, siempre te distraerás.

Estar presente es la única forma de llevar una vida verdaderamente plena y satisfactoria.

Los lugares tienen energía

Es más fácil ver el valor de estar presente a lo largo de un día corriente y también lo es estar realmente presente si entiendes y aprecias los beneficios que esa rutina ofrece. Las rutinas no dependen solo de los actos, sino también de los sitios en los que tienen lugar. Existe un motivo por el que la gente estudia o trabaja mejor en una biblioteca o una oficina, respectivamente. La ciudad de Nueva York transmite su ajetreo, mientras que Los Ángeles te hace sentir tranquilo y relajado. Cada entorno —de la ciudad más grande al rincón más pequeño de un cuarto— tiene su energía particular. Cada lugar desprende una sensación distinta y tu *dharma* se desarrolla —o decae— en entornos concretos.

Continuamente experimentamos actividades y ambientes distintos, pero no nos paramos a pensar en cuáles nos agradan más. ¿Te encuentras mejor en entornos concurridos o en soledad? ¿Te gusta la seguridad de los rincones acogedores y las bibliotecas espaciosas? ¿Prefieres estar rodeado de obras de arte y música estimulantes, o la sencillez no recargada te ayuda a concentrarte? ¿Te gusta compartir ideas con otros o que te den su opinión de tu trabajo cuando lo acabas? ¿Prefieres la familiaridad o un cambio de aires? Tener esa conciencia de uno mismo es útil para tu *dharma*. Significa que, cuando vayas a una entrevista de trabajo, tendrás una idea más aproximada de cómo rendirás en ese puesto y si te conviene. Quiere decir que, al planear una cita, podrás elegir el espacio en el que estés más cómodo. Cuando visualices las distintas carreras dentro de tu conjunto de aptitudes, sabrás cuáles se ajustan mejor a tu sensibilidad.

HAZ LA PRUEBA: CONCIENCIA MEDIOAMBIENTAL

Hazte las siguientes preguntas aplicándolas a todos los entornos que frecuentes esta semana. A ser posible, formúlalas justo después de la experiencia y luego otra vez al final de la hebdómada.

¿Cuáles eran las características principales del espacio?
¿Tranquilo o ruidoso?
¿Grande o pequeño?
¿Animado o soso?
¿En el centro de una zona con actividad o alejado?
¿Cerca de otra gente o apartado?
¿Cómo me he sentido en ese sitio? ¿Productivo? ¿Tranquilo? ¿Distraído?
¿La actividad que yo realizaba casaba con el lugar donde la hacía?
¿Era mi actitud la mejor para lo que fui a hacer?
En caso contrario, ¿hay otro sitio donde me sienta más cómodo haciendo lo que había planeado?

Cuanto más dediques tus espacios personales a fines únicos y claros, mejor servicio te harán, no solo para satisfacer tu *dharma*, sino también en lo referente a tu humor y tu productividad. Del mismo modo que la habitación en la que los monjes dormíamos estaba pensada exclusivamente para eso, cada sitio del *ashram* se dedicaba a una única actividad. No leíamos ni meditábamos donde dormíamos y no trabajábamos en el refectorio.

Fuera de las paredes del *ashram*, ver Netflix o comer en tu cuarto supone confundir las energías de ese espacio. Si llevas esas energías a tu habitación, es más difícil dormir allí. Incluso en el piso más diminuto, puedes dividir los espacios para distintas actividades. Cada casa debería tener un sitio para comer, uno para dormir, un lugar sagrado que te ayude a sentirte tranquilo y un espacio que te reconforte cuando estés enfadado. Crea ambientes que te proporcionen energías que coincidan con tu intención. Un dormitorio debería tener pocas distracciones, colores apacibles y una iluminación suave. Lo ideal es que tu espacio de trabajo no esté ahí. Por su parte, este debería estar bien iluminado y despejado, y ser funcional, con arte que te motive.

Cuando identificas dónde estás mejor, te centras en aprovechar las oportunidades. Si te atrae la energía de un club nocturno en tu tiempo libre, ¿te iría mejor en una profesión que fuese igual de animada? Si eres músico de rock, pero prefieres el silencio, tal vez deberías centrarte en componer música y no en tocar. Si tienes el «empleo perfecto» porque trabajas desde casa, pero prefieres la actividad de una oficina, plantéate trasladarte a una cafetería o un espacio compartido. El objetivo es que seas consciente de dónde prosperas y dónde te encuentras mejor, y descubrir cómo pasar la mayor parte del tiempo en ese sitio.

Naturalmente, todos nos vemos obligados a realizar actividades que no nos gustan en entornos que no son los ideales —principalmente por trabajo— y todos hemos experimentado las energías negativas que esas actividades generan. Mediante una conciencia elevada, comprendemos qué nos ha impacientado, estresado o agotado y desarrollamos pautas para saber cómo sería vivir en nuestro *dharma*, en el entorno adecuado y con la energía idónea. Esa debería ser la meta a largo plazo.

Elige la banda sonora de tu vida

El lugar en el que te encuentras y tus sentidos se comunican entre sí. Cuando más evidente resulta es cuando pensamos en los sonidos con los que nos encontramos a diario. En la vida monacal, estos se relacionan directamente con lo que hacemos. Nos despertamos con el trino de los pájaros y el silbido del viento. Oímos cantos mientras nos dirigimos a meditar. No hay ruidos molestos.

Pero el mundo moderno es cada vez más estridente. Los aviones rugen en el cielo, los perros ladran, los taladros chirrían... Todo el día estamos sometidos a un ruido incontrolable. Nos creemos que el estrépito de la vida cotidiana pasa inadvertido, pero todo aumenta nuestra carga cognitiva. El cerebro procesa el sonido incluso cuando no lo oímos de forma consciente. En casa, muchos nos recogemos en el mutismo, de modo que vivimos en ambos extremos del silencio y el ruido.

En lugar de desconectar el ruido de tu vida, elige su banda sonora. Empieza escogiendo el mejor tono de despertador del mundo. Comienza el día con una canción que te alegre. De camino al trabajo, escucha un audiolibro que te guste mucho, tu pódcast favorito o tu lista de canciones de referencia. Selecciona sonidos que te hagan sentir más alegre y saludable, ideales para reproducir la vida sumamente organizada de un *ashram.*

El tiempo tiene memoria

Cuando adaptamos los lugares en los que estamos con unos fines concretos, podemos suscitar mejor la energía y la atención adecuadas. Lo mismo con el tiempo. Hacer algo cada día a la misma hora nos ayuda a acordarnos de hacerlo, a comprometernos y a llevarlo a cabo cada vez con más destreza y facilidad. Si estás acostumbrado a ir al gimnasio todas las mañanas a la misma hora, prueba a ir por la tarde para variar y verás lo difícil que te resulta. Cuando hacemos algo todos los días a la misma hora, el tiempo conserva ese recuerdo para nosotros. Retiene la práctica. Guarda el hueco. Si quieres incorporar una costumbre nueva a tu rutina, como meditar o leer, no te lo pongas más difícil intentando hacerlo en los ratos libres. Fíjala todos los días a la misma hora. Mejor aún, relaciona esa práctica nueva con algo que ya sea una costumbre. Una amiga mía quería incorporar el yoga a diario en su agenda, de modo que colocó una esterilla al lado de la cama y, cuando se levantaba, sin dilación, se ponía a practicar. Conectar costumbres es una forma de evitar excusas.

Los lugares tienen energía y el tiempo tiene memoria.

Si haces algo todos los días a la misma hora, se vuelve más fácil y natural.

Si haces algo todos los días en el mismo espacio, se vuelve más fácil y natural.

Centrarse en una sola tarea

El tiempo y el lugar nos ayudan a aprovechar al máximo el momento, pero hay un elemento imprescindible para estar plenamente presente en ese instante: concentrarse en una sola tarea. Algunos estudios han demostrado que solo un 2 por ciento de la gente puede estar a varias cosas al mismo tiempo de forma efectiva;[15] a la mayoría se nos da fatal, sobre todo cuando esas tareas requieren mucha concentración. Cuando creemos que estamos haciendo varias tareas a la vez, lo que normalmente ocurre es que alternamos rápidamente varias cosas distintas, es decir, hacemos «tareas en serie». Esa atención fragmentada en realidad reduce la capacidad de concentración, de modo que atender una sola cosa sin distracción se vuelve más difícil.[16] Investigadores de la Universidad de Stanford dividieron a un grupo de estudiantes en dos: los que alternan a menudo múltiples fuentes de información (el correo electrónico, las redes sociales y los titulares de las noticias, por ejemplo) y los que no. Sometieron a ambos a una serie de pruebas de atención y memoria, como recordar secuencias de letras y concentrarse en determinadas figuras de colores omitiendo otras, y los que acostumbraban a consultar múltiples medios rendían peor en general. Incluso obtenían resultados peores en una prueba para comprobar la capacidad de cambiar de tarea.[17]

Con el fin de centrarme mejor en una sola tarea, yo tengo zonas y horas «no tecnológicas». Mi mujer y yo no utilizamos dispositivos tecnológicos en el cuarto de baño ni en la mesa del comedor y procuramos no hacerlo entre las ocho de la tarde y las nueve de la mañana. Intento aplicar la concentración monotarea a quehaceres cotidianos para afianzar la costumbre. Antes me cepillaba los dientes sin pensar. Estaban bastante blancos; se veían bien. Pero entonces el dentista me dijo que tenía dañadas las encías. Ahora le dedico cuatro segundos a cada diente. Cuento mentalmente: «Uno, dos, tres, cuatro», que además me sirve para entretenerme con algo. Sigo dedicando la misma cantidad de tiempo a cepillármelos, pero lo hago de forma más efectiva. Si pienso en el trabajo mientras me los cepillo o me ducho, siento que no lo estoy haciendo con la suficiente motivación y que no cuido de mis encías. Cuando te cepillas, lo haces sin más. Y lo mismo mientras te duchas.

No hace falta que estemos más concentrados que un zumo cada vez que hagamos una tarea. Está bien escuchar música mientras limpias el cuarto de baño o hablar con tu pareja mientras coméis juntos. Del mismo modo que algunos instrumentos suenan estupendamente a la vez, determinados hábitos se complementan. Pero dedicarse a una única tarea lo máximo posible le permite a tu cerebro habituarse a centrarse en una sola cosa. Elige ciertas rutinas en las que te dediques exclusivamente a una actividad, como pasear al perro, utilizar el móvil (¡solo una aplicación!), ducharte o doblar la ropa limpia, para desarrollar la técnica.

Llegar hasta el final

Las rutinas se vuelven más fáciles si has hecho algo de forma inmersiva. Si quieres aportar una habilidad nueva a tu vida, te recomiendo que empieces concentrándote intensamente durante un período breve. Si juego al tenis de mesa una hora cada día, sin duda mejoraré. Si quieres empezar a meditar a diario, ir a un retiro de meditación de una semana te proporcionará una base sólida. A lo largo de este libro propongo muchas formas de modificar tu vida, pero si tratas de cambiarlo todo al mismo tiempo las prioridades se volverán insignificantes e iguales. El cambio se opera con pasos pequeños y prioridades grandes. Elige algo que cambiar, conviértelo en tu prioridad número uno y llévalo a cabo antes de pasar a lo siguiente.

Los monjes intentan hacerlo todo de forma inmersiva: comíamos en silencio, meditábamos largo y tendido, no hacíamos las cosas en solo cinco minutos (menos ducharnos, no nos duchábamos de forma inmersiva), etc. Disponíamos del lujo de tener tiempo y lo usábamos para centrarnos en una sola tarea durante horas seguidas. Ese nivel de abstracción no es posible en el mundo moderno, pero, cuanto mayor es la inversión, mayores son los beneficios. Si algo es importante, merece ser experimentado a fondo. Y todo lo es.

Todos procrastinamos y nos distraemos, incluso los monjes, pero, si te concedes más tiempo, puedes permitirte abstraerte y luego volver a concentrarte. En tu rutina matutina, tener tiempo limitado conlleva que, si te llaman por teléfono o se te derrama el café, llegues tarde al trabajo. Si te desalienta aprender una disciplina nueva, entender un concepto o montar un mueble de Ikea, tu reacción instintiva será abandonar, pero si te dedicas de lleno conseguirás más de lo que creías posible (incluso la cómoda Hemnes, supuestamente el mueble de Ikea más difícil de armar).

Según parece, los períodos de concentración profunda también son beneficiosos para el cerebro. Cambiar compulsivamente de tarea (como las personas del estudio de Stanford acostumbradas a hacer varias cosas a la vez que demostraron tener poca memoria y concentración) mina la capacidad para concentrarse. Estimulamos en exceso el canal de la dopamina (gratificación),[18] que también es la vía de la adicción, de modo que nos sentimos obligados a estimularlo más y más para recibir el mismo chute de bienestar, y eso nos hace distraernos cada vez más. Pero al final, irónicamente, el bienestar que produce la dopamina nos deprime: el exceso puede impedir que el cuerpo genere y procese serotonina, la hormona de la satisfacción. ¿Sabes esa sensación de agotamiento que tienes después de haberte pasado el día haciendo y recibiendo llamadas sin parar, entrando y saliendo de reuniones, pidiendo un libro en Amazon y mirando Snapchat? Es la resaca de la dopamina.

Cuando nos permitimos tener experiencias inmersivas —a través de la meditación, los períodos de concentración en el trabajo, la pintura, los crucigramas, la jardinería y muchas otras formas de centrarnos en una sola tarea contemplativamente—, no solo somos más productivos, sino que, de hecho, nos sentimos mejor.

Muchos artículos de revistas y aplicaciones de móvil te animan a meditar cinco minutos al día. Yo no estoy en contra de ello, pero tampoco me sorprendería que no te hiciera ningún efecto. En nuestra cultura, es habitual dedicar cinco o diez minutos a una práctica diaria u otra, pero la verdad es que en ese tiempo se consigue muy poco. Más de un amigo se me ha quejado diciendo: «Jay, he meditado cinco minutos al día durante siete meses y no consigo resultados».

Imagina que te dijesen que podrías pasar cinco minutos al día durante un mes entero con alguien que te atrae. Al final del mes seguirías sin apenas conocerlo y, sin duda, no estarías enamorado. Existe un motivo por el que queremos hablar con alguien toda la noche cuando nos estamos enamorando. A veces incluso puede ser al revés: nos enamoramos porque hemos hablado con alguien toda la noche. El mar está lleno de tesoros, pero si nadas en la superficie no los vas a ver todos. Si te inicias en la práctica de la meditación con la idea de poder despejar la mente de inmediato, pronto descubrirás que esa inmersión requiere tiempo y práctica.

Cuando yo empecé a meditar, tardé quince minutos largos en acomodarme físicamente y otros quince en acallar el ruido mental. He estado meditando una o dos horas al día durante trece años y todavía tardo diez minutos en desconectar la mente. No digo que tengas que meditar dos horas al día durante trece años para obtener beneficios; esa no es la cuestión. Estoy seguro de que cualquier proceso puede funcionar si lo realizas de forma inmersiva. Después de romper la barrera y comprometerte plenamente, empiezas a experimentar los beneficios. Pierdes la noción del tiempo. La sensación de estar totalmente absorto suele ser tan gratificante que, cuando llega el momento de parar, quieres volver a disfrutar de la experiencia.

Recomiendo emplear esta inmersión como inicio o refuerzo de una práctica regular. A mi amigo desencantado le dije: «Lo entiendo. Es difícil encontrar tiempo, pero, si sientes que no consigues resultados buenos, prueba a hacer una clase de una hora. Luego vuelve a meditar diez minutos. Tal vez descubras que has fortalecido la práctica. Si te apetece, podrías probar un retiro de un día». Le dije que era como enamorarse, que al final ya no te sientes obligado a quedarte toda la noche en vela porque ya has llegado a conocer a esa persona. Cinco minutos cunden mucho más cuando estás casado. «A lo mejor a ti y a la meditación os viene bien una escapada romántica», le aconsejé.

Las rutinas son contradictorias: en lugar de resultar aburrido y repetitivo, hacer las mismas tareas a la misma hora en el mismo sitio deja espacio a la creatividad. La energía constante de los lugares y la memoria del tiempo nos ayudan a estar presentes en el momento, a hacer las tareas bien concentrados en lugar de distraernos o decepcionarnos. Desarrolla rutinas y entrénate como un monje para concentrarte y lograr la inmersión profunda.

Una vez que dominamos las distracciones externas, podemos abordar las más sutiles y poderosas de todas: las voces de nuestra cabeza.

7

Mente

El dilema del auriga

Cuando los cinco sentidos y la mente se hallan en calma,
cuando la razón reposa en silencio, entonces
comienza la vía suprema.

KATHA UPANISHAD

Está lloviendo. Aunque es septiembre y la temporada de monzones ha terminado, el agua cae muy fuerte. Necesito urgentemente ducharme antes de meditar por la mañana. Anoche unos cien compañeros y yo llegamos aquí, al sur de la India, después de un viaje de dos días en tren desde Bombay. Por supuesto, compramos los billetes más baratos; dormimos pegados a extraños y los cuartos de baño estaban tan asquerosos que decidí ayunar el viaje entero para evitarlos. Estamos de peregrinaje y nos alojamos en una especie de almacén junto a la orilla del mar. Después de meditar por la mañana iremos directos a clase, de modo que ahora es la mejor oportunidad para ducharme.

Pregunto cómo llegar a las duchas y alguien señala un camino húmedo y embarrado que atraviesa unos matorrales.

—Hay que andar unos veinte minutos —me dicen.

Me miro las chancletas. Estupendo. Los pies se me van a ensuciar más de lo que ya están camino de la ducha. ¿De qué me sirve?

Entonces otra voz suena en mi cabeza:

«No seas vago. Tienes que prepararte para la meditación de la mañana. Ve a ducharte».

Agacho la cabeza y enfilo el sendero. Procuro no resbalarme chapoteando a través del barro. Cada paso es desagradable, no solo por las condiciones del terreno, sino porque la primera voz de mi cabeza sigue desanimándome:

«¿Lo ves? Te estás manchando de barro por el camino y vas a volver a ensuciarte a la vuelta».

La otra voz me insta a que siga adelante:

«Estás haciendo lo correcto. Cumple tu compromiso».

Por fin llego a las duchas, una hilera de cubículos blancos. Abro una puerta y miro arriba. Caen chuzos de punta del cielo, todavía oscuro. No hay tejado. ¿En serio? Me meto en el cubículo y ni siquiera me molesto en abrir el grifo. De todas formas, normalmente nos lavamos con agua fría, y eso es exactamente lo que me está ofreciendo la lluvia.

De pie en la ducha, me pregunto qué narices hago allí. En ese cuchitril que no merece ni llamarse tal cosa; ayer, en aquel tren asqueroso; en este viaje, llevando esta vida... Ahora mismo podría estar seco y calentito en un piso precioso de Londres, ganando cincuenta mil libras al año. La vida sería mucho más fácil.

Pero, en el camino de regreso, la otra voz vuelve con unas interesantes ideas sobre lo que acabo de conseguir. Ir a la ducha bajo la lluvia no era ninguna hazaña destacable. No requería fuerza física ni valor. Pero ha puesto a prueba mi capacidad para soportar las dificultades externas. Me ha permitido hacerme una idea de cuánta frustración soy capaz de tolerar en una mañana. Puede que no me haya limpiado ni refrescado, pero ha conseguido algo más valioso: reafirmar mi determinación.

En el Jitopadesa, un antiguo texto indio de Nārāyana, se compara la mente con un mono borracho al que le ha picado un escorpión y lo ha embrujado un fantasma.[1]

Los humanos tenemos aproximadamente setenta mil pensamientos distintos al día.[2] Enrst Pöppel, psicólogo y neurólogo alemán, ha demostrado con su investigación que la mente solo está en el momento presente unos tres segundos seguidos.[3] Aparte de eso, el cerebro piensa hacia delante y hacia atrás, completando ideas sobre el momento presente con base en lo que hemos experimentado en el pasado y anticipando lo que está por venir. Como Lisa Feldman Barrett, autora de *La vida secreta del cerebro*, lo expresa en un pódcast: «El cerebro no reacciona a los acontecimientos del mundo; se dedica a predecir [...] a adivinar continuamente lo que va a pasar».[4] El Samyutta Nikaya describe cada pensamiento como una rama y la mente como un mono que se balancea de una a la siguiente, a menudo sin rumbo.[5] Parece hasta divertido, pero, como todos sabemos, es cualquier cosa menos eso. Normalmente esos pensamientos son miedos, preocupaciones, negatividad y estrés. ¿Qué va a pasar esta semana en el trabajo? ¿Qué debería cenar? ¿He ahorrado suficiente para ir de vacaciones este año? ¿Por qué llega mi cita cinco minutos tarde? ¿Qué hago aquí? Todas son preguntas legítimas que merecen respuesta, pero ninguna se resolverá mientras estemos balanceándonos de rama en rama, de pensamiento en pensamiento. Esa es la selva de la mente inexperta.

El Dhammapada es una colección de versículos probablemente recopilados por discípulos de Buda. En él, este dice: «Los que riegan canalizan el agua; los arqueros enderezan las flechas; los carpinteros tallan la madera; los sabios se instruyen».[6] El verdadero crecimiento requiere entender la mente. Es el filtro, el juez y el director de todas nuestras experiencias, pero, como demostró el conflicto que sentí en la aventura de la ducha, no siempre opinamos lo mismo. Cuanto más evaluemos, comprendamos, entrenemos y reforcemos nuestra relación con la mente, mejor nos desenvolveremos en la vida y superaremos las dificultades.

La batalla de la mente se libra por las decisiones diarias más insignificantes (¿Tengo que levantarme ya?) y por las más importantes (¿Debo poner fin a esta relación?). Todos nos enfrentamos a batallas como esas cada día.

Un monje veterano me contó una vez una leyenda cheroqui antigua sobre los dilemas que nos angustian a todos:

> *Un anciano le dice a su nieto:*
>
> *—Cada decisión en la vida es una batalla entre dos lobos que viven dentro de nosotros. Uno representa la ira, la envidia, la codicia, el miedo, las mentiras, la inseguridad y el ego. El otro representa la paz, el amor, la compasión, la bondad, la humildad y la positividad. Los dos compiten por la superioridad.*
>
> *—¿Qué lobo gana? —interrogó el nieto.*
>
> *—El que tú alimentes —contesta el anciano.*

—Pero ¿cómo los alimentamos? —le pregunté a mi maestro.

—Con lo que leemos y oímos. Con la gente con quien pasamos tiempo. Con lo que hacemos con ese tiempo. Con el objetivo de nuestra energía y nuestra atención.

El Bhagavad Gita afirma: «Quien domine la mente tendrá en ella su mejor amigo. Pero, para quien no consiga hacerlo, la mente será su enemigo más temible».[7] La palabra «enemigo» puede parecer demasiado fuerte para describir la voz disidente de tu cabeza, pero la definición es acertada: un enemigo, según el diccionario, es «una persona que tiene mala voluntad a otra y le desea o hace mal».[8] A veces la mente nos perjudica, nos convence de que hagamos algo y luego nos hace sentir culpables o mal, a menudo porque ha sido un acto contra nuestros valores o nuestra moral.

Un par de investigadores de las universidades de Princeton y de Waterloo han demostrado que el peso de una mala decisión no es solo metafórico.[9] Pidieron a algunos participantes de su estudio que recordasen una ocasión en la que hubiesen cometido un acto poco ético y luego que evaluasen cómo percibían su peso corporal. Dichas personas dijeron que notaban que pesaban más físicamente en comparación con aquellos a los que se les había pedido que recordasen un acto neutro. A veces queremos concentrarnos en algo —un proyecto laboral, una creación artística, una reparación doméstica, una nueva afición, etc.— y la mente no nos deja hacerlo. Cuando aplazamos cosas, existe un conflicto entre lo que los investigadores llaman el «yo debo»,[10] o lo que consideramos que deberíamos hacer porque es bueno para nosotros, y el «yo quiero», que es lo que en realidad queremos en ese momento. «Sé que debería ponerme manos a la obra con esa propuesta de negocio, pero quiero ver los cuartos de final del US Open.»

Antes de hacerme monje, mi mente no me dejaba hacer lo que me gustaba porque era demasiado arriesgado. Me permitía consumir una tableta de chocolate y un litro de refresco aunque yo quisiera llevar una vida saludable. Me hacía compararme con otras personas en lugar de concentrarme en mi crecimiento. Evitaba contactar con gente a la que había hecho daño porque no quería mostrarme más débil. Dejaba que me enfadara con las personas que quería porque me importaba más tener la razón que ser afectuoso. En la introducción de su traducción del Dhammapada, Eknath Easwaran escribe que en nuestro torbellino diario de pensamientos, «no tenemos más idea de lo que es la vida de la que tiene un pollo antes de que el huevo eclosione; emoción y depresión, fortuna e infortunio, placer y dolor son tormentas en un reino diminuto privado y envuelto en un cascarón que percibimos como la única existencia».[11] Tiene lógica, pues, que cuando Buda por fin alcanzó «el reino más allá del pensamiento» describiera que se sentía como un polluelo saliendo del cascarón.

En el *ashram* descubrí algo que me ha resultado decisivo para dominar esos pensamientos peligrosos y autodestructivos. Estos son como las nubes que van pasando. El yo, como el sol, siempre está ahí; nosotros no somos nuestra mente.

El padre y el hijo

Como mis maestros me explicaron, visualizar la mente como una entidad independiente nos ayuda a desarrollar nuestra relación con ella: podemos pensar en esa interacción como en hacer un amigo o negociar la paz con un enemigo.

Al igual que en cualquier interacción, la calidad de la comunicación con la mente se basa en la historia de nuestra relación con ella. ¿Somos combatientes impulsivos o tenaces y reacios a entablar batalla? ¿Tenemos las mismas discusiones una y otra vez o escuchamos y nos comprometemos? La mayoría de nosotros no conoce la historia de esa relación íntima porque nunca hemos dedicado tiempo a reflexionar sobre ella.

La mente de mono es un niño, y la de monje, un adulto. El primero llora cuando no consigue lo que quiere y se olvida de lo que ya posee. Le cuesta apreciar el valor verdadero: cambiaría encantado un certificado de acciones por unos caramelos. Cuando algo nos presenta algún tipo de reto, la mente infantil reacciona de inmediato. Tal vez te sientes ofendido y pones mala cara o empiezas a defenderte. Una reacción condicionada y automática como esa es ideal si alguien te saca una navaja, porque te asustas y saltas. Pero no si nos ponemos emocionalmente a la defensiva porque alguien ha dicho algo que no queremos oír. No nos conviene dejar que nos controlen reacciones automáticas en todos los casos ni tampoco eliminar por completo la mente de niño. Esta nos permite ser espontáneos, creativos y dinámicos —tres cualidades de incalculable valor—, pero cuando nos domina puede ser la perdición.

Dicha mente, impulsiva y guiada por el deseo, se templa con la de adulto, sensata y pragmática, que dice: «Eso no te hace bien» o «Espera a más tarde». La mente de adulto nos recuerda que tenemos que detenernos y evaluar el panorama general, dedicar tiempo a considerar la reacción por defecto, decidir si es apropiada y proponer otras opciones. El padre inteligente sabe lo que el niño necesita en contraposición a lo que quiere, y puede decidir qué es mejor para él a largo plazo.

Enmarcar el conflicto interno de esta forma —padre e hijo— da a entender que cuando la mente infantil manda y ordena es porque nuestra mente de monje no se ha desarrollado, fortalecido o hecho oír. El niño se desilusiona y tiene berrinches, y sucumbimos rápidamente. Luego nos enfadamos con nosotros mismos: «¿Por qué hago esto? ¿Qué me pasa?».

El padre es la voz más inteligente. Cuando está bien preparado, tiene autocontrol, capacidad de razonamiento y es un maestro del debate. Pero solo puede emplear la fuerza que nosotros le damos. Es más débil cuando está cansado, tiene hambre o lo ninguneean.

Cuando el padre no está supervisando, el niño se sube a la encimera, al lado del fogón encendido, para coger el tarro de las galletas y llegan los problemas. Por el contrario, si el padre es demasiado controlador, el niño se amarga y se vuelve rencoroso y reacio al riesgo. Como en todas las relaciones paternofiliales, alcanzar el equilibrio adecuado es un reto continuo.

Por tanto, ese es el primer paso para entender la mente: simplemente tomar conciencia de las distintas voces que hay en nuestro interior; aprender a diferenciar lo que oyes te ayudará enseguida a tomar decisiones mejores.

Conduce el carro de la mente

Cuando empieces a poner en orden las múltiples voces de tu cabeza, es posible que te sorprenda el grado de conflicto resultante. No tiene sentido. La mente debería actuar en beneficio de uno mismo. ¿Por qué nos ponemos trabas? La complicación se debe a que sopesamos aportaciones de distintas fuentes: nuestros cinco sentidos, que nos dicen lo que les atrae en ese momento; nuestros recuerdos, que evocan lo que hemos experimentado en el pasado; y nuestro intelecto, que sintetiza y evalúa la mejor decisión a largo plazo.

Aparte del modelo del padre y el hijo, las enseñanzas monacales aportan otra analogía para referirse a las voces que compiten en nuestra cabeza. En los Upanishads, el funcionamiento de la mente se compara con un carro tirado por cinco caballos. Según esa analogía, el carro es el cuerpo, los animales son los cinco sentidos, las riendas son la mente y el auriga es el intelecto.[12] Sí, esta descripción de la mente es más complicada, pero ten paciencia.

Cuando no está entrenado, el auriga (el intelecto) se queda dormido trabajando, de modo que los caballos (los sentidos) toman el control de las riendas (la mente) y llevan el cuerpo adonde les place. Los animales, abandonados a su suerte, reaccionan a lo que los rodea. Si ven un arbusto con pinta apetitosa, se inclinan para comer. Si algo los sobresalta, se asustan. Del mismo modo, los sentidos se activan al momento con la comida, el dinero, el sexo, el poder, la influencia, etc. Si los caballos tienen el control, el carro se desvía del camino en dirección al placer temporal y la gratificación inmediata.

Cuando está entrenado, el auriga (el intelecto) está despierto, consciente y atento, y no permite que los caballos lleven la voz cantante. El auriga utiliza las riendas de la mente para dirigir con cautela el carro por la ruta correcta.

Domina los sentidos

Piensa en esos cinco caballos rebeldes enganchados al carro de un arriero perezoso, resoplando y sacudiendo la cabeza con impaciencia. Recuerda que representan los cinco sentidos, que siempre son nuestro punto de contacto con el exterior, los responsables de nuestros deseos y apegos, y tiran de nosotros en dirección a la impulsividad, la pasión y el placer, por lo que desestabilizan la mente. Los monjes apaciguan los sentidos para apaciguar la mente. Como dice Pema Chödrön: «Tú eres el cielo. Todo lo demás es solo el clima».

Los monjes shaolín son un ejemplo magnífico de cómo podemos entrenar la mente para dominar los sentidos.[13] (Nota:

nunca he vivido ni entrenado como un monje shaolín, aunque no descarto hacerlo algún día.)

El templo shaolín de China tiene más de mil quinientos años y sus monjes no dejan de demostrar lo imposible. Se mantienen en equilibrio sobre la hoja de una espada, rompen ladrillos con la cabeza y se tumban sobre lechos de clavos y cuchillas sin aparente esfuerzo ni lesiones. Parece magia, pero en realidad superan sus límites gracias a rigurosos regímenes físicos y mentales.

A los tres años los niños ya pueden empezar a estudiar en el monasterio shaolín. Dedican largas jornadas a entrenarse y meditar. Mediante técnicas de respiración y el *chi kung*, una técnica de curación antigua, los monjes desarrollan la capacidad de lograr proezas de fuerza sobrehumanas y soportar situaciones incómodas: desde ataques hasta heridas. Cultivando la serenidad interior, pueden mantener a raya el estrés mental, físico y emocional.

Ellos no son los únicos que han demostrado tener un control sensorial increíble. Unos investigadores seleccionaron a otro grupo de monjes y a personas que nunca habían meditado y les colocaron un estimulador térmico en la muñeca: un aparato diseñado para provocar dolor a través de un calor intenso.[14] La placa se calienta poco a poco y luego se mantiene a la temperatura máxima durante diez segundos antes de enfriarse. Durante el experimento, en cuanto la placa empezaba a calentarse, la red neuronal del dolor de los no monjes se encendía violentamente, como si ya estuviese al máximo; los investigadores denominan ese estado «ansiedad anticipatoria» y los monjes no mostraron la más mínima. A medida que la placa se calentaba, su actividad cerebral permanecía prácticamente igual. Cuando se ponía a todo calor, la actividad del cerebro de los monjes aumentaba bruscamente, pero solo en las zonas que registraban las sensaciones físicas de dolor. Para la mayoría de nosotros, el dolor es una sensación doble: la experimentamos de forma física y emocional. Para los monjes, el calor era doloroso, pero no atribuían sensaciones negativas a la experiencia. No sentían dolor emocional. Y su cerebro también se recuperaba del dolor físico más rápido que el de las personas que no meditaban.

Estamos hablando de un nivel de control sensorial extraordinario —más del que la mayoría de nosotros estamos dispuestos a desarrollar—, pero debes pensar en tus sentidos como en caminos a la mente. La vida de la mayoría de las personas está regida por lo que vemos, oímos, olemos, tocamos y saboreamos. Si hueles tu postre favorito, te apetece comerlo. Si ves una foto de una playa, empiezas a fantasear con las vacaciones. Cuando oyes una frase determinada, te viene a la mente una persona que solía decirla continuamente.

La mente de mono es reactiva, pero la del monje es proactiva. Digamos que, cada vez que visitas YouTube para ver un vídeo, acabas cayendo por una madriguera. Pasas de uno de un animal adorable a una recopilación de ataques de tiburones y cuando quieres darte cuenta estás viendo a Sean Evans comiendo salsa picante con un invitado famoso. Los sentidos desvían la mente de donde queremos que esté. No los tientes, no te predispongas al fracaso. Un monje no va a clubes de estriptis. Nos interesa minimizar las tendencias reactivas de la mente y la forma más sencilla de lograrlo es que el intelecto desvíe proactivamente los sentidos de los estímulos que podrían hacer reaccionar a la mente de formas difíciles de controlar. Al intelecto le corresponde saber cuándo eres vulnerable y tirar de las riendas, como hace un auriga cuando atraviesa un campo de hierba suculenta.

Cualquier estímulo sensorial puede desencadenar emociones: un recordatorio tentador, molesto o triste que aleja a esos caballos salvajes del camino elegido por el auriga. Las redes sociales pueden quitarte tiempo que querías dedicar a otra cosa;

una foto puede recordarte a un amigo perdido en un momento en el que no tienes tiempo para el duelo; una sudadera de un ex puede volver a partirte el corazón. Dentro de lo razonable, te recomiendo que te deshagas de los detonantes sensoriales no deseados (o que borres aplicaciones). Mientras lo haces, visualízate sacándolos de tu mente. Puedes repetirlo cuando te topes con un detonante mental no deseado: una palabra que solías oírle a uno de tus padres, una canción del pasado... Visualízate sacándolo de tu vida como harías con un objeto físico. Cuando te deshaces de esos detonantes mentales y físicos, puedes dejar de sucumbir a ellos. Huelga decir que nunca podremos librarnos de todos nuestros sentidos y detonantes, pero tampoco nos interesa. El objetivo no es silenciar la mente ni acallarla. Queremos saber qué significa un pensamiento determinado. Es lo que nos ayuda a liberarnos. Pero temporalmente, mientras fortalecemos nuestra relación con la mente, podemos tomar medidas para no desencadenar lugares ni personas, ajustando lo que vemos, escuchamos, leemos o absorbemos.

Desde la perspectiva de un monje, el mayor poder que existe es el autocontrol, entrenar la mente y la energía, concentrarte en tu *dharma*. Lo ideal es que puedas desenvolverte en cualquier situación que parezca dura, difícil o divertida con el mismo equilibrio y ecuanimidad, sin regodearte demasiado en el placer ni deprimirte en exceso por el dolor.

Normalmente el cerebro baja el volumen ante los estímulos repetidos, pero cuando entrenamos la mente desarrollamos la capacidad de concentrarnos en lo que queremos, al margen de las distracciones.

La meditación es una herramienta importante que nos permite regular los estímulos sensoriales, pero también podemos entrenar la mente desarrollando la relación entre el niño y el adulto. Cuando un padre dice: «Limpia el cuarto» y el niño se niega es como si tu mente de monje dijese: «Cambia de rumbo» y la mente de mono contestase: «No, gracias, prefiero escuchar música a todo volumen con los auriculares». Si el padre se enfada con el niño y dice: «¡Te he dicho que limpies el cuarto! ¿Por qué no lo has hecho aún?», el niño se repliega más. Con el tiempo, puede que obedezca órdenes, pero el intercambio no habrá desarrollado relación o diálogo alguno.

Cuanto más se enfrentan un padre desencantado y un niño petulante, más alejados se sienten el uno del otro. Cuando libras una batalla interna, tu mente de mono es un adversario. Contémplala como una colaboradora y podrás pasar de la batalla al vínculo, del enemigo rechazado al amigo de confianza. Crear un vínculo tiene sus dificultades —puede seguir habiendo desacuerdos—, pero por lo menos todas las partes aspiran al mismo resultado.

Para alcanzar esa colaboración, nuestro intelecto debe prestar más atención a las pautas automáticas y reactivas de la mente, también conocidas como «subconsciente».

La terquedad del subconsciente

La mente tiene incorporadas determinadas pautas instintivas que no elegimos conscientemente. Imagina que tienes una alarma activada en el móvil para que suene a la misma hora cada mañana. Es un sistema estupendo hasta que llega un festivo y la alarma suena igualmente. Ella es como nuestro subconsciente. Ya está programada y recurre por defecto a los mismos pensamientos y actos un día tras otro. Vivimos gran parte de la vida siguiendo el mismo camino que hemos tomado siempre, para bien o para mal, y esos pensamientos y conductas no van a cambiar a menos que nos reprogramemos activamente.

Joshua Bell, un violinista de fama mundial, decidió actuar delante de una estación de metro de Washington durante la hora punta de la mañana. Armado de un Stradivarius raro y precioso, abrió el estuche para los donativos e interpretó algunas de las piezas para violín más difíciles jamás compuestas. Durante aproximadamente cuarenta y cinco minutos, prácticamente nadie se detuvo a escuchar o a hacer un donativo. Ganó unos treinta dólares. Tres días antes de la actuación frente a la estación había tocado el mismo violín en el Symphony Hall de Boston, donde un asiento decente costaba cien dólares.[15]

Existen muchos motivos por los que puede que la gente no se parase a escuchar tocar a un músico brillante, pero uno de ellos es sin duda que llevaban puesto el piloto automático y avanzaban a toda prisa entre la multitud reunida en hora punta. ¿Cuántas cosas nos perdemos cuando funcionamos por inercia?

«Locura es hacer lo mismo una y otra vez esperando obtener resultados diferentes.» (Esta cita suele atribuirse a Einstein, aunque no existe ninguna prueba de que fuese él quien la dijo.) ¿Cuántos de nosotros hacemos lo mismo, un año tras otro, con la esperanza de que nuestra vida se transforme?

Los pensamientos se repiten en la mente y refuerzan lo que creemos sobre nosotros mismos. Nuestra conciencia no está despierta para hacer correcciones. El relato que se reproduce en tu mente está estancado en sus opiniones sobre las relaciones, el dinero, cómo te percibes a ti mismo o cómo debes comportarte. Todos hemos vivido la experiencia de que alguien nos diga: «Hoy estás muy guapo» y que el subconsciente responda: «No es verdad, lo dice para quedar bien». Cuando alguien comenta: «Te lo merecías de verdad», es posible que te digas: «Uf, no sé si podría hacerlo de nuevo». Nuestros días están salpicados de esas reacciones habituales. El cambio empieza por las palabras que suenan en el interior de tu cabeza. Vamos a centrarnos en escuchar, organizar, seleccionar y cambiar los pensamientos.

HAZ LA PRUEBA: DESPIERTA EL SUBCONSCIENTE
Anota todo el ruido que oyes a diario en tu mente, ese que sabes que no deberías oír. No se trata de escribir una lista de problemas, sino de mensajes negativos y contraproducentes que tu mente te envía, por ejemplo:

- No eres lo bastante bueno.
- No puedes hacerlo.
- No tienes la inteligencia necesaria.

Esas son las ocasiones en las que el auriga está dormido con las riendas del carro en las manos.

Invierte en la mente consciente

Del mismo modo que tú no eres tu mente, tampoco eres tus pensamientos. Decirte que no mereces amor o que tu vida es un asco no lo convierte en un hecho, pero esos pensamientos contraproducentes son difíciles de reconducir. Todos tenemos un historial de dolor, sufrimiento y dificultades, sean cuales sean. Solo porque hayamos pasado por algo que ya hemos dejado atrás no significa que haya terminado. Al contrario, persistirá de alguna forma —a menudo, como pensamientos contraproducentes— hasta que nos enseñe lo que tenemos que cambiar. Si no has resuelto tu relación con tus padres, seguirás escogiendo parejas que reproduzcan los conflictos pendientes. Si no reconduces deliberadamente tu actitud, estarás destinado a repetir y recrear el dolor que has soportado hasta ahora.

Te parecerá ridículo, pero la mejor forma de borrar las voces de tu cabeza es empezar a dirigirte a ellas. En sentido literal.

Empieza a hablar contigo mismo cada día. Puedes llamarte por tu nombre y hacerlo en voz alta cuando te sientas cómodo (puede que el mejor momento no sea una primera cita ni una entrevista de trabajo). El sonido tiene poder y escuchar tu nombre captará tu atención.

Si tu mente dice: «No puedes hacerlo», responde: «Sí puedo. Tengo capacidad y tiempo».

Hablar contigo mismo a lo largo de un proyecto o una tarea favorece la atención y la concentración. Los que lo hacen funcionan con más eficiencia. Los investigadores de una serie de estudios mostraron a unos voluntarios un conjunto de fotografías y luego les pidieron que localizasen elementos concretos entre los retratados.[16] A la mitad de los sujetos les pidieron que repitiesen para sí los elementos mientras los buscaban y a la otra les dijeron que permaneciesen en silencio. Los que repetían los nombres de los elementos eran considerablemente más rápidos que quienes estaban callados. Los investigadores concluyeron que hablar con uno mismo no solo estimula la memoria, sino que también ayuda a concentrarse. La psicóloga Linda Sapadin añade que hablar con uno mismo «te ayuda a aclarar los pensamientos, a ocuparte de lo importante y a concretar cualquier decisión que estés contemplando».[17]

Vamos a considerar varias formas de descubrir una perspectiva nueva con la que cambiar de mentalidad de manera productiva.

Replantéate las cosas

Si eres como la mayoría de los humanos, a tu intelecto se le da de fábula decirle a tu mente dónde se equivoca, pero casi nunca se molesta en indicarte los aciertos. ¿Qué forma de ejercer la paternidad es esa?

«Nada va a mejorar.»
«Nadie me entiende.»
«No soy lo bastante bueno.»
«No soy lo bastante atractivo.»
«No soy lo bastante listo.»

Buscamos lo peor de nosotros mismos y nos decimos que nunca va a cambiar. Ese es el enfoque menos favorable que podríamos elegir. Existen tres vías para alcanzar la felicidad, todas centradas en el conocimiento: aprender, progresar y conquistar. Cada vez que crecemos, nos sentimos contentos y libres de anhelos materiales. Si estás insatisfecho, te criticas o te sientes desesperanzado, no dejes que eso te pare. Identifica tus progresos y empezarás a ver, sentir y apreciar el valor de lo que haces.

Reconsidera tus autocríticas en términos de conocimiento. Cuando te oigas decir: «Me aburro, soy muy lento, no puedo hacer esto», respóndete: «Estás esforzándote y vas mejorando». Es una manera de recordarte tus progresos. Entabla una relación con esa voz de niño pesimista. Tu voz de adulto se fortalecerá a medida que leas, investigues, apliques y pruebes. Aumenta el reconocimiento de las cosas que tu mente hace bien. En lugar de magnificar tus defectos, magnifica tus progresos. Si has conseguido despertarte temprano dos días de siete, anímate como harías con un niño que está empezando a cambiar. Si has logrado la mitad de lo que pretendías, ve el vaso medio lleno.

Además de magnificar el crecimiento, podemos emplear la «dirección positiva» para replantear los pensamientos no deseados. La mente de mono a menudo parlotea y hace comentarios como «No puedo hacerlo». Podemos adaptarlo a «Puedo hacerlo si...».

«No puedo hacerlo» se convierte en «Puedo hacerlo si...».
«Esto se me da mal» se convierte en «Estoy dedicando tiempo a mejorar».
«Soy un antipático» se convierte en «Estoy acercándome a gente nueva para hacer contactos».
«Soy feo» se convierte en «Estoy tomando medidas para estar lo mejor posible».
«No puedo con todo» se convierte en «Estoy priorizando y tachando cosas de mi lista».

Orientar tus afirmaciones a la búsqueda de soluciones te recuerda que debes ser proactivo y responsabilizarte, en lugar de languidecer haciéndote ilusiones.

Podemos tomar medidas en vez de usar solo palabras para replantear nuestro estado mental. Una forma sencilla de conseguirlo es aprender cosas nuevas cada día. No tienen por qué ser importantes. No es necesario aprender a programar o saber mecánica cuántica. Basta con leer un artículo sobre una persona, una ciudad o una cultura para sentir que tu autoestima aumenta. Ya tienes algo que aportar a la próxima conversación que mantengas, aunque solo sea que has aprendido una palabra nueva. Ahí va una: el término inuit *iktsuarpok* hace referencia a la sensación de emoción que experimentas cuando estás esperando a un invitado y no paras de mirar por la ventana para ver si ha llegado. El simple hecho de compartir una palabra nueva en una conversación puede enriquecer una comida.

Muchas de las decepciones que nos llevamos se pueden contemplar como beneficios, porque nos animan a crecer y desarrollarnos. Intenta poner los pensamientos y circunstancias negativos en el continuo de la perspectiva. Del mismo modo que los médicos evalúan el dolor, yo le pido a la gente que puntúe una preocupación individual en una escala del uno al diez. El cero equivale a la ausencia de preocupación y el diez es la peor cosa que te puedas imaginar, algo tan horrible como «Me preocupa que toda mi familia se muera». En realidad, probablemente eso sea un once.

Problemas de toda condición pueden parecer dignos de una puntuación de diez, sobre todo en mitad de la noche. Que no te asciendan parece un diez. Perder un reloj al que le tenías mucho aprecio, lo mismo. Pero si alguna vez has experimentado el dolor de perder a un ser querido (y todos hemos pasado por ello o lo haremos), la escala varía; toda tu perspectiva cambia. De repente, perder tu empleo no es maravilloso, pero sí tolerable. El reloj ha desaparecido, pero no era más que un objeto. Puede que tu cuerpo no sea perfecto, pero te ha proporcionado experiencias estupendas. Aprovecha el ser consciente de lo que es el dolor profundo para mantener los trastornos menores en perspectiva. Y cuando tengas que enfrentarte a un diez de verdad, reconócelo y dedica tiempo a curarlo. No se trata de reducir el impacto de todas las experiencias negativas, sino de adquirir una perspectiva más clara de ellas. Y a veces un diez es un diez.

Afloja el ritmo

A veces replantear las cosas funciona mejor sobre el papel. Imagínate a un mono columpiándose de rama en rama a toda velocidad. Cuesta captar su atención y obligarlo a concentrarse. Cuando tu mente esté inquieta e invadida de ideas; cuando tus pensamientos sean repetitivos e improductivos; cuando sientas que necesitas pulsar el botón de pausa, haz un alto de quince minutos para anotar cada pensamiento que se te pasa por la mente.

Un grupo de universitarios participaron en un estudio en el que tuvieron que dedicar quince minutos al día durante cuatro jornadas a escribir sus «pensamientos y sentimientos más profundos» sobre la experiencia más traumática de su vida.[18] Los estudiantes no solo dijeron que les había resultado provechosa, sino que un 98 por ciento afirmó que les gustaría repetirla. Pero no solo les gustó escribirlo, sino que también resultó beneficioso para su salud. Las personas que habían plasmado su experiencia traumática visitaron menos el centro médico universitario después del estudio. Los investigadores concluyeron que uno de los beneficios de la escritura pudo ser que ayudó a los universitarios a dotar sus peores experiencias de un relato coherente. Al distanciarse del momento de esa forma, pudieron ver objetivamente la experiencia y, espero, ponerle un final feliz.

A la escritora Krysta MacGray le daba pánico volar. Lo intentó haciendo de tripas corazón. Lo intentó con la lógica. Incluso intentó tomarse un par de copas. Pero, cada vez que tenía que volar, se pasaba las semanas previas imaginándose cómo sería la vida de sus hijos si ella sufriese un accidente. MacGray empezó a escribir un blog sobre su temor para intentar adquirir cierta perspectiva y entonces se dio cuenta de que llevaba camino de convertirse en su abuela, que se negaba a volar y se perdió muchas cosas por su reticencia. De modo que MacGray empezó a elaborar una lista de todo lo que quería hacer en la vida por lo que valiese la pena volar. Aunque todavía no ha vencido por completo el miedo, logró ir de vacaciones a Italia con su marido, que era uno de los puntos de su lista.[19] Escribir por sí solo no resuelve todos los problemas, pero puede ayudarnos a adquirir una perspectiva crítica que nos sirva para encontrar soluciones.

Si no te gusta escribir, puedes grabarte con el móvil y luego reproducir el archivo de sonido o leer la transcripción (muchos teléfonos pueden transcribir audio y convertirlo en texto). El acto de grabarte te hace adoptar una actitud de observador y te permite enfrentarte a ti mismo más objetivamente.

Otra opción consiste en decirte mentalmente una y otra vez un antiguo dicho samurái que emplean los monjes, «Haz de tu mente tu amiga». Repetir una frase calma la red neuronal por defecto: el área del cerebro asociada a las divagaciones y los pensamientos sobre uno mismo. El mono se verá obligado a pararse a escuchar.

Cuando la inquieta mente de mono deja de escuchar, puedes modificar su monólogo interior recurriendo a la autocompasión. Cuando surgen los pensamientos de angustia, en lugar de consentirlos, debemos reaccionar con compasión. «Sé que estás preocupado e inquieto y que sientes que no puedes con esto, pero eres fuerte. Lo vas a conseguir.» Recuerda: se trata de observar tus emociones sin juzgarlas.

En colaboración con mis amigos de la empresa de *branding* Shareability, realicé un ejercicio con un grupo reducido de chicas adolescentes y sus hermanas. Pedí a las jóvenes que escribiesen pensamientos negativos que tenían que afectaban a su autoestima. Anotaron cosas como «Tienes miedo», «Eres inútil» o «Eres insignificante». A continuación les pedí que leyesen lo que habían escrito a sus hermanas, como si estuviese dirigido a ellas.

Todas se negaron. «Eso no está bien.» Una señaló que era normal en su cabeza, pero que decirlo era muy distinto.

Nos decimos a nosotros mismos cosas que jamás les diríamos a las personas que queremos. Todos conocemos la regla de oro: «Trata a los demás como te gustaría que te tratasen a ti». Yo le añadiría: **«Trátate con el mismo amor y respeto que quieres mostrar a los demás».**

Estamos condicionados por el relato que nos escribimos cada día. ¿Es una historia de alegría, perseverancia, amor y amabilidad, o de culpabilidad, reproches, amargura y fracaso? Busca un vocabulario nuevo que se ajuste a las emociones y sentimientos de acuerdo con los que quieres vivir. Dirígete a ti mismo con amor.

HAZ LA PRUEBA: **GUIONES NUEVOS PARA EL AURIGA**

1. Escribe una lista de las cosas negativas que te dices a ti mismo. Al lado de cada una anota cómo expondrías esa idea a alguien que te importa. Por ejemplo, estos son los pensamientos negativos que las chicas escribieron sobre ellas acompañados de cómo se los habrían expuesto a sus hermanas:

«Tienes miedo.»	«No hay nada malo en tener miedo. ¿Cómo puedo ayudarte a superarlo?»
«Eres inútil.»	«Te sientes inútil; vamos a hablar de las cosas que te gustan de ti misma.»
«Eres insignificante.»	«Estas cosas te hacen sentir insignificante. Antes de que hablemos de cómo cambiar eso, escribe una lista de lo que te hace sentir importante.»

2. Imagina que te enteras de que tu hijo, tu mejor amigo, tu primo o alguien a quien quieres va a divorciarse. ¿Cuál sería tu primera reacción? ¿Qué le dirías a esa persona? ¿Qué consejo le darías? Podrías decir: «Lo siento, sé que es un momento difícil». O: «Enhorabuena. Sé que lo estás pasando mal, pero la gente casi nunca se arrepiente de haberse divorciado». Nunca le diríamos a un ser querido: «Eres idiota. Si te casaste con un fracasado es porque tú también lo eres». Damos amor y apoyo y también podemos ofrecer ideas y soluciones. Y así debemos hablar con nosotros mismos.

Estate presente

Puede resultar difícil saber qué decirle a tu mente de mono cuando vive en el pasado o se adelanta al futuro. El padre Richard Rohr escribe: «Toda enseñanza espiritual —y no simplifico en exceso— trata de cómo estar presente en el momento. [...]

Pero el problema es que casi siempre estamos en otra parte: reviviendo el pasado o preocupados por el futuro».[20]

Todos tenemos recuerdos felices que nos gusta volver a visitar y otros dolorosos de los que no podemos desprendernos. Pero tanto la nostalgia como el remordimiento pueden ser trampas que nos priven de experiencias nuevas y nos mantengan atascados en el pasado irresuelto o en los viejos tiempos. Del mismo modo que no se puede cambiar el pasado, no se puede saber el futuro. Cierta planificación resulta útil y positiva como preparación para los posibles escenarios futuros, pero, cuando esos pensamientos desembocan en una ansiedad o una preocupación repetitivas o en aspiraciones poco realistas, dejan de ser productivos.

Tanto si tienes la sensación de que el mundo se desploma a tu alrededor como si simplemente estás teniendo un mal día en el trabajo, las dificultades para estar presente abundan. Siendo realistas, nunca vas a alcanzar un punto en que estés presente el cien por cien del tiempo; ese no es el objetivo. Después de todo, pensar en los buenos momentos que hemos vivido o en las lecciones valiosas que hemos aprendido en el pasado y hacer planes para el futuro son formas magníficas de usar nuestra banda ancha mental. Lo que no nos conviene es perder tiempo en remordimientos o preocupaciones. La práctica de la presencia nos sirve para lograr lo que aconsejó el maestro espiritual Ram Dass: «Estar aquí ahora».[21]

Cuando tu mente vuelva continuamente a pensamientos del pasado o el futuro, busca pistas en el presente. ¿Pretende protegerte o distraerte? En lugar de pensar en lo que era importante en el pasado o lo que el futuro podría depararte, trae de vuelta con delicadeza tu mente al momento presente. Hazte preguntas sobre el ahora. Por ejemplo:

«¿Qué le falta a este momento?»
«¿Qué ha sido desagradable hoy?»
«¿Qué me gustaría cambiar?»

En el mejor de los casos, cuando hablamos con nosotros mismos del presente, recordamos los elementos negativos y positivos del pasado como el camino imperfecto que nos ha traído adonde estamos: una vida que aceptamos y en la que todavía podemos crecer. Y, en el mejor de los casos, también pensamos en el futuro en el contexto del presente: una oportunidad para hacer realidad la promesa de hoy.

No eres una posesión

Cuando hablamos con nosotros mismos igual que lo haríamos con un ser querido y cuando observamos la discusión entre la mente de niño y la de adulto, estamos poniendo distancia entre nosotros y la mente para ver con más claridad. Ya hemos tratado antes este enfoque; en lugar de reaccionar emocionalmente, los monjes adquieren perspectiva saliéndose de una situación para convertirse en observadores objetivos. En el tercer capítulo hablamos de cómo alejarnos del miedo y dimos un nombre a esa acción: desapego.

La grulla permanece inmóvil en el agua sin reparar en los pececillos que pasan. Su quietud le permite atrapar al pez más grande.

El desapego es una forma de autocontrol que posee infinitos beneficios en todas las modalidades del conocimiento de uno mismo de las que hablo en este libro, pero su origen siempre está en la mente. El Gita define el desapego como hacer lo correcto porque sí, porque hay que hacerlo, sin preocuparse por el éxito o el fracaso.[22] Parece bastante sencillo, pero piensa en lo que se requiere para hacer lo correcto porque sí. Implica desapegarse del interés egoísta, de tener la razón, de que te vean de una forma determinada, de lo que quieres ahora mismo. El desapego equivale a escapar del control de los sentidos, de los deseos terrenales y del mundo material. Es adquirir la perspectiva de un observador objetivo.

Solo mediante el desapego podemos controlar la mente de verdad.

He mezclado varios cuentos zen e introducido personajes nuevos, de manera que sean más cercanos. Uno de ellos trata de una monja que llega a la entrada de un palacio. Es una mujer santa famosa, de modo que la llevan ante el rey, quien le pregunta qué quiere.

—Me gustaría pasar la noche en este hotel —dice la monja.

El rey se queda bastante sorprendido ante esa inesperada falta de respeto.

—¡Esto no es un hotel, es mi palacio! —replica altivamente.

—¿Quién fue el dueño de este sitio antes de usted? —pregunta la monja.

El rey se cruza de brazos.

—Mi padre. Yo soy el heredero del trono —declara.

—¿Está aquí ahora?

—No. Está muerto. ¿A qué viene eso?

—Y antes de su padre ¿quién era el dueño?

—Su padre —grita el rey.

La monja asiente con la cabeza.

—Ah —dice—, entonces la gente viene a este sitio, se aloja una temporada y luego sigue con su viaje. A mí me parece un hotel.

Este cuento nos permite entender la ilusión de permanencia con la que todos vivimos. También nos ayuda algo más reciente,

¡A ordenar con Marie Kondo!, el programa en el que Kondo ayuda a distintas personas a ordenar su vida; al final, un capítulo sí y otro también, se ve a la gente llorar de alivio y alegría por haberse deshecho de muchas cosas. El motivo es que han reducido drásticamente la cantidad de objetos a los que están apegados. El apego provoca dolor. Si piensas que algo es tuyo o que tú eres algo, te duele que te lo quiten.

Una cita de Alí, primo y yerno del profeta Mahoma, explica mejor la idea monacal del desapego: «El desapego no es que no debas poseer nada, sino que nada te posea a ti».[23] Me gusta mucho porque lo resume de una forma que no suele usarse para explicarlo. Normalmente la gente entiende el desapego como desprenderse de todo, que cualquier cosa te dé igual. Marie Kondo no le dice a la gente que todo tiene que darle igual, sino que busquen la alegría. En realidad, el máximo desapego es estar cerca de todo y no dejar que te consuma ni te posea. En eso reside la fuerza auténtica.

Como la mayoría de los cometidos monacales, el desapego no es un destino al que uno llegue, sino un proceso que hay que emprender de forma constante y consciente. Ya es bastante difícil desapegarse en el *ashram*, donde los monjes no tenemos prácticamente más que nuestras ideas e identidades. En el mundo moderno podemos luchar por lograr el desapego —sobre todo cuando nos enfrentamos a un reto como una riña o una decisión— y esperar alcanzarlo fugazmente.

No intentes esto en casa

Los monjes se van a los extremos para alcanzar el desapego. No espero que tú hagas lo mismo, pero después de estudiar cómo funciona vamos a abordar métodos más prácticos, e incluso divertidos, de experimentar con el desapego y sus beneficios.

Los experimentos con el malestar —como el ayuno, el silencio, la meditación con calor o frío y otros que hemos tratado— te desapegan de tu cuerpo porque hacen que te des cuenta de que gran parte del malestar está en la mente. Otra forma en que los monjes lo poníamos a prueba era viajar sin nada. Sin comida, sin alojamiento y sin dinero. Teníamos que arreglárnoslas por nuestra cuenta y reconocer que necesitábamos muy poco para vivir. Eso también nos hacía agradecer más lo que teníamos. Todos esos ejercicios contribuían a llevarnos al límite —mental y físico— para desarrollar la determinación, la resiliencia y el aguante, para fortalecer nuestra capacidad de controlar la mente.

La primera vez que ayuné un día entero, sin ingerir comida ni agua, sentí un hambre atroz durante las primeras horas. No podíamos echarnos siestas mientras ayunábamos: la finalidad era vivir la experiencia, no evitarla durmiendo. Tuve que echar mano de mi intelecto para calmarme. Tuve que centrarme en algo más elevado para liberarme de esos pensamientos ávidos.

A medida que transcurría el día, me di cuenta de que, como mi cuerpo no tenía que pensar en qué comer, qué preparar de comida, qué consumir o qué digerir, en realidad disponía de más energía de otra índole.

Cuando ayunamos, nos desapegamos del cuerpo y del tiempo que pasamos atendiendo sus exigencias. Cuando dejamos de comer, podemos librarnos del hambre y la saciedad, el dolor y el placer, el fracaso y el éxito. Redirigimos las energías y la atención para centrarnos en la mente. En futuros ayunos, me acostumbré a emplear esa energía para estudiar, investigar, tomar notas o preparar una charla. El ayuno se convirtió en un momento creativo, libre de distracciones.

Al final del ayuno me sentía físicamente cansado, pero mentalmente más fuerte. Al funcionar sin algo de lo que mi cuerpo dependía, había sobrepasado un límite que existía en mi mente. Adquirí flexibilidad, adaptabilidad e ingenio. Esa experiencia con el ayuno afectó al resto de mi vida.

Ayunar es un reto físico movido por el intelecto. Estar en silencio largos períodos de tiempo planteaba problemas totalmente distintos: ¿quién era yo cuando me desapegaba de los demás?

> *Estoy en el noveno de treinta días de silencio y creo que voy a volverme loco. Antes de esta experiencia nunca había tenido la boca cerrada un día entero, mucho menos un mes. Ahora, con el grupo de monjes que ingresaron en el* ashram *el mismo día que yo, he pasado más de una semana sin hablar, observando, oyendo o comunicándome de cualquier otra forma. Yo soy hablador. Me gusta mucho compartir y escuchar las experiencias de los demás. Con el silencio, mi mente se está desmadrando. Uno tras otro, acuden a ella distintos pensamientos:*
>
> - *Letras de rap de canciones que hace tiempo que no oigo.*
> - *Todo lo que tengo que leer y aprender para la escuela monacal.*
> - *Cómo están llevando los demás esto.*
> - *Una conversación fortuita que una vez tuve con una exnovia.*
> - *Qué estaría haciendo en este momento si hubiese aceptado un trabajo en lugar de hacerme monje.*
>
> *Todo esto tiene lugar en diez minutos.*
>
> *En mi retiro silencioso de un mes no hay válvula de escape. No tengo más remedio que mirar dentro de mí. Debo en-*

frentarme a mi mente de mono y entablar conversaciones con ella. Me hago preguntas a mí mismo: ¿por qué necesito hablar?, ¿por qué no puedo estar a solas con mis pensamientos?, ¿qué puedo hallar en el silencio que no conseguiría en otra parte? Cuando mi mente divaga, vuelvo a hacerme preguntas.

Al principio, descubro que el silencio y la quietud me revelan detalles nuevos en rutinas familiares. A continuación experimento más revelaciones, no en forma de palabras, sino de experiencias: me sorprendo en sintonía con cada parte de mi cuerpo. Noto el aire contra la piel, la respiración recorriéndome el cuerpo. Mi mente se vacía.

Con el tiempo, surgen más preguntas: quiero participar en una conversación. ¿Por qué? Quiero conectar con otras personas. ¿Por qué? Necesito la amistad para sentirme completo. ¿Por qué la considero una necesidad urgente, en lugar de un consuelo a largo plazo? Mi ego la utiliza para sentirme seguro con mis decisiones. Y entonces veo que tengo que trabajar mi ego.

A menudo, en el vacío, me repito a mí mismo: «Haz de tu mente tu amiga», y me imagino que ella y yo estamos en un acto de esos a los que los profesionales acuden para hacer contactos. Hay mucho ruido, el ritmo es frenético, pasan muchas cosas, pero la única forma de entablar una amistad es iniciar una conversación. Y eso es lo que hago.

El ayuno y otras formas de austeridad que los monjes practican nos recuerdan que podemos soportar más privaciones de lo que creíamos posible, que somos capaces de superar las exigencias de los sentidos mediante el dominio de uno mismo y la determinación. Independientemente de sus creencias, la mayoría de los monjes son célibes, llevan una dieta muy restringida y viven separados de la sociedad en general. Luego están los extremos. El monje jainista Shri Hansratna Vijayji Maharaj Saheb ayunó durante 423 días (con unas cuantas interrupciones).[24] *Sokushinbutsu* es el nombre de una práctica japonesa de automomificación en la que los monjes comen una dieta compuesta de agujas de pino, corteza de árbol y resinas, y renuncian a la comida y el agua mientras siguen cantando mantras hasta que al final su cuerpo se petrifica.[25]

No hace falta que te comprometas a comer agujas de pino para conocer tus límites. A menudo lo único que nos impide lograr lo imposible es creer que lo es. Desde 1850 (cuando se crearon las primeras pistas circulares de atletismo medidas con precisión) hasta 1954, el récord de la prueba de la milla no bajó de los cuatro minutos. Nadie había corrido esa distancia en menos tiempo y se creía que nadie podría lograrlo. Entonces, en 1954, el deportista olímpico británico Roger Bannister se propuso conseguirlo. Corrió una milla en 3 horas 59,4 minutos y rompió la barrera de los cuatro minutos por primera vez en la historia.[26] Desde entonces, los atletas han ido batiendo los récords posteriores a un ritmo mucho más rápido. Una vez que la gente comprendió que no existía límite, llegaron más y más lejos.

También hay personas corrientes que usan las distintas formas de austeridad para mejorar. Continuos testimonios informan de que gracias a la experimentación con los extremos son más considerados y positivos en su vida cotidiana. Vamos a estudiar cómo puedes emplearlas tú para desapegarte.

Cómo desapegarse

En todos los métodos de entrenamiento de la mente de los que hemos hablado interviene el desapego: convertirte en un observador objetivo de las voces que compiten en tu cabeza; mantener conversaciones nuevas con la mente consciente para replantearte los pensamientos; buscar la compasión por ti mismo, y estar presente en el momento. En lugar de hacer lo que queremos de forma reactiva, evaluamos proactivamente la situación y obramos correctamente.

Piensa en las austeridades como en un campo de entrenamiento para aprender el desapego. Desconecta de las ideas que te limitan, abre tu mente a nuevas posibilidades y, como un soldado adiestrado para la batalla, descubrirás que tu intelecto se fortalece, que eres capaz de más de lo que nunca has imaginado.

Puedes intentar llevar a cabo infinitas prácticas de austeridad o retos: dejar la tele o el móvil, los dulces o el alcohol; aceptar un desafío físico; abstraerte de los cotilleos, las quejas y las comparaciones... La forma de austeridad que más me influyó a mí fue la meditación con frío o calor. La única manera de escapar del frío era abstraerse de todo lo exterior. Tuve que aprender a redirigir la atención de la molestia física hablando con mi mente. Todavía empleo esa técnica en el gimnasio. Si estoy haciendo abdominales, desvío la conciencia a otra parte del cuerpo que no me duela. No lo recomiendo para el dolor psicológico: ¡no soy un estoico! Pero la capacidad de abstraerte del dolor físico te permite soportarlo en un sentido positivo. Cuando sabes que ese dolor tiene un valor —te estás poniendo fuerte en el gimnasio; estás sirviéndoles comida a unos niños un día de mucho calor, etc.—, puedes exigirte desde el punto de vista físico y mental, centrarte en lo importante, en lugar de dejarte distraer por el malestar.

Vamos a empezar por la conciencia. Localiza el apego. ¿Cuándo lo experimentas? ¿Cuándo eres más vulnerable a él? Supongamos que quieres desapegarte de la tecnología. ¿La utilizas por aburrimiento, pereza, miedo a quedarte excluido, soledad...? Si quieres dejar de beber, fíjate en la frecuencia y el momento del día. ¿Recurres a ello para relajarte, relacionarte, premiarte o desconectar?

Una vez que hayas diagnosticado el apego, el siguiente paso consiste en pararte a reconsiderarlo. ¿Qué quieres sumar y qué quieres restar? ¿Cuánto tiempo quieres dedicarle a la tecnología y de qué forma? ¿Hay alguna aplicación determinada que pretendes eliminar por completo, o buscar limitar el tiempo que le dedicas al móvil? En el caso de la bebida, puedes considerar si crees que debes dejarla del todo, si buscas experimentar con no probar el alcohol durante un mes para ver lo que aprendes de ti mismo, o si quieres ponerte límites.

El tercer paso consiste en cambiar de conducta. Yo recomiendo dos enfoques generales; elige el que mejor se ajuste a tu personalidad. La actitud del monje consiste en ir a por todas. Si la inmersión y los extremos te dan mejor resultado, puedes comprometerte a eliminar las redes sociales por completo durante una semana o un mes. O tal vez, como he mencionado más arriba, dejarlas durante treinta días. Si respondes mejor a repeticiones lentas y graduales, haz un cambio pequeño y evoluciona a partir de él. En el caso de la tecnología, podrías restringir el tiempo que pasas en la red o quizá limitar determinadas aplicaciones, pero no eliminarlas.

Decide a qué quieres dedicar tu tiempo recién adquirido. Si quieres disminuir las sesiones en YouTube, busca otra forma de relajarte y desconectar. Yo recurro a la meditación. Si vas a reducir el uso que haces de las redes sociales, ¿vas a pasar ese tiempo interactuando con amigos en la vida real en lugar de por internet? Podrías plantearte un proyecto, como seleccionar qué fotos de tu cuenta de Instagram merecen estar en un álbum o en tus paredes. Emplea el tiempo que has encontrado para satisfacer la misma necesidad o para realizar los proyectos y tareas pendientes que siempre dejas aparcados.

Al principio, cuando cambiamos algo, es posible que la mente se rebele. Busca formas de facilitar la transición. Cuando yo quiero comer menos azúcar, leer estudios que lo relacionan con el cáncer fortalece mi intelecto y me motiva a persistir. A su vez, mi mujer prepara lo que llamo «el peor cajón de picoteo de todos los tiempos». Dentro no hay nada «malo», cero comida basura. Mis sentidos así no tienen acceso a picoteo. También busco hábitos naturales para dominar el deseo. Me fijo en que después de ir al gimnasio como menos azúcar. Ir me sirve para despertar al auriga. Al ser consciente de que recurro al azúcar para aumentar la energía y mejorar mi estado de ánimo, busco otras actividades más saludables que tengan el mismo efecto.

Una vez que el deseo inicial remita, empezarás a sentir los beneficios del desapego. Descubrirás una lucidez y una perspectiva nuevas. Sentirás que controlas más la mente de mono, pero también dejarás de querer controlar lo que no está en tus manos. La mente se calmará y tomarás decisiones sin miedo, ego, envidia ni codicia. Te sentirás seguro de ti mismo y libre de falsas ilusiones. Aunque la vida siga siendo imperfecta, la aceptarás como es y verás un camino despejado ante ti.

Mantenimiento mental

El desapego no supone no hacer ningún caso a nuestro cuerpo y nuestra mente. El cuerpo es un recipiente que nos contiene a nosotros, de modo que es importante. Tenemos que cuidar de él, alimentarlo y mantenerlo sano, pero el recipiente no es más que un medio de transporte. Lo que acarrea es lo que tiene verdadero valor. Y la mente, como ya hemos dicho, representa un importante contrapeso al control y el dominio del intelecto. Sin su carro, su caballo y sus riendas, las opciones del auriga son limitadas. Es lento o no puede viajar lejos por su cuenta ni recoger a un viajero cansado y ayudarlo en su viaje. No queremos eliminar las voces de nuestra cabeza ni el cuerpo que las lleva, sino orientarlas en la dirección adecuada, pero eso implica que el trabajo del auriga no tiene fin.

Nos despertamos con halitosis, malolientes y cansados. Cada mañana aceptamos la necesidad de cepillarnos los dientes y ducharnos. No nos juzgamos por tener que lavarnos. Cuando sentimos hambre, no nos decimos: «Madre mía, soy lo peor. ¿Por qué vuelvo a tener hambre?». Ten la misma paciencia y comprensión cuando estés bajo de motivación, desconcentrado, inquieto o confundido y el auriga esté débil. Despertarlo es como ducharte y alimentarte, una práctica diaria.

Matthieu Ricard, «el hombre más feliz del mundo», me dijo que deberíamos cultivar la paz interior como una habilidad. «Si rumias tristeza y negatividad —me explicó—, reforzarás la sensación de tristeza y negatividad. Pero si cultivas la compasión, la alegría y la libertad interior, desarrollarás una suerte de resiliencia que te permitirá enfrentarte a la vida con seguridad.» Cuando le pregunté cómo se cultivan esas habilidades, me contestó: «Entrenando el cerebro. Al final, es tu mente la que convierte el mundo exterior en felicidad o tristeza».[27]

Lo bueno es que, cuanta más práctica tienes sintonizando con tu mente, menos esfuerzo te cuesta. Como un músculo que ejercitas regularmente, esa habilidad se vuelve más fuerte y fiable. Si todos los días nos dedicamos a limpiar nuestros pensamientos, redirigiendo con cuidado los que no nos sirven, la mente estará purificada y serena, lista para el crecimiento. Podremos enfrentarnos a dificultades nuevas antes de que se multipliquen y se vuelvan imposibles de controlar.

Como recomienda el Bhagavad Gita, «cultiva el *buddhi* o inteligencia discriminatoria para discernir el verdadero conocimiento y practica la sabiduría de forma que sepas distinguir la verdad de la falsedad, la realidad de la ilusión, tu falso yo de tu verdadero yo, las cualidades divinas de las demoníacas, el conocimiento de la ignorancia, y cómo el verdadero conocimiento te ilumina y libera mientras que la ignorancia oculta tu sabiduría y te mantiene esclavizado».[28]

Nuestro ego suele ser lo que nos impide alcanzar el verdadero conocimiento, desviando la mente hacia los impulsos y las impresiones. A continuación vamos a estudiar cómo influye en la mente y cómo podemos volver a ponerlo en su sitio.

8

Ego

Atrápame si puedes

Son siempre libres quienes renuncian
a los deseos egoístas y se liberan de la jaula
del ego del «yo», el «mí» y el «mío».[1]

BHAGAVAD GITA, 2,71

La palabra en sánscrito *vinayam* significa «humildad» o «modestia». Cuando somos humildes, estamos abiertos al aprendizaje, porque entendemos lo mucho que no sabemos. Se deduce, pues, que el mayor obstáculo del aprendizaje es ser un sabihondo. Esa falsa confianza en uno mismo tiene sus raíces en el ego.[2]

El Bhagavad Gita establece una distinción entre el ego y el falso ego. El verdadero es nuestra misma esencia: la conciencia que nos hacer estar alerta y ser conscientes de la realidad. El falso ego es una identidad creada para mantener la sensación de que somos el más destacado, el más importante, el que lo sabe todo. Cuando confías en que tu falso ego te protegerá es como si llevases una armadura que creías hecha de acero pero que en realidad es de papel. Entras en el campo de batalla, convencido de que te protegerá, pero te hieren fácilmente con un cuchillo de untar mantequilla. El Sama Veda dice: «El orgullo de la riqueza destruye la riqueza, el orgullo de la fuerza destruye la fuerza y, de la misma manera, el orgullo del conocimiento destruye el conocimiento».[3]

Un ego desmesurado nos perjudica. En nuestra ansia por presentarnos como los mejores y los más listos, ocultamos nuestro auténtico carácter. Ya he hablado del personaje que presentamos al mundo. Es un potaje complejo de quiénes somos, quiénes queremos ser, cómo esperamos que nos vean (aspecto que tratamos en el primer capítulo) y qué sentimos en un momento dado. Somos una persona determinada en casa, a solas, pero presentamos al mundo otra versión de nosotros. Lo ideal es que la única diferencia entre las dos sea que el personaje público se esfuerce por ser más considerado, atento y generoso. Pero a veces el ego interfiere. Las inseguridades hacen que nos queramos convencer a nosotros mismos y a los demás de que somos especiales, de modo que nos inventamos una versión insincera de nosotros para parecer más entendidos, exitosos y seguros. Presentamos ese yo hinchado a los demás y hacemos todo lo que podemos por protegerlo: el yo que queremos que perciba el resto. El monje del siglo IV Evagrio Póntico (también llamado Evagrio el Solitario, porque a veces a los monjes les ponen apodos molones) escribió que el orgullo es «la causa de la caída más grave para el alma».[4]

La vanidad y el ego van de la mano. Dedicamos esfuerzos enormes a pulir el aspecto del yo que le presentamos al mundo. Cuando nos vestimos y arreglamos para nosotros lo hacemos porque queremos sentirnos cómodos e idóneos (cosa que se consigue fácilmente con un «uniforme» diario) o porque apreciamos el color o el estilo de determinada ropa. Pero el ego quiere más: quiere que llamemos la atención por nuestra apariencia, busca una gran reacción y halagos. Impresionar a los demás le da confianza y gozo. Hay un meme en el que aparecen Warren Buffett y Bill Gates uno al lado del otro. En el pie pone: «162.000

millones de dólares en una foto y ni un cinturón Gucci a la vista». Yo no tengo nada en contra de los cinturones Gucci, pero el caso es que, si te sientes satisfecho con quien eres, no necesitas demostrarle tu valor a nadie más.

Para apreciar la diferencia entre tú y tu personaje, piensa en las decisiones que tomas cuando estás solo, cuando no hay nadie que te juzgue ni a quien quieras impresionar. Solo tú sabes si decides meditar o ver Netflix, echarte la siesta o ir a correr, llevar chándal o ropa de marca. Solo tú sabes si te comes una ensalada o una torre de galletas. Reflexiona sobre el tú que aparece cuando no hay nadie delante a quien impresionar, nadie con algo que ofrecerte. Eso te da un atisbo de quién eres realmente. Como reza el dicho, «eres quien eres cuando no hay nadie mirando».

El ego nos convierte en mentirosos

A veces el ego se esfuerza tanto por impresionar a los demás que no se limita a darse bombo. Nos empuja a mentir y acaba siendo contraproducente, porque todo ese esfuerzo nos hace quedar mal. En una sección del programa de Jimmy Kimmel en la que interrogan a personas de a pie sobre temas variados, aquel envió al equipo de grabación al festival Coachella para preguntar a los asistentes que entraban en el evento qué opinaban sobre grupos ficticios. La entrevistadora comenta a dos chicas:

—Uno de mis grupos favoritos de este año es Dr. Schlomo and the GI Clinic.

—Ya, son una pasada —dice una de las jóvenes.

—Sí, me hace mucha ilusión verlos en directo —añade la otra—. Creo que va a ser uno de los mejores conciertos.

—¿Los visteis cuando tocaron en Lollapalooza?

—No, no los vi. Qué rabia.

A continuación pregunta a un grupo de tres:

—¿Tenéis tantas ganas como yo de ver a Obesity Epidemic?

—Me encanta su estilo, todo; su género es la bomba —responde entusiasmado uno de los chicos—. Son bastante innovadores, sangre fresca.

El ego ansía reconocimiento, aceptación y elogios; tener razón, ser más, rebajar a los otros, auparnos. El ego no quiere ser mejor, sino que lo vean como mejor. Cuando nos abrimos camino en la vida a base de engaños, fingiendo ser quienes no somos, acabamos pareciendo peores de lo que verdaderamente somos.

La historia de Frank Abagnale Jr., narrada en sus memorias, *Atrápame si puedes*, y en la película del mismo título, es un ejemplo perfecto del falso ego en acción. Abagnale fue un timador prodigioso que, falsificando y haciéndose pasar por quien no era, accedió a profesiones como piloto de avión y cirujano, trabajos para los que no se había formado y que no sabía realizar. Absorto en su ego, utilizó sus aptitudes innatas con fines mezquinos y egoístas, y eso fue su perdición. Pero cuando salió de la cárcel, empleó esas mismas aptitudes y habilidades para llevar una vida honrada como asesor de seguridad. El auténtico ego —una imagen saludable de uno mismo— es el resultado de desempeñar tu *dharma* con los fines más elevados. Es de suponer que mientras estuvo en la cárcel tuvo tiempo para reflexionar y ser humilde, y descubrió que debía aspirar a metas más elevadas.

El ego crea jerarquías falsas

Crear una fachada de seguridad y conocimiento no es la única estrategia que emplea el falso ego para convencerse a sí mismo y a los demás de que es estupendo. También hace todo lo posible por rebajar al resto, porque si los otros son «menos que» nosotros entonces debemos de ser especiales. Nuestro ego lo consigue clasificándonos a nosotros y a la gente con base en los atributos físicos, la educación, el patrimonio, la raza, la religión, el origen étnico, la nacionalidad, el coche que conducimos, la ropa que llevamos...; encontramos infinidad de formas de juzgar negativamente a los demás solo porque son distintos.

Imagínate que segregásemos a la gente basándonos en la pasta de dientes que usa. Está claro que es una división ridícula. Discriminar con base en elementos de nuestro cuerpo o dónde nacimos es una división igual de falsa. ¿Por qué debería importar más el color de la piel que el tipo de sangre? Todos provenimos de las mismas células. Según el Dalai Lama: «Bajo el sol radiante, nos reunimos muchas personas de distintas lenguas, formas de vestir e incluso de diversas fes. Sin embargo, todos compartimos la humanidad, todos pensamos en términos de "yo" y todos aspiramos a la felicidad y deseamos evitar el sufrimiento».

En el capítulo quinto hablamos del mal uso de los *varnas* en el sistema de castas de la India. La idea de que los brahmanes, instaurados de nacimiento, son superiores a los demás y, por tanto, deben ocupar puestos superiores en el Gobierno es una interpretación ególatra de los *varnas*. El sabio humilde valora a cada criatura por igual. Por eso los monjes no comen animales. Según el Gita, «el yogui perfecto es el que, al compararse con su propio yo, ve la verdadera igualdad de todos los seres tanto en la felicidad como en la aflicción».[5]

Cuando el éxito se nos sube a la cabeza, nos olvidamos de que todo el mundo es igual. Independientemente de quien seas o lo que hayas conseguido, fíjate en si esperas o exiges un trato especial por tu presunto estatus. Nadie se merece una butaca mejor en el teatro de la vida. Puedes hacer cola durante horas la noche antes de que las entradas se pongan a la venta, pagar más para tener un asiento más cerca del escenario o conseguir uno con mejor visibilidad en agradecimiento a tu apoyo al teatro. O simplemente puedes esperar que te toque una butaca mejor, como hacemos la mayoría. Pero, si sientes que tienes derecho a algo superior, profundiza en ese sentimiento. ¿Qué te hace mejor que los demás miembros del público? **El ego arrogante desea respeto, mientras que el trabajador humilde lo inspira.**

A menudo me pregunto qué haría falta para que todos nos viésemos como ciudadanos del mundo. Grabé un par de vídeos para la organización sin ánimo de lucro Ad Council como parte de una campaña de servicio público llamada «El amor no tiene etiquetas». En Orlando di una charla sobre las secuelas del tiroteo en la discoteca Pulse y escuché las historias de algunos miembros de las distintas comunidades sobre cómo se unieron después de la tragedia. Me reuní con el reverendo Terri Steed Pierce, de una iglesia situada cerca de la discoteca de la tragedia, con muchos feligreses del colectivo LGBTQ+, y con el pastor Joel Hunter, cuya parroquia está compuesta en su mayoría por blancos y heterosexuales. Después de la tragedia, todos colaboraron y se hicieron amigos. «El simple hecho de estar manteniendo esta conversación seguramente haga que haya quien se sienta esperanzado», dijo el reverendo Pierce, y el doctor Hunter añadió: «Y eso es en el fondo lo que va a cambiar el futuro». Como manifestó el reverendo Pierce, son «dos personas con ideas muy afines que quieren cambiar el mundo».

Esta bonita amistad suscita una pregunta: **¿por qué necesitamos una tragedia para unirnos?** Nuestro ego nos lleva por un camino en el que nos valoramos más a nosotros mismos y a aquellos que nos parecen «iguales». ¿Por qué dejamos de recorrerlo solo cuando una excavadora arrasa con él? Presuponer que la igualdad existe mantiene el ego a raya. Cuando pienses que la posición o el valor de alguien son inferiores a los tuyos, mírate a ti mismo y busca el motivo por el que tu ego se siente amenazado. Para los monjes es básico tratar a todo el mundo con el mismo honor y respeto.

Juicio

Aunque no segreguemos, clasifiquemos por la apariencia ni excluyamos a otras personas, intentamos elevarnos juzgando a los demás, incluidos nuestros colegas, amigos y familiares. Hay un cuento zen sobre cuatro monjes que deciden meditar juntos en silencio absoluto durante siete días y sus noches. La primera jornada transcurre sin problemas, pero a medida que se acerca la noche el primer monje se impacienta porque aquel cuya labor consiste en encender las lámparas sigue sentado, inmóvil. Al final el primero estalla:

> *—¡Amigo! ¡Enciende las lámparas de una vez!*
>
> *El segundo se vuelve hacia él y exclama:*
>
> *—¡Has roto el silencio!*
>
> *—¡Insensatos! —interviene el tercero—. ¡Ahora los dos habéis roto el silencio!*
>
> *El cuarto mira a sus compañeros con una sonrisa de orgullo dibujada en el rostro y dice presumiendo:*
>
> *—Vaya, vaya, vaya, parece que soy el único que se ha quedado en silencio.*

Todos los monjes del cuento reprendieron a otro monje por hablar y, al hacerlo, incurrieron en el mismo pecado. Esa es la naturaleza del juicio: casi siempre se vuelve contra nosotros de una forma u otra. En el momento de criticar a los demás por no estar a la altura de unos valores más elevados, nosotros tampoco nos situamos a la altura de esos valores.

En muchos casos, emitimos juicios para desviar la atención de los demás o la propia de defectos que advertimos en nosotros. «Proyección» es el término psicológico para referirse a nuestra tendencia a proyectarnos en emociones o sentimientos de otros que no deseamos tratar en nosotros mismos. ¡Y la proyección se da muy a menudo! De modo que, antes de juzgar a los demás, párate un momento y pregúntate esto: «¿Estoy buscando defectos para distraerme a mí o a los demás de mis inseguridades? ¿Estoy proyectando mi debilidad en ellos? Y, suponiendo que no esté haciendo ninguna de esas cosas, ¿soy mejor que la persona a la que critico?». No sé cuáles serán las respuestas a las dos primeras preguntas en el caso de cada persona, pero a la tercera siempre es «¡No!».

El ego es un obstáculo para el crecimiento

Todo ese artificio nos condena a la ignorancia. Como Frank Abagnale, que no se esforzó en formarse realmente como piloto o médico, nuestros esfuerzos para crear una fachada imponente nos distraen del aprendizaje y el crecimiento. Incluso aquellos de nosotros que no somos estafadores nos lo perdemos. Cuando estás sentado entre un grupo de gente, esperando a que alguien acabe de hablar para poder contar tu fantástica anécdota o hacer un comentario ingenioso, no estás asimilando la esencia de lo que se está diciendo. Tu ego está impaciente, listo para mostrar lo inteligente e interesante que eres.

En nuestro afán por demostrarnos a nosotros y a los demás que lo sabemos todo, sacamos conclusiones precipitadas, no escuchamos a nuestros amigos o nos perdemos perspectivas distintas que podrían sernos valiosas. En su famosa charla TED «Por qué crees que tienes razón aunque estés equivocado», Julia Galef, presentadora del pódcast *Rationally Speaking*, llama a esa rigidez «actitud de soldado». El trabajo de un soldado consiste en proteger y defender a su bando. Por otro lado, existe la «actitud de explorador». Según Galef, «la mentalidad de explorador es el deseo de ver lo que hay de la forma más precisa posible, aunque no sea agradable». Los soldados ya se han comprometido con una causa, de modo que valoran la continuidad. Los exploradores estudian sus opciones, así que aprecian la verdad. La actitud de soldado tiene su origen en la defensa y el tribalismo; la de explorador, en la curiosidad y la intriga. Los soldados valoran estar en el bando correcto; los exploradores aprecian ser objetivos. Galef dice que el hecho de que seamos un soldado o un explorador no tiene tanto que ver con el nivel de inteligencia o educación como con la actitud hacia la vida.[6]

¿Nos avergüenza descubrir que estamos equivocados en algo o lo agradecemos? ¿Nos ponemos a la defensiva o nos intriga encontrar información que contradice algo que creemos? Si no tenemos una mentalidad abierta, nos negamos oportunidades de aprender, crecer y cambiar.

Ego institucional

Los egos no solo limitan las perspectivas de los individuos. Gobiernos, escuelas y organizaciones —bajo la dirección de personas estrechas de miras— no ven más allá de lo que saben y acaban creando una cultura ególatra. Los funcionarios electos luchan por sus votantes y contribuyentes sin preocuparse por el mundo más allá de sus partidarios y los que vendrán cuando ya no estemos aquí. Los libros de texto cuentan la historia desde la perspectiva de los vencedores. Las organizaciones se quedan estancadas en las actitudes de siempre y no reaccionan a los cambios que se producen a su alrededor. Cuando Reed Hastings, cofundador de Netflix, le ofreció el 49 por ciento de sus acciones a Blockbuster en 2000, rechazaron su propuesta de venta. Diez años más tarde Blockbuster entró en bancarrota y actualmente Netflix está valorada como mínimo en cien mil millones de dólares. Las palabras «Siempre lo hemos hecho así» o «Eso ya lo sé» encierran un gran peligro.[7]

La historia de Blockbuster y Netflix es famosa en el sector de la tecnología, de modo que, cuando se la conté a unos setenta directores de marketing en una conferencia, les pregunté: «Al empezar a explicar esta anécdota, ¿cuántos de ustedes han pensado que ya sabían lo que iba a decir?». Aproximadamente la mitad de ellos alzaron la mano y entonces les dije que la convicción de que ya sabían lo que debían saber era precisamente el problema de su empresa. Cuando das por supuesta una información, levantas una barrera que nadie puede cruzar y te pierdes una posible oportunidad de aprender. ¿Y si esa historia contenía un dato nuevo? (De hecho, lo importante era eso.) Puedes descartar lo conocido o utilizarlo como un punto para reflexionar más a fondo. Aunque creas que ya sabes una historia, intenta vivirla cada vez como una experiencia nueva.

Nan-in, un maestro zen, recibió a un profesor de universidad que había ido a estudiar el zen.[8] Cuando aquel le sirvió té, le llenó la taza al visitante y siguió vertiendo líquido. El profesor observó cómo se desbordaba hasta que no pudo contenerse más y le dijo:

—Está llena hasta el borde. ¡No cabe más!

—Como esta taza —dijo Nan-in—, usted está lleno de sus opiniones y especulaciones. ¿Cómo voy a enseñarle el zen si antes no vacía su taza?

Solo puedes llenarte de conocimiento y experiencias gratificantes si primero te vacías.

El ego nos aísla

Cuando un general romano volvía de una batalla triunfal, se dice que la costumbre era que un esclavo se pusiese detrás de él y le susurrase al oído: «Recuerda que eres un hombre».[9] Por muy bien que lo hubiese hecho y por mucho que lo hubiesen elogiado por su liderazgo, seguía siendo un hombre como cualquier otro. Si estás en tu mejor momento, ten cuidado. El ego te aísla. No vivas en un mundo en el que empieces a pensar que eres tan especial que una persona es digna de tu tiempo y otra no.

En una entrevista, Robert Downey Jr. ofreció una versión moderna de esa misma sabiduría.[10] Cuando está en casa, no es Iron Man. El actor declaró: «Cuando llego a casa nadie dice: "¡Hala!". Susan me suelta: "¿Has dejado salir a Monty? ¿Has dejado salir al gato?". Yo le digo: "No sé". Y ella me contesta: "Creo que no está en casa. Ve a buscarlo"». Para él (y para nosotros) es una forma de recordar que incluso una estrella de cine es una persona cualquiera cuando está en su casa. Si te crees Iron Man, debería ser porque puedes hacer lo mismo que él. Si inspiras que te traten de forma especial es porque la gente te aprecia, pero cuando lo exiges o te sientes con derecho a ello buscas un respeto que no te has ganado.

El doble filo del ego

El falso yo que nos ensalza nos despedaza con la misma facilidad. Cuando nuestras debilidades quedan expuestas, el ego que antes nos decía que éramos geniales y teníamos éxito carece de defensa. Sin nuestros personajes, mentiras y prejuicios no somos nada, como Frank Abagnale debió de sentir cuando lo detuvieron. El egocentrismo a menudo oculta, y luego revela, una autoestima baja. En ambas circunstancias, estamos demasiado absortos en nosotros mismos y en cómo los demás nos perciben.

El mito de tu supuesta importancia se mantiene poco tiempo. **Si no vences a tu ego, la vida lo hará por ti.**

Llevo tres años en el ashram *y estoy mal de salud. Puede que yo no sea solo este cuerpo, pero aun así tengo que vivir en él. Acabo en el hospital, agotado, demacrado y perdido.*

Estoy sometiéndome a un tratamiento ayurvédico de dos meses. Los monjes me visitan y me leen, pero estoy solo, y en mi soledad se me pasan dos cosas por la cabeza.

Primero, no estoy hecho físicamente para la vida que intento llevar. Segundo, y más preocupante, puede que vivir en el ashram *no sea mi vocación. Mis ganas de difundir sabiduría no casan a la perfección con el marco monacal. Tengo la necesidad de compartir ideas y conocimientos filosóficos a través de métodos más modernos. Puede que ese sea mi* dharma, *pero no es la finalidad de ser monje. No es la práctica sagrada.*

No sé si este camino es para mí.

Me asalta esa idea y me afecta profundamente. No me imagino marchándome. Y me pregunto si mis dudas son consecuencia de mi estado físico. ¿Me encuentro mentalmente bien para tomar una decisión?

Cuando salgo del hospital, me voy a Londres para seguir recibiendo atención médica. Radhanath Swami y yo vamos a dar una vuelta en coche. Le cuento lo que he estado pensando. Me escucha un rato, me hace unas preguntas y piensa. A continuación dice:

—Hay gente que va a la universidad y se hace profesor, y hay quien va y se hace empresario. ¿Qué es mejor?

—Ninguna de las dos —contesto.

—Ya estás formado. Creo que lo mejor ahora es que sigas adelante.

Me quedo perplejo. No esperaba que se posicionase tan rápido y tan categóricamente. Sé que no me considera un fracasado, pero no puedo evitar proyectar esa idea en mí. He fracasado y él está separándose de mí. Como si dijese: «No eres tú, soy yo. Esto no funciona».

No solo no acabo de asimilar la idea de abandonar a mis maestros, mis planes y mi sueño, sino que eso supone un gran golpe para mi ego. He invertido mucho de mí mismo en ese sitio, ese mundo, y todos mis planes se basan en esa decisión. Pero sé que no es el camino adecuado y mis maestros también son conscientes. No voy a lograr lo que me propuse hacer. Además, había dado el paso trascendental de anunciar ese camino a mi familia, mis amigos y todos mis conocidos. Mi ego dependía de lo que pensarían de mí si fracasaba. Ingresar en el ashram *fue la decisión más difícil que había tomado en mi vida, pero partir lo es todavía más.*

Regreso a casa de mis padres con lo puesto, sin ninguna meta, destrozado, agobiado por mi fracaso y con una deuda de veinticinco mil dólares de la universidad. Me gusta la sensación de comprar chocolate, pero solo es un parche circunstancial con el que aliviar mi crisis existencial. Me fui pensando que cambiaría el mundo. De vuelta en Londres, nadie sabe lo que he hecho ni entiende su valor. Mis padres no saben cómo relacionarse conmigo ni qué decirles a sus amigos. Mis parientes lejanos les preguntan si he entrado en razón. Mis amigos de la universidad se preguntan si voy a buscar un trabajo «de verdad». Parece que dijesen: «¿No has conseguido ser monje? ¿No has logrado dejar la mente en blanco?».

Mi sueño se ha hecho añicos y siento profundamente el

golpe que ha supuesto para mi ego. Es una de las experiencias más duras, humillantes y demoledoras de mi vida. Y una de las más importantes.

Aunque los monjes no podrían haber sido más comprensivos conmigo y mi decisión, abandonar el *ashram* ha trastocado todo lo que me hacía sentir seguro de quién era y qué estaba haciendo. Cuando mi mundo se tambaleó, mi autoestima cayó a plomo. Tenerla baja es la otra cara de un ego hinchado. Si no lo somos todo, no somos nada. Si no podía ser ese hombre con intenciones elevadas y una espiritualidad profunda, era porque había fracasado. Si no podía ser estupendo, era porque soy terrible. Los dos extremos son igual de problemáticos. A veces hace falta que el ego se desinfle para ver lo que el ego hinchado pensaba de sí mismo. Fue una lección de humildad.

Humildad: el elixir del ego

El ego tiene dos caras. Tan pronto nos dice que lo hacemos todo fenomenal como que somos lo peor. En cualquier caso, no podemos ver la realidad de quiénes somos. La verdadera humildad consiste en ver lo que hay entre los extremos. «Algunas cosas se me dan de maravilla y otras no se me dan tan bien. Tengo buenas intenciones, pero soy imperfecto.» En lugar del todo o nada del ego, la humildad nos permite entender nuestras debilidades y querer mejorar.

En el décimo canto del Srimad-Bhagavatam, el señor Brahma, el dios de la creación, le reza a Krishna, el dios supremo. Se disculpa con él porque, en el curso de la creación del mundo, Brahma ha quedado bastante complacido consigo mismo. Entonces se encuentra con Krishna y él le confiesa que es como una luciérnaga.[11]

De noche, cuando esta resplandece, piensa: «Cómo brillo. ¡Es increíble! ¡Ilumino todo el cielo!». Pero, a la luz del día, por mucho que la luciérnaga brille, su luz es tenue, cuando no invisible, y es consciente de su insignificancia. Brahma entiende que él creía que iluminaba el mundo, pero cuando Krishna hace salir el sol se da cuenta de que no es más que una luciérnaga.

En la oscuridad del ego nos creemos especiales, poderosos e importantes, pero cuando nos miramos en el contexto del universo vemos que solo desempeñamos un papel pequeño. Para descubrir la verdadera humildad, como la luciérnaga, debemos mirarnos cuando luzca el sol y podamos ver claramente.

Practica la humildad

En el *ashram*, el camino más directo a la humildad era a través del trabajo sencillo, las tareas domésticas que no situaban a ningún participante en el centro de atención. Fregábamos cazuelas enormes con manguera, arrancábamos las malas hierbas del huerto y lavábamos las letrinas, ¡la peor parte! El objetivo no solo era realizar las faenas que había que hacer, sino evitar que se nos subiesen los humos. Ya he hablado de lo mucho que me impacientaba con algunas de esas labores. ¿Por qué desperdiciaba mis conocimientos recogiendo basura? Los monjes decían que no lo entendía. Algunas tareas desarrollan la competencia y otras el carácter. Las actividades que no requerían el uso de la inteligencia me molestaban, pero con el tiempo aprendí que hacer una actividad que no supone ningún desafío mental me dejaba espacio para la reflexión y la introspección. Al final merecía la pena.

Realizar tareas rutinarias en un *ashram* no se puede reproducir fielmente en el mundo moderno, pero cualquiera puede intentar hacer este sencillo ejercicio mental que usábamos para ser más conscientes de nuestro ego a diario. Nos enseñaron que hay dos cosas que debemos intentar recordar y dos que debemos procurar olvidar.

Las que debemos **recordar** son el mal que hemos hecho a otras personas y el bien que nos han hecho a nosotros. Centrándonos en lo primero, el ego se ve obligado a recordar nuestras imperfecciones y remordimientos. Eso nos mantiene con los pies en la tierra. Cuando recordamos el bien que otros nos han hecho, nos sentimos humildes al pensar en nuestra necesidad de los demás y agradecidos por los regalos que hemos recibido.

Las dos cosas que debemos **olvidar** son el bien que hemos hecho a otras personas y el mal que nos han hecho a nosotros. Si nos obsesionamos y nos dejamos deslumbrar por nuestros buenos actos, el ego crece, de modo que debemos dejar a un lado esos actos. Y si los demás nos tratan mal también tenemos que dejar eso a un lado. Eso no quiere decir que tengamos que ser el mejor amigo de alguien dañino, pero si albergamos ira y rencor nos centramos en nosotros mismos en lugar de adoptar una perspectiva más amplia.

Gracias a Radhanath Swami y la charla que dio sobre las cualidades que necesitamos para la realización personal en el templo de Londres descubrí otra forma de abordar este asunto. Nos dijo que fuésemos como la sal y señaló que solo reparamos en ella cuando hay demasiada en la comida o cuando no hay suficiente. Nadie dice: «Vaya, esto tiene la cantidad justa de sal». Cuando se usa de la mejor manera posible, pasa desapercibida. Es tan humilde que cuando algo sale mal carga con la culpa y cuando todo va bien no recibe ningún mérito.

En 1993, el hijo de Mary Johnson, Laramiun Byrd, tenía solo veinte años cuando, después de una discusión en una fiesta, Oshea Israel, de dieciséis años, le disparó en la cabeza; este cumplió más de quince años de cárcel por el homicidio.[12] Probablemente Johnson tenía la razón más válida para odiar a alguien que cualquiera puede imaginar, y efectivamente odiaba a Israel. Con el tiempo, se dio cuenta de que ella no era la única que sufría; la familia de Israel también había perdido a su hijo. Johnson decidió crear un grupo de apoyo llamado From Death to Life para otras madres cuyos hijos habían sido asesinados y quiso incluir a las madres cuyos hijos habían arrebatado alguna vida. Johnson pensaba que no podría tratar con las segundas a menos que perdonase verdaderamente a Israel, de modo que lo localizó y solicitó hablar con él. Cuando se conocieron, él le preguntó si podía abrazarla. Ella describe el momento así: «Cuando me levanté, sentí que algo me subía de las plantas de los pies y salía de mí». Después del encuentro inicial, la pareja empezó a verse con regularidad, y cuando Israel fue puesto en libertad Johnson habló con su casero y le preguntó si podía instalarse en su edificio. «No perdonar es como un cáncer. Te acaba corroyendo por dentro», dice ella. La mujer lleva un collar con un relicario que tiene dos caras; en una hay una foto de su hijo y en la otra, de Israel, que asegura que todavía intenta perdonarse a sí mismo. La pareja, que ahora viven uno al lado del otro, visita cárceles e iglesias para hablar de su experiencia y del poder del perdón.

Recordar tus errores y olvidar tus logros contribuye a dominar el ego y a aumentar la gratitud: una receta sencilla y eficaz para la humildad.

Vigila tu ego

Cuando somos más conscientes, empezamos a fijarnos en momentos o circunstancias concretos en los que el ego estalla.

Una vez un grupo de monjes del ashram *viajamos de mochileros por Escandinavia ofreciendo meditaciones espontáneas en el centro de las ciudades. La mayoría de la gente con la que nos encontrábamos era muy simpática, estaba interesada en la salud y se mostraba abierta a la meditación. Pero en una de nuestras paradas en Dinamarca me acerqué a un caballero y le pregunté:*

—¿Sabe lo que es la meditación? Nos gustaría mucho enseñárselo.

—¿Por qué no haces algo mejor con tu vida? —me replicó.

Mi ego estalló. Me dieron ganas de contestarle: «No soy tonto. ¡Soy listo! ¡Estudié en una universidad muy buena! Podría estar ganando un dineral. No tenía ninguna necesidad de hacer esto. ¡Lo elegí!». Estaba deseando ponerle a ese tipo los puntos sobre las íes.

En cambio, dije:

—Espero que tenga un día maravilloso. Si desea aprender a meditar, vuelva, por favor.

Sentí que mi ego reaccionaba. Reparé en él, pero me negué a complacerlo. Así es como se mantiene bajo control. No desaparece, pero podemos observarlo y limitar su poder sobre nosotros.

La verdadera humildad se encuentra un paso más allá del acto de reprimir simplemente el ego, como hice yo. En una clase en el templo de Londres, algunos de mis compañeros monjes estaban siendo groseros: se reían del ejercicio que estábamos haciendo y hablaban cuando no debían. Miré a nuestro maestro, Sutapa, que era el monje superior de Londres. Yo esperaba que los riñese, pero permaneció en silencio. Después de la clase, le pregunté por qué aguantaba su comportamiento y me dijo: «Tú te fijas en cómo se han comportado hoy. Yo me fijo en lo lejos que han llegado».

El monje recordaba el bien que habían hecho y dejaba a un lado el mal. No interpretó su comportamiento como un reflejo de sí mismo ni del respeto que los monjes le tenían. Adoptó una perspectiva más amplia que no tenía nada que ver con su persona.

Si alguien te trata mal, no te recomiendo que lo toleres como el monje. Cualquier maltrato es inaceptable. Pero resulta útil mirar más allá del momento concreto, ver la imagen más amplia de la experiencia de la persona —¿está cansado o frustrado?, ¿ha hecho progresos con respecto a donde estaba antes?— y tener en cuenta lo que la ha llevado a ese comportamiento antes de que tu ego intervenga. Todo el mundo tiene una historia y a veces el ego lo pasa por alto. No te lo tomes todo de forma personal; normalmente la cosa no va contigo.

Desapégate de tu ego

El monje y yo empleábamos el mismo enfoque para calmar el ego. Nos desapegábamos de la reacción y nos convertíamos en observadores objetivos. Creemos que somos todo lo que hemos logrado, nuestro trabajo, nuestra casa y nuestra juventud y belleza. Sé consciente de que lo que tienes —una aptitud, una lección, una posesión o un principio— te ha sido dado y de que quien te lo dio lo recibió a su vez de otra persona. Esto no proviene directamente del Bhagavad Gita, pero, para resumir cómo se plasma en el texto sagrado el desapego, la gente suele decir: **«Lo que hoy es tuyo ayer fue de otra persona y mañana será de otra».**[13] Independientemente de cuáles sean tus creencias espirituales, cuando eres consciente de eso entiendes que eres un recipiente, un instrumento, un cuidador, un canal para los poderes superiores del mundo. Dale las gracias a tu maestro y usa el regalo que te han dado para un fin más elevado.

El desapego es liberador. Cuando no nos definen nuestros logros, nos quitamos una carga de encima. No tenemos por qué ser los mejores. Yo no tengo por qué ser el monje más impresionante de los que visitan Dinamarca. Mi maestro no tiene por qué ver a sus alumnos asombrado y estupefacto a cada momento.

HAZ LA PRUEBA: **EGO TRANSFORMADOR**

Estate atento y aprovecha estas oportunidades para desapegarte de tu ego y dar una respuesta considerada y productiva.

1. *Recibir un insulto.* Observa tu ego, adopta una perspectiva más amplia de la negatividad de la persona y reacciona a la situación, no al insulto.
2. *Recibir un cumplido o elogios.* Aprovecha la oportunidad para dar las gracias al maestro que fomentó esa cualidad.
3. *Discutir con tu pareja.* El deseo de tener la razón, de ganar, es consecuencia de la poca disposición de tu ego a reconocer las debilidades. Recuerda que puedes tener la razón o puedes avanzar. Fíjate en la otra cara de esa persona. Pierde la batalla. Espera un día para ver cómo te sientes.
4. *Superar a la gente.* Cuando escuchamos a los demás, a menudo nos proponemos sobrepasarlos contando una anécdota que demuestre que nosotros lo hemos pasado mejor o peor. En lugar de eso, escucha para entender y aceptar. Ten curiosidad. No digas nada de ti mismo.

Desapegarse inspira agradecimiento. Cuando nos liberamos de la propiedad, nos damos cuenta de que todo lo que hemos hecho ha sido gracias a la ayuda de otras personas: padres, maestros, entrenadores, jefes, escritores de libros... Hasta los conocimientos y las habilidades de alguien que ha llegado adonde está por sus propios esfuerzos tienen su origen en el trabajo de otros. Cuando sentimos gratitud por lo que hemos conseguido, recordamos que no se nos debe subir a la cabeza. En el mejor de los casos, el agradecimiento nos mueve a convertirnos en maestros y mentores a nuestra manera, a transmitir lo que hemos recibido de alguna forma.

Sal del fracaso

Cuando nos sentimos inseguros —no estamos en el punto en el que queremos estar de nuestra carrera, relación o en referencia a otros hitos que nos hemos fijado—, o bien el ego sale en nuestra defensa o bien la autoestima cae en picado. En cualquier caso, todo gira en torno a nosotros. En *El cuidado del alma,* el psicoterapeuta y antiguo monje Thomas Moore escribe: «Estar totalmente destrozado por el fracaso es semejante al "narcisismo negativo". [...] Si apreciamos el fracaso con imaginación, lo reconectamos con el éxito. Sin esa conexión el trabajo desemboca en grandes fantasías narcisistas de éxito y sensaciones funestas de fracaso». La humildad estriba en aceptar dónde estás sin verlo como un reflejo de quién eres. Entonces puedes usar la imaginación para hallar el éxito.[14]

Sara Blakely quería estudiar Derecho, pero, a pesar de presentarse al examen de acceso dos veces, no obtuvo la puntuación que deseaba.[15] En lugar de hacerse abogada, se pasó siete años vendiendo faxes a domicilio, pero nunca olvidó lo que su padre le había enseñado. Cada noche, mientras cenaban, no les preguntaba a ella y su hermano qué habían hecho ese día en el colegio sino en qué habían fallado. Fallar conllevaba un esfuerzo y eso era más importante que el resultado inmediato. Cuando a Sara se le ocurrió abrir su propia empresa, sabía que solo fracasaría si no lo intentaba, de modo que invirtió cinco mil dólares de su bolsillo y fundó el negocio que solo quince años más tarde la haría multimillonaria: Spanx. Muchas veces no corremos riesgos porque tememos el fracaso y todo suele reducirse al miedo a que nuestro ego resulte herido. Si logramos superar la idea de que nos desmoronaremos si no sale todo como queríamos, las capacidades se amplían exponencialmente.

Mi versión de la revelación de Blakely tuvo lugar en Londres una semana más o menos después de haber abandonado el *ashram*.

> *Yo creía que mi* dharma *era servir como monje, ofrecer sabiduría y ayuda. Ahora, de vuelta en el hogar de mi infancia, no quiero conformarme con una meta inferior. ¿Qué puedo hacer? Nuestra familia no es pudiente. No puedo tumbarme a la bartola y esperar a que me lluevan las soluciones. Tengo miedo, nervios y ansiedad. Todas las cosas contra las que me han preparado vuelven a mí.*
>
> *Una noche, fregando los platos después de cenar, miro por la ventana de encima de la pila. El jardín está ahí, pero en la oscuridad solo veo mi reflejo. Me pregunto qué estaría haciendo en ese momento si estuviese en el* ashram. *Son las siete de la tarde. Probablemente estuviese leyendo, estudiando o yendo a dar una charla. Dedico un instante a visualizarme andando por un sendero del* ashram, *camino de una clase vespertina. Entonces pienso: «Es la misma hora del día que allí. Ahora mismo puedo elegir. Si empleo el tiempo sabiamente, puedo aprovechar esta noche y hacer que merezca la pena, como haría en el* ashram, *o puedo desperdiciarla recreándome en la autocompasión y los remordimientos».*
>
> *Es entonces cuando me libero de mi ego deshinchado y caigo en la cuenta de que me han enseñado a lidiar con la ansiedad, el dolor y la presión. Ya no estoy en un sitio donde alcanzar esas metas es natural y sencillo, pero puedo poner a prueba todo lo que he aprendido aquí, en un mundo más bullicioso y*

complejo. El ashram *era como el colegio y esto es el examen. Tengo que ganar dinero y no voy a disponer del mismo tiempo para practicar, pero la calidad depende de mí. No puedo estudiar las escrituras durante dos horas, pero sí leer un verso cada día y ponerlo en práctica. No puedo limpiar templos para hacer lo mismo con mi corazón, pero sí experimentar la humildad limpiando mi casa. Si veo mi vida como algo sin sentido, así lo será. Si busco formas de vivir mi* dharma, *me sentiré realizado.*

Empiezo a arreglarme cada día, como si tuviese trabajo. Paso la mayor parte del tiempo en la biblioteca, leyendo en general sobre desarrollo personal, negocios y tecnología. Después de la lección de humildad que he aprendido, soy otra vez estudiante de la vida. Es una buena forma de volver al mundo.

Ser víctima es tener el ego vuelto del revés. Crees que te han pasado las peores cosas del mundo, que te han repartido las peores cartas.

Cuando fracasas, en lugar de sucumbir al victimismo, piensa en ese momento como en un ancla de humildad que te mantiene con los pies en la tierra. A continuación pregúntate qué te devolvería la confianza. No va a aumentar a partir de un factor externo que se escape a nuestro control. No estaba en mis manos que alguien me diera un trabajo, pero me centré en buscar una forma de ser yo mismo y hacer lo que me gustaba. Sabía que podía desarrollar mi seguridad en torno a esa idea.

Desarrolla la confianza, no el ego

He aquí la ironía del asunto: si alguna vez has fingido saber algo, habrás descubierto que aparentar seguridad y alimentar la vanidad suele requerir la misma energía que trabajar, practicar y adquirir seguridad verdadera.

La humildad te permite ver claramente tus puntos fuertes y débiles para que puedas trabajar, aprender y crecer. La confianza en ti mismo y una autoestima alta te ayudan a aceptarte como eres, humilde, imperfecto y esforzado. No confundamos el ego hinchado con una autoestima saludable.

El ego desea que le caigas bien a todo el mundo y la autoestima alta no tiene ningún problema si no es así. Él piensa que lo sabe todo y ella cree que puede aprender de cualquiera. El primero quiere demostrar lo que vale y la segunda quiere expresarse.

EGO	AUTOESTIMA
TEME LO QUE LA GENTE DIRÁ	FILTRA LO QUE LA GENTE DICE
SE COMPARA CON LOS DEMÁS	SE COMPARA CONSIGO MISMA
QUIERE DEMOSTRAR LO QUE VALE	QUIERE SER ELLA MISMA
LO QUIERE TODO	PUEDE APRENDER DE CUALQUIERA
FINGE SER FUERTE	NO LE IMPORTA SER VULNERABLE
QUIERE QUE LA GENTE LO RESPETE	SE RESPETA A SÍ MISMA Y A LOS DEMÁS

La tabla de arriba no solo muestra las diferencias entre un ego hinchado y una autoestima saludable. Se puede usar como guía para aumentar la confianza. Si te fijas bien, verás que el conocimiento de uno mismo que hemos desarrollado sirve para cimentar las cualidades inextricablemente unidas de la humildad y la autoestima. En lugar de preocuparnos por lo que dirá la gente, lo filtramos. En lugar de compararnos con los demás, purificamos la mente y nos ocupamos de instruirnos. En lugar de querer demostrar lo que valemos, queremos ser nosotros mismos, y eso significa que las necesidades externas no nos distraen. Vivimos con intención en nuestro *dharma*.

Pequeñas victorias

Acumular pequeñas victorias desarrolla la confianza en uno mismo. La nadadora olímpica ganadora de una medalla de oro Jessica Hardy afirma: «Mis objetivos a largo plazo son lo que consideraría mis "sueños" y mis objetivos a corto plazo se pueden conseguir a diario o todos los meses. Me gusta convertir mis objetivos a corto plazo en algo que me hace sentir mejor y me prepara de forma más adecuada para los objetivos a largo plazo».[16]

HAZ LA PRUEBA: **ANOTA LOS CAMPOS EN LOS QUE QUIERAS SENTIRTE MÁS SEGURO**

Salud, trabajo y relación; elige uno de los tres.

Anota lo que te haría sentir seguro en ese campo, algo que sea realista y alcanzable.

Divide esa área en pequeñas victorias, cosas que puedas conseguir hoy.

Pide opinión

Tener confianza en uno mismo equivale a decidir quién quieres ser sin necesitar el reflejo de lo que los demás piensan, pero también equivale a dejarse inspirar y guiar por los demás para convertirte en la mejor versión de ti mismo. Rodéate de personas sanas, sabias y con voluntad de servicio y te sentirás más humilde y motivado a sanar, tener sabiduría y servir.

Cuando pidas opinión, elige sabiamente a tus asesores. Normalmente cometemos uno o dos errores cuando buscamos opiniones: o pedimos consejo a todo el mundo sobre un problema o se lo pedimos a una persona sobre todos nuestros problemas. Si pides asesoramiento a demasiadas personas, acabarás con cincuenta y siete opciones distintas y te sentirás agobiado, confundido y perdido. Por otra parte, si le sueltas todos tus dilemas a una persona, esta se sentirá abrumada, mal preparada y en algún punto se cansará de cargar con tu bagaje.

En lugar de eso, cultiva grupos pequeños de asesoramiento en torno a áreas concretas. Asegúrate de escoger a las personas adecuadas para cada reto. En el capítulo décimo profundizaremos en la búsqueda de personas que proporcionan conocimientos, carácter, cuidado y coherencia, pero de momento, para identificar los comentarios productivos, considera la fuente: ¿es esa persona una autoridad?, ¿tiene la experiencia y la sabiduría necesarias para darte consejos útiles? Si eliges sabiamente a tus asesores, recibirás la ayuda adecuada cuando la necesites sin abusar de la hospitalidad de nadie.

El método de los monjes consiste en observar a tu gurú (un guía), tu *sadhu* (otros maestros y personas santas) y los *shastra* (escrituras). Buscamos alinear esas tres fuentes distintas. En el mundo moderno, muchos no tenemos «guías», y, en caso de tenerlos, probablemente no los colocamos en una categoría distinta de los maestros. Tampoco todos somos aficionados a las escrituras religiosas. Sin embargo, lo que los monjes buscan es consejo de fuentes de confianza que desean lo mejor para ti, pero que ofrecen distintas perspectivas. Escoge entre los que más se preocupan por tu salud emocional (a menudo amigos y familiares, que ejercen de gurús), los que estimulan tu crecimiento intelectual y tu experiencia (pueden ser mentores o maestros, que ejercen de *sadhus*), y los que comparten tus valores e intenciones (guías religiosos y datos científicos, que ejercen de *shastras*).

Estate siempre alerta a las opiniones que no provienen de la gente de siempre. Algunas de las respuestas más útiles son las no solicitadas o incluso las fortuitas. Atempera el ego prestando más atención a cómo reacciona la gente a ti de forma no verbal. ¿Muestran una expresión de interés o aburrimiento? ¿Están irritados, agitados o cansados? En este punto también vale la pena buscar la alineación. ¿Se duermen cuando hablas de un tema? Puede que haya llegado el momento de no tratarlo.

Cuando la gente hace sus observaciones, debemos elegir y seleccionar las que seguimos con cuidado y tino. El ego quiere creer que sabe más, de modo que etiqueta fácilmente los comentarios como críticas. Por otro lado, a veces tu ego deshinchado ve críticas donde no las hay. Si la respuesta a tu solicitud de trabajo es una carta modelo en la que pone: «Lo sentimos, pero tenemos muchas solicitudes», no se trata de un comentario útil, no dice nada de ti.

Para evitar esos obstáculos hay que filtrar los comentarios. Reflexiona, en lugar de juzgar. Ten curiosidad. No finjas que comprendes. Haz preguntas aclaradoras, que te ayuden a determinar pasos prácticos para mejorar.

El método más fácil para confirmar que alguien ofrece críticas de buena fe es ver si la persona está dispuesta a invertir en tu crecimiento. ¿Simplemente está manifestando un problema o una debilidad, o quiere ayudarte a cambiar, quizá no tomando cartas en el asunto, pero al menos proponiendo formas de que avances?

Cuando solicites y recibas opiniones, asegúrate de que sabes en qué sentido quieres crecer. Los comentarios a menudo no te indican qué dirección tomar; solo te empujan a seguir tu camino. Tienes que ser tú quien decida y actúe. Estos tres pasos —solicitar, evaluar y responder a los comentarios— aumentarán tu confianza y tu autoconocimiento.

HAZ LA PRUEBA: COMENTARIOS PRODUCTIVOS

Elige un campo en el que quieras mejorar. Puede ser económico, mental y emocional, o físico.

Busca a alguien que sea experto en ese sector y pídele orientación.

Haz preguntas para aclarar y especificar y averigua cómo aplicar los consejos de forma práctica a tu situación particular.

Por ejemplo:

«¿Crees que esta es una vía realista para mí?»
«¿Tienes alguna recomendación en materia de tiempo?»
«¿Es algo en lo que crees que otros se han fijado de mí?»
«¿Es algo que necesite reparación retroactiva (como disculpas o correcciones), o es una recomendación para avanzar?»
«¿Cuáles son los riesgos de lo que me estás recomendando?»

NO CONTRIBUYAS A TU SOBERBIA

Si tienes la suerte de conseguir éxito, escucha las mismas palabras que escuchaban los generales romanos victoriosos: recuerda que no eres más que un hombre, recuerda que algún día vas a morir. (Puedes cambiar el género a tu antojo.) En lugar de dejar que los logros se te suban a la cabeza, desapégate de ellos. Siente agradecimiento por tus maestros y por lo que te han dado. Recuérdate quién eres y por qué haces el trabajo que te proporciona éxito.

Recuerda lo malo y olvida lo bueno para mantener tu grandeza en perspectiva. En secundaria, me expulsaron del instituto tres veces por toda clase de tonterías. Me avergüenzo de mi pasado, pero me mantiene con los pies en la tierra. Puedo volver la vista atrás y pensar: «Independientemente de lo que los demás digan de mí hoy o de en qué me he convertido, tengo anclas que me hacen ser humilde. Me recuerdan quién era y quién podría ser si no hubiese conocido a las personas que me movieron a cambiar». Como todo el mundo, llegué adonde estoy a través de una mezcla de decisiones, oportunidades y trabajo.

No eres tu éxito ni tu fracaso.

Mantén esa humildad después de que hayas conseguido algo. Cuando te feliciten, te elogien o te premien, ni te regodees en ello ni lo rechaces. Sé gentil en ese momento y después acuérdate de lo mucho que has trabajado y reconoce los sacrificios que has hecho. A continuación pregúntate quién te ayudó a desarrollar esa destreza. Piensa en tus padres, maestros y mentores. Alguien tuvo que invertir su tiempo, dinero y energías para que tú seas quien eres hoy. Recuerda y da gracias a las personas que te dieron la habilidad por la que eres reconocido. Compartir el éxito con ellos te ayuda a no perder la humildad.

La verdadera grandeza

No debes sentirte pequeño cuando te compares con otros, pero sí al compararte con tus metas. Mi método para seguir siendo humilde ante el éxito consiste en no parar de alejar la línea de meta. El éxito no se mide en números, sino en profundidad. A los monjes no nos impresiona lo mucho que hayas meditado, sino que preguntamos cuán profundo has llegado. Bruce Lee dijo: «No temo al hombre que ha practicado diez mil patadas una vez, sino al que ha practicado una patada diez mil veces».

Por mucho que consigamos, siempre podemos aspirar a una escala y una profundidad mayores. A mí no me interesan las medidas de la vanidad. Suelo decir que quiero viralizar la sabiduría, pero que merezca la pena. ¿Cómo puedo llegar a mucha gente sin perder una conexión íntima? Cuando el mundo entero esté curado y feliz, habré terminado. Apuntar tan alto —más allá de uno mismo y nuestra comunidad, país o planeta— y comprender que nuestra última meta es inalcanzable es lo que nos mantiene humildes.

De hecho, la meta de la humildad es en última instancia inalcanzable.

En cuanto sientes que has llegado, ya has vuelto a emprender el viaje. Esta paradoja es aplicable a muchas cosas: cuando te sientes a salvo es cuando más vulnerable eres; cuando te sientes infalible es cuando más débil estás. André Gide dijo: «Cree a aquellos que buscan la verdad; duda de los que la han encontrado». Muchas veces, cuando te va bien, te sientes bien y vives desahogadamente, y empiezas a decirte: «Lo he conseguido», pero entonces es cuando caes. Si me quedase aquí sentado y dijese que no tengo ego, estaría mintiendo como un bellaco. Superar tu ego es una práctica, no un logro.

La verdadera grandeza es cuando empleas tus logros para enseñar a los demás y ellos aprenden a enseñar a otros; la grandeza que tú has conseguido aumenta exponencialmente. En lugar de ver el éxito como estatus, piensa en el papel que desempeñas en la vida de otras personas como en la moneda más valiosa. Cuando amplías tus miras, te das cuenta de que incluso la gente que lo tiene todo obtiene mucha satisfacción de servir al resto.

Por mucho que ayudes a los demás, no te enorgullezcas, porque siempre hay mucho más por hacer. Kailash Satyarthi es un activista de los derechos infantiles que se dedica a salvar a los niños de la explotación.[17] Su ONG ha rescatado a decenas de miles, pero, cuando le preguntaron cuál fue su primera reacción cuando ganó el Premio Nobel de la Paz en 2014, respondió: «¿Mi primera reacción? Pues me pregunté si había hecho lo suficiente para merecerme este premio». Satyarthi no pierde la humildad porque es consciente de lo mucho que queda por hacer. La cualidad más poderosa, admirable y fascinante de todo humano se ve cuando ha conseguido cosas importantes pero sigue aceptando la humildad y su propia insignificancia.

Hemos profundizado en quién eres, cómo puedes llevar una vida que tenga sentido y qué cosas deseas cambiar. Se trata de un crecimiento considerable que no se va a producir de la noche a la mañana, pero, para facilitarte la tarea, te propongo que incorpores la visualización a la práctica de la meditación. Es la forma perfecta de sanar el pasado y prepararte para el futuro.

Meditación

Visualizar

Durante la meditación, los monjes utilizan la visualización para la mente. Cuando cerramos los ojos y la llevamos a otro sitio y otro tiempo, tenemos la oportunidad de sanar el pasado y prepararnos para el futuro. En los siguientes tres capítulos vamos a emprender un viaje para transformar cómo nos vemos a nosotros mismos y nuestro propósito exclusivo en el mundo. Mientras tanto, vamos a emplear el poder de la visualización para ayudarnos.

Gracias a ella podemos volver a visitar el pasado y corregir el relato que nos contamos sobre nuestra historia. Imagina que detestases lo último que le dijiste a uno de tus padres antes de morir. Verte a ti mismo en tu imaginación diciéndole a tu padre lo mucho que lo querías no cambia el pasado, pero, a diferencia de la nostalgia y los remordimientos, inicia el proceso de sanación. Y si visualizas tus esperanzas, sueños y miedos con respecto al futuro, puedes procesar los sentimientos antes de que se hagan realidad y fortalecerte para asumir desafíos nuevos. Antes de dar un discurso, a menudo me preparo visualizándome mientras salgo al escenario a pronunciarlo. Considéralo de esta forma: cualquier cosa que veas en el mundo creado por el ser humano —este libro, una mesa, un reloj..., lo que sea— existió en la mente de alguien antes de hacerse realidad. Para crear algo tenemos que imaginarlo. Por eso la visualización es tan importante. Lo que construimos dentro podemos construirlo fuera.

Todo el mundo visualiza en su vida cotidiana. La meditación ofrece la oportunidad de que esa tendencia sea deliberada y productiva. Pasado o futuro, grande o pequeño, puedes usar la visualización para extraer la energía de una situación y agregarla a tu realidad. Por ejemplo, si meditas en un sitio donde te sientes feliz y relajado, tu respiración y tu pulso cambian, así como tu energía, e infundes esa energía en tu realidad.

La visualización activa las mismas redes cerebrales que realizar la tarea real. Científicos de la Clínica Cleveland han demostrado que las personas que se imaginaban contrayendo un músculo del meñique durante doce semanas aumentaron su fuerza casi tanto como las personas que hicieron ejercicios reales con dicho dedo durante el mismo período. El esfuerzo es el mismo; la visualización opera cambios reales en el cuerpo.[1]

Ya he dicho que podemos meditar en cualquier parte. La visualización puede resultarte de ayuda para relajarte aunque estés rodeado de caos. Una vez hice un viaje de tres días de Bombay al sur de la India en un tren sucio y abarrotado. Me costaba meditar y le dije a mi maestro:

—No voy a meditar ahora. Lo haré cuando paremos o cuando haya más tranquilidad.

—¿Por qué? —preguntó él.

—Porque es lo que hacemos en el *ashram* —le dije; estaba acostumbrado a meditar en la serenidad del *ashram*, a la orilla de un lago rodeado de bancos y árboles.

—¿Crees que la hora de tu muerte será tranquila? —replicó él—. Si no puedes meditar ahora, ¿cómo meditarás entonces?

Entonces comprendí que nos entrenábamos para meditar en paz con el fin de poder meditar en pleno caos. Desde entonces he meditado en aviones, en el mismo centro de Nueva York o en Hollywood. Hay distracciones, por supuesto, pero la meditación no las elimina, sino que permite lidiar con ellas.

Cuando hago de guía en una meditación, a menudo empiezo diciendo: «Si tu mente se distrae, recupera tu ritmo de respiración regular. No te decepciones ni te disgustes; dulce y suavemente, vuelve a centrar tu atención en la respiración, la visualización o el mantra». La meditación no se interrumpe cuando te distraes, sino cuando sigues pensando en lo que te distrajo o pierdes la concentración y piensas: «Jo, esto se me da fatal». Una parte de la práctica de la meditación consiste en observar el pensamiento, dejarlo estar y luego retomar el objeto de tu concentración. Si no te cuesta es que no lo estás haciendo bien.

Una nota importante: conviene que elijamos visualizaciones positivas. Las negativas nos hacen caer en pensamientos e imágenes negativos. Sí, lo «malo» que llevamos dentro sale en la meditación, pero no nos beneficia imaginarnos atrapados en un laberinto sombrío. El objetivo es visualizar un camino que salga de la oscuridad.

Hay dos tipos de visualización: la establecida de antemano y la exploratoria. En la establecida, alguien te guía verbalmente por un sitio: «Estás en una playa. Notas la arena bajo los pies. Ves el cielo azul y oyes las gaviotas y el romper de las olas». La exploratoria requiere que tú aportes tus propios detalles. Si les pido a mis clientes que se imaginen el lugar en el que se sienten más a gusto, una puede verse yendo en bicicleta por un sendero a orillas del mar mientras que otro puede evocar la casa del árbol de su infancia.

HAZ LA PRUEBA: **VISUALIZACIÓN**

A continuación te propongo varias visualizaciones que puedes intentar poner en práctica. También te animo a que te descargues una aplicación de internet o visites un centro de meditación; hay muchas opciones disponibles que te pueden ayudar a practicar.

Para realizar los ejercicios de visualización que describo más abajo, empieza la práctica con los siguientes pasos:

1. Busca una posición cómoda: sentado en una silla o erguido sobre un cojín, o tumbado.
2. Cierra los ojos.
3. Baja la vista.
4. Ponte cómodo en esa posición.
5. Centra tu conciencia en la calma, el equilibrio, la comodidad, la quietud y la paz.
6. Cada vez que tu mente se distraiga, dulce y suavemente vuelve a centrarla en la calma, el equilibrio, la comodidad, la quietud y la paz.

EXPLORACIÓN CORPORAL

1. Centra tu conciencia en tu ritmo de respiración natural. Inspira y espira.
2. Centra tu conciencia en tu cuerpo. Sé consciente de dónde entra en contacto con el suelo, un asiento, y dónde no. Puede que descubras que los talones tocan el suelo, pero el puente de los pies no. O que tu zona lumbar toca la cama o la esterilla, pero la parte central de la espalda queda ligeramente elevada. Toma conciencia de todos esos contactos sutiles.
3. Ahora empieza a recorrer el cuerpo.
4. Centra la conciencia en los pies. Recorre los dedos, los puentes, los tobillos, los talones... Toma conciencia de las distintas sensaciones que percibes. Puede que te sientas relajado o que notes dolor, presión, hormigueo o algo totalmente distinto. Presta atención a ello y acto seguido visualiza que inspiras energía positiva, enriquecedora y curativa, y expulsas energía negativa y tóxica.
5. Ahora sube a las piernas, las pantorrillas y las rodillas. De nuevo, limítate a recorrer y observar las sensaciones.
6. Cada vez que la mente se distraiga, dulce y suavemente vuelve a centrarla en tu cuerpo. Sin ejercer fuerza ni presión, sin juzgar.
7. Es posible que en algún momento descubras un dolor del que no eras consciente. Préstale atención, obsérvalo y, de nuevo, inspira tres veces y espira otras tres pensando en él.

8. También puedes expresar agradecimiento por las distintas partes de tu cuerpo a medida que las recorres.
9. Haz esto hasta llegar a la coronilla. Puedes avanzar tan despacio o tan rápido como desees, pero no tengas prisa.

CREA UN ESPACIO SAGRADO

1. Visualízate en un lugar que te haga sentir tranquilo y relajado. Puede ser una playa, un paseo por la naturaleza, un jardín o la cima de una montaña.
2. Nota el suelo, la arena o el agua bajo los pies mientras caminas por ese espacio.
3. Sin abrir los ojos, mira a la izquierda. ¿Qué ves? Obsérvalo y sigue andando.
4. Mira a la derecha. ¿Qué ves? Obsérvalo y sigue andando.
5. Fíjate en los colores, las texturas y las distancias que te rodean.
6. ¿Qué oyes? ¿Sonidos de pájaros, agua o aire?
7. Nota el aire y el viento en la cara.
8. Busca un sitio tranquilo y cómodo para sentarte.
9. Inspira la calma, el equilibrio, la comodidad, la quietud y la paz.
10. Espira el estrés, la presión y la negatividad.
11. Ve a ese lugar cada vez que necesites relajarte.

PRESENCIA E IMAGEN MENTAL

A menudo las imágenes mentales que visualizamos se forman simplemente a partir de la repetición de una actividad y no por haberlas elegido nosotros. La visualización puede servir para convertir un momento en un recuerdo de forma intencionada. Usa esta visualización para crear un recuerdo o para captar alegría, felicidad y propósito. También se puede utilizar para conectar profundamente con un recuerdo antiguo, regresar a un momento y un lugar en el que sentiste alegría, felicidad y propósito. Si estás creando un recuerdo, mantén los ojos abiertos, pero, si estás reconectando, ciérralos.

Yo empleo una técnica contra la ansiedad llamada 5-4-3-2-1. Vamos a buscar cinco cosas que puedas ver, cuatro cosas que puedas tocar, tres cosas que puedas oír, dos cosas que puedas oler y una cosa que puedas saborear.

1. Primero, busca cinco cosas que puedas ver. Cuando las hayas encontrado, céntrate en ellas individualmente, desplazando la atención de una a la siguiente.
2. Ahora busca cuatro cosas que puedas tocar. Imagina que las palpas y las sientes. Fíjate en las distintas texturas. Desplaza la atención de cada una a la siguiente.
3. Busca tres cosas que puedas oír. Desplaza la atención de cada una a la siguiente.
4. Busca dos cosas que puedas oler. ¿Flores? ¿Agua? ¿Nada? Desplaza la atención de una a la otra.
5. Busca una cosa que puedas saborear.
6. Ahora que ya has trabajado con cada sentido, inspira la alegría y la felicidad. Introdúcelas en tu cuerpo. Sonríe de forma natural en respuesta a cómo te hace sentir.
7. Ya has captado ese momento para siempre y puedes volver a él cuando te apetezca mediante la visualización.

TERCERA PARTE

Entregarse

9

Agradecimiento

La droga más poderosa del mundo

Agradece todo, incluido lo ordinario. Sobre todo eso.

PEMA CHÖDRÖN

Una vez que hemos entrenado la mente para mirar hacia dentro, estamos listos para mirar hacia fuera y analizar cómo interactuamos con los demás. Hoy día es habitual hablar de la necesidad de potenciar el agradecimiento en nuestra vida (todos estamos #blessed, es decir, somos afortunados), pero una cosa es poner una etiqueta a un momento concreto y otra ahondar hasta la raíz de todo lo que nos han concedido y mostrar agradecimiento verdadero e intencionado en nuestra vida a diario.

El hermano David Steindl-Rast, un monje benedictino, define el agradecimiento como la sensación de aprecio que se experimenta cuando «reconoces que algo es valioso para ti y no tiene nada que ver con su valor monetario».[1]

Unas palabras de un amigo, un gesto amable, una oportunidad, una lección, una almohada nueva, que un ser querido recupere la salud, el recuerdo de un momento de dicha, una caja de bombones veganos (ejem, ejem)... Cuando empiezas el día con agradecimiento, estás abierto a las oportunidades, no a los obstáculos. Te atraerá la creatividad, no las quejas. Descubrirás nuevas formas de crecer en lugar de sucumbir a los pensamientos negativos que no hacen más que limitar tus opciones.

En este capítulo vamos a desarrollar la conciencia del agradecimiento y a aprender por qué es beneficioso para la salud. Luego vamos a practicar la búsqueda de motivos por los que estar agradecidos todos los días; vamos a aprender cuándo y cómo expresar agradecimiento tanto por los dones pequeños como por los más importantes.

El agradecimiento es bueno para la salud

Cuesta creer que la gratitud tenga beneficios que se pueden medir realmente, pero ahí está la ciencia para demostrarlo. Se ha comprobado que existe relación entre estar agradecido y tener buena salud mental, conocerse mejor a uno mismo, tener relaciones mejores y sentirse realizado.

Uno de los métodos que los científicos emplearon para medir los beneficios del agradecimiento consistió en pedir a dos grupos de personas que escribiesen un diario. Al primer grupo se le pidió que tomase nota de cosas por las que se sentían agradecidos y al segundo momentos en los que se habían sentido molestos o irritados. El primer grupo manifestó unos niveles de estrés más bajos al final del día. En otro estudio, se solicitó a varios universitarios que se quejaban de que vivían agobiados por los pensamientos y las preocupaciones que dedicasen quince minutos antes de acostarse a anotar cosas que agradecían. El hecho de escribir un diario centrado en el agradecimiento redujo los pensamientos intrusivos y ayudó a los participantes a dormir mejor.[2]

HAZ LA PRUEBA: ESCRIBE UN DIARIO DE AGRADECIMIENTO

Dedica cinco minutos cada noche a anotar cosas que agradeces.

Si quieres llevar a cabo un experimento, anota cuánto duermes la semana previa a empezar. A la siguiente, escribe un diario de agradecimiento y anota por la mañana cuánto has dormido. ¿Alguna mejora?

Cuando la mente de mono, que intensifica la negatividad, trata de convencernos de que somos inútiles y no servimos para nada, la razonable mente de monje responde señalando que hay personas que nos han concedido su tiempo, sus energías y su amor. Han hecho esfuerzos por nosotros. El agradecimiento por su amabilidad está ligado a la autoestima, porque, si somos inútiles, entonces su generosidad hacia nosotros también lo sería.

El agradecimiento también nos ayuda a superar la amargura y el dolor que todos llevamos dentro. Intenta sentir envidia y agradecimiento a la vez. Cuesta imaginarlo, ¿verdad? **Cuando estás presente en la gratitud, no puedes estar en ninguna otra parte.** Según el neurocientífico de la UCLA Alex Korb, no podemos concentrarnos en emociones positivas y negativas al mismo tiempo. Cuando nos sentimos agradecidos, el cerebro segrega dopamina (la sustancia química de la gratificación), que nos hace desear volver a sentirnos de esa forma, y empezamos a hacer del agradecimiento una costumbre. En sus palabras, «cuando empiezas a ver cosas que agradecer, tu cerebro empieza a buscar más cosas por las que dar las gracias». Es un «ciclo virtuoso».[3]

Durante años, los investigadores han demostrado que el agradecimiento desempeña un papel importante a la hora de superar un trauma. Un estudio publicado en 2006 reveló que los veteranos de la guerra de Vietnam con niveles más elevados de agradecimiento experimentaban un índice menor de trastorno por estrés postraumático (TEPT). Si has pasado por una ruptura o si has perdido a un ser querido —es decir, si algo te ha afectado mucho emocionalmente—, el agradecimiento es la solución.[4]

No solo tiene beneficios para la mente, sino también para el cuerpo. Las emociones tóxicas que la gratitud bloquea contribuyen a una inflamación generalizada, que es precursora de muchas enfermedades crónicas, incluida la cardiopatía.

Algunos estudios demuestran que la gente agradecida no solo se siente más sana, sino que también es más propensa a participar en actividades saludables y a buscar atención médica cuando está enferma.

Los beneficios para la salud del agradecimiento son tan abundantes que el doctor P. Murali Doraiswamy, jefe del Departamento de Psicobiología del Centro Médico de la Universidad Duke, declaró esto a ABC News: «Si [el agradecimiento] fuese una droga, sería el producto más vendido del mundo y estaría indicado para todos los órganos principales».[5]

Agradecimiento cotidiano

Si el agradecimiento es beneficioso para la salud, cuanto más haya en tu vida, de mayores beneficios gozará tu salud. Vamos a centrarnos en cómo aumentar el agradecimiento en nuestra vida cotidiana. Como aconseja el Sutta Pitaka, que forma parte del canon budista: «Monjes, debéis adiestraros de este modo: "Sentiremos gratitud y agradecimiento y no pasaremos por alto el más mínimo favor que nos hagan"».[6]

Una de las lecciones de agradecimiento más memorables que he recibido me la dieron días después de llegar al *ashram*.

> *Un monje veterano nos pide a los recién llegados que escribamos sobre una experiencia que creamos que no nos merecíamos. Se hace el silencio mientras garabateamos en el cuaderno. Yo elijo un episodio de mi adolescencia en el que uno de mis mejores amigos me traicionó.*
>
> *Después de unos quince minutos, compartimos lo que he-*

mos escrito. Un novicio describe la muerte prematura y dolorosa de su hermana; otros han escrito sobre accidentes o lesiones; algunos hablan de amores perdidos. Cuando hemos terminado, nuestro maestro nos dice que las experiencias que hemos escogido son válidas, pero señala que todos hemos optado por situaciones negativas. Ninguno de nosotros ha escrito sobre algo maravilloso que nos haya ocurrido por fortuna o por cortesía y no a través de nuestro esfuerzo. Algo maravilloso que no nos merecíamos.

Acostumbramos a pensar que no nos merecemos las desgracias, pero sí los beneficios que se nos presentan. Ahora nos tomamos un instante para considerar nuestra fortuna: la suerte de haber nacido en una familia con recursos para cuidar de nosotros; las personas que han invertido en nosotros más que en ellas mismas; las oportunidades que han supuesto un cambio en nuestra vida. Desaprovechamos muy fácilmente la oportunidad de reconocer lo que nos han concedido, de sentir y expresar agradecimiento.

Este ejercicio me transportó a la primera vez que me sentí agradecido por la vida que hasta entonces no había valorado.

Visité por primera vez la India con mis padres cuando tenía más o menos nueve años. Volviendo al hotel en taxi, paramos en un semáforo en rojo. Por la ventanilla vi las piernas de una niña, probablemente de mi edad. El resto del cuerpo estaba metido en un contenedor de basura. Parecía que buscase algo, muy probablemente comida. Cuando se irguió, descubrí horrorizado que no tenía manos. Me dieron ganas de ayudarla de alguna forma, pero me quedé mirando sin poder hacer nada mientras el coche arrancaba. Ella reparó en mi mirada y sonrió, de modo que le devolví la sonrisa; era lo único que podía hacer.

Al llegar al hotel me sentía bastante triste. Ojalá hubiera actuado. Me acordé de mi vecindario de Londres. Muchos de nosotros teníamos listas de regalos de Navidad, fiestas de cumpleaños y aficiones, mientras que allí los niños se limitaban a intentar sobrevivir. Fue una especie de despertar.

Mi familia y yo fuimos al restaurante del hotel a comer y escuché a un niño quejarse de que no le gustaba nada de la carta. Me quedé consternado. Allí estábamos nosotros, con todo un surtido de alimentos a nuestra disposición, y la niña que había visto solo tenía un contenedor de basura.

Probablemente entonces no hubiese sabido expresarlo, pero ese día descubrí lo mucho que se me había concedido. La mayor diferencia entre aquella niña y yo era dónde habíamos nacido y de quiénes éramos hijos. De hecho, mi padre había logrado salir de los suburbios de Pune, no muy lejos de Bombay, a fuerza de trabajo. Yo era fruto de un esfuerzo y un sacrificio inmensos.

En el *ashram*, empecé a practicar el agradecimiento retomando la conciencia que había empezado a sentir a los nueve años y sintiendo gratitud por lo que ya era mío: mi vida y mi salud, mi comodidad y mi seguridad, y la certeza de que no me faltarían comida, techo ni amor. Todo ello era un regalo.

Con el fin de convertir ese agradecimiento por los regalos del universo en una costumbre, los monjes empiezan cada día dando gracias. Literalmente. Cuando nos despertamos en la colchoneta, nos damos la vuelta y mostramos respeto a la tierra, dedicando un rato a darle gracias por lo que nos da, por la luz con la que vemos, el suelo sobre el que andamos y el aire que respiramos.

HAZ LA PRUEBA: PRÁCTICAS DE AGRADECIMIENTO COTIDIANO

Agradecimiento matutino. A ver si lo adivino. Lo primero que haces cuando te despiertas por la mañana es mirar el móvil. Puede que te parezca una forma relajada y sencilla de poner el cerebro en marcha, pero, como ya hemos dicho, no contribuye a empezar el día con buen pie. Prueba lo siguiente; solo te va a llevar un minuto. (Si estás tan cansado que corres el riesgo de volver a dormirte, asegúrate de que le has dado al botón de repetición del despertador.) Quédate un momento en la cama; ponte bocarriba, junta las manos en actitud de oración y agacha la cabeza. Dedica ese momento a pensar en lo bueno que hay en tu vida: el aire y la luz que te animan, las personas que amas, el café que te espera...

Agradecimiento por los alimentos. Una de cada nueve personas en la tierra no tiene alimentos suficientes para comer cada día. Eso equivale a casi ochocientos millones de personas. Elige una comida del día y comprométete a dedicar un momento antes de hincarle el diente a dar gracias por ella. Puedes inspirarte en las oraciones de los nativos americanos o inventarte una. Si tienes familia, turnaos para dar las gracias.

En todo el mundo han surgido prácticas antiguas e intemporales de agradecimiento. Entre los nativos americanos abundan las tradiciones de acción de gracias. En un ritual descrito por la estudiosa budista y activista medioambiental Joanna Macy, los niños onondagas se reúnen cada mañana para empezar la jornada escolar con una ofrenda de agradecimiento. Un profesor empieza: «Convirtamos nuestra mente en una sola y demos gracias a nuestro hermano mayor, el Sol, que sale cada día y da luz para que nos veamos la cara y calor para que las semillas crezcan». Asimismo, el pueblo mohawk pronuncia una oración con la que muestra su agradecimiento por la gente, la madre Tierra, las aguas, los peces, las plantas, las plantas comestibles, las hierbas medicinales, los animales, los árboles, las aves, los cuatro vientos, el abuelo Trueno, el hermano mayor Sol, la abuela Luna, las estrellas, los maestros iluminados y el creador. Imagina cómo sería el mundo si todos empezásemos el día dando gracias por los dones más básicos y esenciales de la vida.[7]

HAZ LA PRUEBA: MEDITACIONES DE AGRADECIMIENTO

Para acceder a la gratitud en cualquier momento, cuando lo desees, te recomiendo las siguientes meditaciones.

OM NAMO BHAGAVATE VASUDEVAYA

En el *ashram* cantábamos este mantra, del que hablo en la página 355, antes de leer los textos espirituales para acordarnos de dar las gracias a los que contribuían a que esas escrituras existiesen. Podemos emplear este canto de forma parecida para agradecerles a los maestros y sabios el conocimiento y los consejos que nos han proporcionado.

AGRADEZCO...

Después de sentarte, relajarte y hacer unos ejercicios de respiración, repite: «Agradezco...» y completa la frase con todas las cosas que puedas. Este ejercicio te permite volver a concentrarte de inmediato. Si es posible, trata de replantear los pensamientos negativos que te vengan a la mente buscando elementos de ellos que agradezcas. También puedes usar un diario o una nota de voz como recordatorio si esos pensamientos negativos vuelvan.

VISUALIZAR LA ALEGRÍA

Durante la meditación, transpórtate a un momento y un lugar en el que hayas experimentado alegría. Deja que esa sensación vuelva a entrar en ti. Puedes llevarla contigo cuando termines la meditación.

La práctica del agradecimiento

Convertir el agradecimiento en parte de tu rutina diaria es lo más fácil, pero te pido una cosa, y no cualquiera: quiero que estés agradecido en todo momento y circunstancia. Aunque tu vida no sea perfecta, desarrolla el agradecimiento como un músculo. Si empiezas a entrenarlo ya, no hará más que fortalecerse con el tiempo.

El agradecimiento es la transformación de lo que la maestra zen Roshi Joan Halifax denomina «la mente de la pobreza». Ella explica que esa actitud «no tiene nada que ver con la pobreza material; cuando nos quedamos atrapados en la mente de la pobreza, nos centramos en lo que no tenemos; sentimos que no merecemos amor y no prestamos atención a todo lo que nos han concedido. La práctica consciente del agradecimiento es la forma de abandonar la mentalidad de la pobreza que mina nuestra gratitud y, con ella, nuestra integridad».[8]

Brian Acton ejemplifica bien esta práctica consciente del agradecimiento.[9] Él llevaba trabajando en Yahoo once años cuando solicitó un empleo en Twitter, pero, aunque era muy bueno en su profesión, lo rechazaron. Cuando recibió la noticia, tuiteó esto: «La sede de Twitter me ha dado calabazas. No pasa nada. El trayecto diario habría sido muy largo». A continuación solicitó un empleo en Facebook. Poco después tuiteó esto: «Facebook me ha rechazado. Ha sido una gran oportunidad de relacionarme con personas estupendas. Espero con ilusión la próxima aventura que me depare la vida». No dudó en publicar sus fracasos en las redes sociales y en ningún momento expresó otra cosa que no fuese agradecimiento por las oportunidades que le habían dado. Después de esos contratiempos, acabó trabajando en una aplicación en su tiempo libre. Cinco años más tarde, Facebook compró WhatsApp, aplicación de la que Brian era cofundador, por diecinueve mil millones de dólares.

Los empleos en las empresas que rechazaron a Acton le habrían devengado mucho menos de lo que ganó con WhatsApp. En lugar de obsesionarse con los rechazos y adoptar una mentalidad de pobreza, esperó agradecido a ver lo que el futuro le podía tener reservado.

No juzgues el momento. En cuanto calificas algo de malo, tu mente empieza a creérselo. En lugar de eso, agradece los reveses. Deja que el viaje de la vida avance a su ritmo y por rutas alternativas. Puede que el universo tenga otros planes para ti.

Hay un cuento sobre un monje que llevaba agua de un pozo en dos cubos, uno de ellos agujereado. Lo hacía cada día sin repararlo. Un día un transeúnte le preguntó por qué seguía llevando el cubo con agujeros. El monje señaló que el lado del camino por el que llevaba el cubo lleno era yermo, pero que en el otro lado, donde había goteado el cubo, habían crecido unas bonitas flores silvestres. «Mi imperfección ha traído belleza a quienes me rodean», dijo.

Helen Keller, que de niña se quedó sorda y ciega después de una enfermedad sin identificar, escribió: «Cuando una puerta de felicidad se cierra, otra se abre; pero solemos pasar tanto tiempo mirando la puerta cerrada que no vemos la que se nos ha abierto».[10]

Cuando algo no salga como querías, dite a ti mismo: «Me esperan más oportunidades». Ya está. No tienes por qué pensar lo mucho que agradeces haber perdido el trabajo. Cuando dices: «Esto es lo que quería. Esta era la única solución», toda la energía se dirige a «esto» y «esta». Cuando dices: «Esto no ha salido bien, pero habrá más oportunidades», la energía se desvía a un futuro lleno de posibilidades.

Cuanto más abierto estés a los posibles resultados, más fácilmente podrás convertir el agradecimiento en una respuesta por defecto. El hermano David Steindl-Rast afirma: «Normalmente la gente piensa que el agradecimiento es decir gracias, como si fuese el aspecto más importante. Ese aspecto de la práctica de la vida agradecida es la confianza en la vida. [...] Vivir así es lo que yo llamo "vida agradecida", porque entonces recibes cada momento como un regalo. [...] Ahí es cuando te paras a pensar: "¿Qué oportunidad me ofrece este momento?". La buscas y luego aprovechas la oportunidad. Así de simple».[11]

HAZ LA PRUEBA: AGRADECIMIENTO A POSTERIORI

Piensa en algo que no agradeciste en su momento. ¿Tu educación? ¿Alguien que te enseñó? ¿Una amistad? ¿Hubo algún proyecto que te estresase? ¿Una responsabilidad hacia un miembro de tu familia que te amargase? O elige un resultado negativo que ya no sea doloroso: una ruptura, un despido, noticias no deseadas...

Ahora dedica un momento a considerar en qué sentido esa experiencia merece tu agradecimiento. ¿Te benefició de una forma inesperada? ¿Te ayudó el proyecto a desarrollar habilidades nuevas o a ganarte el respeto de un colega? ¿Mejoró para siempre tu relación con el miembro de tu familia gracias a tu generosidad?

Piensa en algo desagradable que esté pasando ahora o que preveas. Experimenta anticipando el agradecimiento de un destinatario poco probable.

Si tu jefe te hace un comentario con el que no estás de acuerdo, detente antes de reaccionar y tómate un instante para pensar: «¿Qué puedo aprender de este momento?». A continuación busca el agradecimiento: tal vez puedas agradecer que tu jefe trate de ayudarte a mejorar o que te haya dado otro motivo para dejar el trabajo. Si corres para no perder un autobús y lo alcanzas, normalmente sientes un alivio momentáneo y luego vuelves a la normalidad. En lugar de eso, párate. Dedica un momento a recordar qué sentiste cuando pensabas que ibas a perderlo. Usa ese recuerdo para apreciar tu buena suerte. Y si se te escapa el autobús, tendrás un momento para reflexionar, de modo que aprovéchalo para poner la situación en perspectiva.

Vendrá otro. No te ha atropellado ningún coche. Podría haber sido mucho peor. Después de celebrar las victorias y lamentar las derrotas, debemos estudiar detenidamente cada situación con perspectiva, aceptarla con agradecimiento y humildad, y avanzar.

Expresar agradecimiento

Ahora que has ampliado el agradecimiento que sientes internamente, vuélcalo hacia fuera y exprésaselo a los demás.

Muchas veces nos sentimos profundamente agradecidos, pero no sabemos cómo comunicarlo. Hay numerosas formas y grados de profundidad para dar las gracias y corresponder.

La manera más elemental de mostrar gratitud es dar las gracias. Pero ¿quién quiere limitarse a lo elemental? Concreta las gracias lo máximo posible. Piensa en los mensajes de agradecimiento que podrías recibir después de ser el anfitrión de una cena. Es probable que como mínimo uno dijese: «Gracias por la cena de anoche. ¡Fue increíble!». En otro podría poner: «Gracias por la cena de anoche. La comida estaba riquísima y me encantó el brindis tan simpático y gracioso que le dedicaste a tu amigo». Es mucho mejor expresar tu agradecimiento en términos concretos. En cuanto nos muestran agradecimiento un poco más detalladamente, mejor nos sentimos.

He aquí la clave: tu amiga sintió alegría por formar parte de la cena que tú organizaste y el esfuerzo que le requirió redactar ese mensaje de agradecimiento te hizo sentir a ti alegre. A cada uno de vosotros el agradecimiento le viene de saber que otra persona ha hecho una inversión en ella. Es un bucle amoroso.

La amabilidad y el agradecimiento son simbióticos

El bucle amoroso coincide con la enseñanza de Buda que dice que la amabilidad y el agradecimiento deben desarrollarse conjuntamente, en armonía.

La amabilidad es tan fácil —y tan difícil— como esto: desear sinceramente algo bueno para otra persona, pensar en algo que le beneficiaría y dedicar esfuerzos a proporcionarle ese beneficio.

Si alguna vez te has sacrificado por otra persona, reconocerás fácilmente el esfuerzo y la energía que otra gente te dedica. Es decir, tus actos de amabilidad te enseñan lo que hace falta para ser amable, de modo que tu propia amabilidad te permite sentirte agradecido de verdad. La amabilidad enseña gratitud. Eso es lo que ocurre en la versión a pequeña escala del mensaje de agradecimiento: la amabilidad que pusiste en tu cena inspiró el agradecimiento de tu amiga, que le inspiró amabilidad hacia ti.

La amabilidad —y el agradecimiento que resulta de ella— provoca una reacción. Pema Chödrön aconseja lo siguiente: «Sé más amable contigo mismo y luego deja que esa amabilidad inunde el mundo».[12] En nuestros encuentros diarios, queremos que las demás personas sean amables, compasivas y generosas con nosotros —¿quién no?—, pero la mejor forma de atraer esas cualidades a nuestra vida es desarrollarlas nosotros mismos. Desde hace mucho tiempo, numerosos estudios han demostrado que las actitudes, el comportamiento e incluso la salud son contagiosos dentro de nuestras redes sociales, pero lo que no estaba claro era si simplemente se debe a que tendemos a hacernos amigos de gente que es como nosotros. De modo que dos investigadores de Harvard y de la Universidad de California, en San Diego, se propusieron averiguar si la amabilidad es contagiosa entre personas que no se conocen.[13] Organizaron un juego en el que mezclaron a extraños en grupos de cuatro, dieron a cada persona veinte créditos y le indicaron que decidiese, en privado, cuántos créditos quería quedarse y cuántos quería aportar al fondo común que al final de la ronda se dividiría a partes iguales entre los jugadores. Al final de cada ronda, los jugadores cambiaban de posición, de modo que nunca sabían de una partida a la siguiente quién era generoso, pero sí cuán generosos habían sido los demás con el grupo. A medida que el juego avanzaba, los jugadores que habían sido destinatarios de la generosidad de sus compañeros de equipo tendían a dar más créditos en las rondas posteriores. La amabilidad engendra amabilidad.

Cuando formes parte de un intercambio de amabilidad-agradecimiento, inevitablemente acabarás siendo objeto de agradecimiento. Cuando nos dan las gracias, debemos tener en cuenta el ego. Es fácil dejarse llevar por la fantasía de nuestra propia grandeza. Cuando los monjes recibimos elogios, nos desapegamos y recordamos que, para empezar, lo que hemos podido dar nunca fue nuestro. Para recibir el agradecimiento con humildad, empieza dando las gracias a la persona por darse cuenta. Valora su atención y su intención. Busca una cualidad positiva en ella y devuélvele el cumplido.

Luego aprovecha el agradecimiento que te ha mostrado como una oportunidad para dar las gracias a tus maestros.

La amabilidad de los extraños

Los monjes ponemos en práctica el agradecimiento en todas las pequeñas interacciones del día. Una vez subí a un Uber con prisas y distraído. El coche se quedó parado más tiempo de lo normal y, cuando por fin me di cuenta, le pregunté al conductor si todo iba bien, a lo que contestó: «Sí, estoy esperando a que me devuelvas el saludo». Fue un toque de atención y te aseguro que ahora pongo mucho más cuidado en saludar a la gente.

HAZ LA PRUEBA: VISUALIZA EL AGRADECIMIENTO

Dedica un momento a pensar en tres cosas que otras personas te hayan dado:

1. Un pequeño favor que alguien te hizo.
2. Un regalo importante para ti.
3. Algo que te facilita el día a día.

Cierra los ojos. Retrotráete al momento en que pasó uno de esos actos y evoca cómo te sentiste: las imágenes, los olores y los sonidos. Revívelo con asombro y experimenta esas emociones con más intensidad.

Después de esa visualización, sé consciente de que te ocurren pequeñas cosas buenas. No las pases por alto ni las des por sentado. A continuación, dedica un momento a sentir que eres objeto de afecto, consideración y amor. Eso debería estimular tu autoestima y tu confianza en ti mismo. Por último, ten presente que sentirte bien no es el objetivo final. Deja que esta reflexión te lleve a sentirte como necesitas para corresponder con amor, siendo recíproco o transmitiendo el amor y la atención a quienes no los tienen.

Ser breve y directo puede ser más eficiente y profesional, pero vivir la vida con el piloto automático nos impide compartir las emociones que nos unen y nos mantienen. Un estudio en el que se animaba a varios viajeros de cercanías de Chicago a entablar conversación con un extraño sobre cualquier tema durante cierto tiempo demostró que quienes se armaban de valor para charlar disfrutaron de un trayecto más positivo.[14] La mayoría de esos viajeros habían previsto el resultado contrario; en estudios posteriores, los investigadores descubrieron que no es que la gente pensase que los extraños serían desagradables, sino que temían la incomodidad de iniciar una conversación y les preocupaba que los rechazasen. No fue así y la mayoría de los desconocidos charlaron encantados. Cuando hacemos el esfuerzo de sintonizar con los que nos rodean, creamos oportunidades de agradecimiento en lugar de languidecer en el anonimato.

Piensa en todas las actividades cotidianas en las que participan otras personas: ir al trabajo, un proyecto laboral, hacer la compra, dejar a los niños en el colegio, charlar con nuestra pareja... Esos son los pequeños acontecimientos que llenan nuestra vida, y depende en gran medida de nosotros cuánto disfrutemos de ellos. Concretamente, de cuánta amabilidad dediquemos a esas interacciones y cuánto agradecimiento recibamos a cambio.

Agradecimiento a través del servicio

Si deseamos ir más allá de los gestos de amabilidad circunstanciales del día a día, podemos inspirar y aumentar activamente nuestro agradecimiento aún más. Pensamos en las labores de voluntariado y el servicio a los demás como en formas de ayudar a los menos afortunados, pero se podría decir que son actividades que hacen tanto por el donante como por el destinatario. El servicio nos ayuda a transformar emociones negativas como la ira, el estrés, la envidia y la decepción en gratitud. Y lo consigue dándonos perspectiva.

—¿Qué te trae por aquí? —le preguntó una anciana sabia al joven que tenía delante.

—Veo alegría y belleza a mi alrededor, pero de lejos —contestó el joven—. Mi vida está llena de dolor.

La anciana sabia permaneció en silencio. Le sirvió lenta-

mente una taza de agua al joven triste y se la dio. Acto seguido le tendió un cuenco de sal.

—Echa un poco en el agua —dijo.

El joven vaciló, pero tomó un pellizco de sal.

—Más. Un puñado —insistió la anciana.

Mostrándose escéptico, el joven echó una cucharada de sal en la taza. La anciana hizo un gesto con la cabeza para indicarle que bebiese. Él dio un sorbo, puso mala cara y escupió al suelo de tierra.

—¿Qué tal estaba? —preguntó la anciana.

—Gracias, pero no —respondió el joven con aire bastante sombrío.

La anciana esbozó una sonrisa cómplice y a continuación le dio el cuenco de sal y lo llevó a un lago cercano. El agua era transparente y estaba fría.

—Ahora echa un puñado de sal al lago —dijo.

El joven hizo lo que le mandó y la sal se disolvió en el agua.

—Bebe —le indicó la anciana.

El joven se arrodilló en la orilla del lago y sorbió el agua que había recogido con las manos.

Cuando alzó la vista, la anciana volvió a preguntarle:

—¿Qué tal estaba?

—Fresca —dijo el joven.

—¿Has notado la sal? —le preguntó la anciana sabia.

El joven sonrió tímidamente.

—Para nada —contestó.

La anciana se arrodilló junto al joven, cogió un poco de agua y dijo:

—La sal es el dolor de la vida. Es constante, pero si la echas en un vasito sabe mal y si la echas en un lago no la notas. Amplía tus sentidos y tu mundo y el dolor disminuirá. No seas el vaso. Conviértete en el lago.

Adoptar una perspectiva más amplia nos ayuda a reducir el dolor y apreciar lo que tenemos, y para acceder directamente a esa perspectiva más amplia tenemos que dar. Una investigación publicada en *BMC Public Health* señala que hacer labores de voluntariado puede conllevar menos sensación de depresión y más sensación de bienestar general.[15] Cuando yo vivía en Nueva York, una organización benéfica llamada Capes for Kids fue a un colegio de Queens y ayudó a los alumnos a confeccionar capas para niños de entornos difíciles. Los chavales que las elaboraron tuvieron ocasión de ver el efecto de su trabajo y sus regalos, y se dieron cuenta de lo mucho que tenían. Cuando vemos las dificultades de los demás a la luz del día, cuando empleamos nuestras aptitudes para mejorar su mundo aunque sea un poco, enseguida nos invade un sentimiento de gratitud.

HAZ LA PRUEBA: EXPERIMENTA AGRADECIMIENTO A TRAVÉS DEL VOLUNTARIADO

El servicio amplía nuestra perspectiva y mitiga las emociones negativas. Intenta hacer voluntariado; aunque sea una vez al mes o a la semana, nada te ayudará como esto a desarrollar el agradecimiento más directamente y a impulsarte a mostrarlo.

Agradecimiento profundo

A veces cuesta expresarles gratitud a las personas que más nos importan: la familia, los amigos, los maestros y los mentores que han cambiado o siguen cambiando nuestra vida.

Trata de mostrar amor y gratitud en persona siempre que sea posible. Si no, una carta, un mensaje o una llamada para expresar concretamente lo que aprecias de una persona contribuyen a aumentar su felicidad y la tuya.

HAZ LA PRUEBA: ESCRIBE UNA CARTA DE AGRADECIMIENTO

Elige a una persona con la que te sientas profundamente agradecido, alguien con quien sea fácil sentirse así.

Escribe una lista de las cualidades y los valores generales que aprecias de esa persona. ¿Te apoyó? ¿Era cariñosa? ¿Íntegra? A continuación piensa en palabras y momentos concretos que compartiste con ella. Mira hacia el futuro y escribe lo que piensas hacer y decir cuando vuelvas a verla. (Si ha fallecido, puedes encabezar esa parte diciendo: «Si volviese a verte, esto es lo que te diría».)

Ahora escríbele una carta de agradecimiento a partir de las notas que has tomado.

En ocasiones tus seres queridos se mostrarán reacios a la intimidad y te mandarán a paseo. En ese caso, mantente firme. Recibir agradecimiento exige vulnerabilidad y apertura. Reprimimos esas emociones porque nos da miedo que nos hagan daño. Si topas con resistencia, puedes probar a cambiar de estrategia. Tómate un momento para considerar qué forma de agradecimiento apreciaría más el destinatario. En algunos casos, expresarlo por escrito es la forma más fácil de que ambos tengáis tiempo y espacio para procesar esas emociones.

Cuando escribes una carta de agradecimiento a alguien que es importante para ti, intentas hacerle sentir tanto cariño y amor como tú sentiste cuando te ayudó. Una carta reconoce el valor de su generosidad de forma más permanente que un agradecimiento verbal. Hace que el vínculo sea más profundo. Ese reconocimiento os mueve a los dos a ser atentos y generosos el uno con el otro, y eso, como hemos aprendido, se extiende por tu entorno.

Puede que estés pensando: «Mis padres me hicieron daño. ¿Por qué iba a estarles agradecido?». En la vida hay personas imperfectas, gente por la que albergamos sentimientos no resueltos y encontrados, y, por tanto, nos cuesta expresarles gratitud. Y, sin embargo, el agradecimiento tiene muchos matices. Podemos agradecer parte, pero no todo, del comportamiento de una persona hacia nosotros. Trata de perdonar sus defectos y agradecer sus esfuerzos.

No obstante, no estoy diciendo que debas sentirte agradecido si alguien se ha portado mal contigo. No tienes por qué estarlo con todas las personas de tu vida. Los monjes no tienen una postura oficial con respecto a los traumas, pero siempre ponen el foco en sanar el interior antes de ocuparse del exterior. A tu ritmo, tomándote tu tiempo.

Solemos pensar en el agradecimiento como en el reconocimiento de lo que nos han concedido. Los monjes piensan igual y, si le preguntas a uno qué le han concedido, te responderá que todo. La vida en su complejidad está llena de dones y lecciones que no siempre vemos claramente como lo que son, de modo que ¿por qué no apostar por agradecer lo que hay y lo que es posible? Acepta la gratitud a través de la práctica diaria, tanto internamente —contemplando tu vida y el mundo que te rodea— como mediante la acción. El agradecimiento genera amabilidad, y ese espíritu tendrá repercusión en nuestro entorno y hará partícipes a quienes nos rodean de nuestras intenciones más elevadas.

El agradecimiento es la madre de todas las cualidades. Del mismo modo que una madre da a luz, el agradecimiento genera las demás cualidades, como compasión, resiliencia, confianza, pasión, etc., atributos positivos que nos ayudan a hallar sentido y a sintonizar con los demás. Así pues, en el próximo capítulo vamos a hablar de relaciones: quiénes intentamos ser con los demás, a quiénes queremos dejar entrar en nuestra vida y cómo podemos mantener relaciones significativas.

10

Relaciones

Observar a la gente

Cada persona es un mundo por explorar.[1]

THICH NHAT HANH

La gente acostumbra a imaginarse a los monjes como ermitaños que viven aislados, apartados de la humanidad; sin embargo, mi experiencia como monje ha cambiado para siempre la forma en que trato con otras personas. Cuando volví a Londres después de decidir abandonar el *ashram*, descubrí que se me daba mucho mejor mantener toda clase de relaciones que antes de hacer votos. Esa mejora se notó incluso en el amor, cosa que me sorprendió un poco si consideramos que los monjes son célibes y que no había tenido relaciones sentimentales durante mi estancia en el *ashram*.

FIJAR EXPECTATIVAS

El pueblo que es el *ashram* favorece la camaradería, la disposición a ayudar cuando alguien lo necesita y la voluntad de servicio mutuo. Dan Buettner, cofundador de Blue Zones —una organización que estudia regiones cuyos habitantes tienen la vida más longeva y saludable del mundo— advirtió la necesidad de esa clase de comunidad en todo el mundo. Además de la dieta y del estilo de vida, Buettner descubrió que la longevidad estaba relacionada con varios aspectos de la comunidad: las relaciones estrechas con la familia (ellos cuidan de ti cuando necesitas ayuda) y una tribu con creencias comunes y conductas sociales saludables. Básicamente, se necesita un pueblo.[2]

Como las zonas azules de la organización de Buettner, el *ashram* es una comunidad independiente que favorece el espíritu de colaboración y de servicio mutuo. Todo el mundo es instado a no atender solo sus propias necesidades, sino también las de los demás. ¿Te acuerdas de los árboles del Biosphere 2, que no tenían raíces lo bastante profundas para soportar el viento? Pues las secuoyas son otro cantar. Famosas por su altura, uno diría que necesitan unas raíces hondas para sobrevivir, pero en realidad las tienen poco profundas. Lo que da resistencia a los árboles es la extensión de sus raíces. Las secuoyas crecen muy bien en bosquecillos, entrelazando sus raíces de forma que las fuertes y las débiles resisten juntas las fuerzas de la naturaleza.

El círculo del amor

En una comunidad en la que todos se cuidan mutuamente, al principio yo esperaba que mi cuidado y apoyo a los demás monjes me fuese correspondido directamente, pero la realidad resultó ser más compleja.

> *Durante mi primer año en el* ashram, *algo me molestó y fui a pedirle consejo a uno de mis maestros.*
>
> *—Estoy molesto —digo—. Tengo la sensación de que doy mucho amor, pero no siento que me lo devuelvan de la misma manera. Soy generoso, afectuoso y cuido de los demás, pero ellos no hacen lo mismo por mí. No lo entiendo.*
>
> *—¿Por qué das amor? —pregunta el monje.*
>
> *—Porque soy así —contesto.*

—Entonces, ¿por qué esperas recibirlo? —dice el monje—. Escucha atentamente. Cada vez que das cualquier energía, amor, odio, ira, amabilidad, siempre la recibes. De una forma o de otra. El amor es como un círculo. El que das siempre vuelve a ti. El problema está en tus expectativas. Das por supuesto que vendrá de la persona a la que se lo has dado. Pero no siempre es así. De la misma manera, hay personas que te dan amor a ti y a las que tú no se lo devuelves.

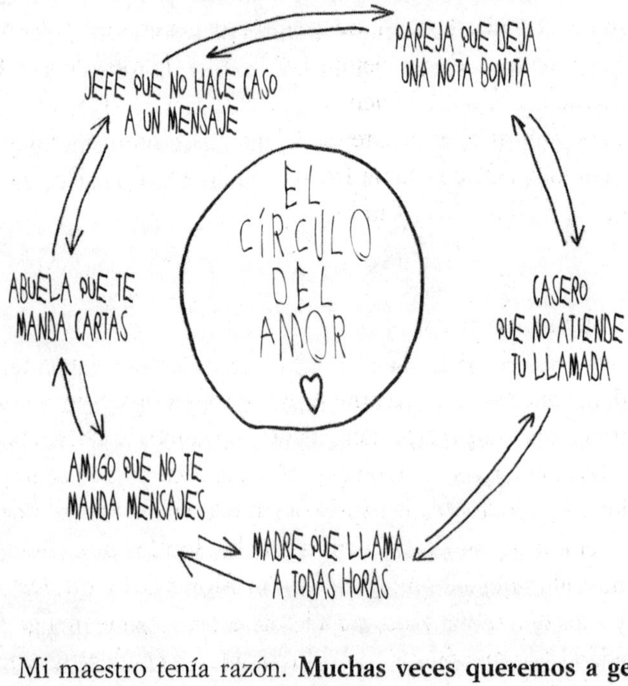

Mi maestro tenía razón. **Muchas veces queremos a gente que no nos quiere y no devolvemos nuestro amor a otros que sí lo hacen.**

Pensé en mi madre, que siempre dejaba lo que estuviese haciendo para atender mis llamadas. Si tenía que llamar a alguien, las primeras personas a las que acudía éramos mi hermana y yo. En el fondo quería hablar conmigo prácticamente a todas horas. Al mismo tiempo que yo podía estar decepcionado porque alguien no contestaba a mis mensajes, mi madre estaba sentada pensando: «¡Ojalá mi hijo me llamase!».

La descripción del círculo del amor que hizo mi maestro me cambió la vida. Nuestra falta de agradecimiento es lo que hace que no nos sintamos queridos. Cuando pensamos que no le importamos a nadie, tenemos que examinarnos y darnos cuenta de que el amor que damos vuelve a nosotros por diversas fuentes y, en un sentido más general, de que lo que generamos volverá a nosotros. Se trata de un ejemplo del karma, la idea de que los actos, buenos o malos, tienen consecuencias en la vida. Cuando no nos sentimos queridos, tenemos que preguntarnos: «¿Estoy ofreciendo ayuda con tanta frecuencia como la pido? ¿Quién me da sin recibir nada a cambio?».

Una red de compasión

Es lógico que los monjes contemplen la distribución del amor y el cariño como una red de compasión y no como un intercambio entre dos personas. Los monjes creen que cada persona cumple distintas funciones y cada papel contribuye a nuestro crecimiento general a su manera. Tenemos iguales con los que entablar amistad, alumnos a los que enseñar y mentores de los que aprender y a los que servir. Estos papeles no están totalmente ligados a la edad y la experiencia. Todos los monjes se encuentran siempre en cada fase del ciclo. Creen que esos papeles no son fijos. La persona que un día es tu maestro puede ser tu alumno al siguiente. A veces los monjes superiores venían a clase con otros jóvenes, como nosotros, y se sentaban en el suelo y los escuchaban hablar. No estaban allí para controlarnos, sino para aprender de nosotros.

HAZ LA PRUEBA: GUÍA Y SIGUE

Elabora una lista de tus alumnos y maestros. Ahora anota qué alumnos podrían enseñarte y qué maestros podrían aprender de ti.

Los cuatro tipos de confianza

En el *ashram* me disgustaba porque sentía que mi cariño no era correspondido. A menudo esperamos demasiado de los demás cuando no tenemos claro su sentido en nuestra vida. Vamos a ver las cuatro características que buscamos en las personas a las que dejamos entrar en ella. Seguro que reconoces a esas personas: la mayoría de nosotros conocemos al menos a una que entra en cada una de estas categorías.

Competencia. Alguien tiene que ser competente si vamos a fiarnos de sus opiniones y recomendaciones. Esa persona tiene las aptitudes adecuadas para resolver tu problema. Son expertos o autoridades en su campo. Tienen experiencia, referencias y una buena puntuación en Yelp.

Cuidado. Tenemos que saber si a una persona le importamos antes de dejar nuestras emociones en sus manos. El auténtico cuidado es cuando esa persona piensa en lo que es mejor para ti, no para ella. Es gente a la que le importa tu bienestar, no su éxito. Velan por tus intereses. Creen en ti. Irían más allá de sus responsabilidades para apoyarte: ayudarte a desplazarte, acompañarte a una cita médica importante o ayudarte a preparar una fiesta de cumpleaños o una boda.

Carácter. Algunas personas tienen una moral firme y unos valores inquebrantables. Acudimos a ellas para que nos ayuden a ver con claridad cuando no estamos seguros de si lo que queremos o creemos es lo correcto. El carácter es especialmente importante cuando estamos en una asociación interdependiente (una relación, una sociedad comercial, un equipo...). Esas personas predican con el ejemplo. Tienen buena reputación, opiniones firmes y consejos sensatos. Son de fiar.

Coherencia. Puede que las personas coherentes no sean los máximos expertos en una materia, no tengan el carácter más elevado ni se preocupen más por ti, pero son responsables y están presentes y disponibles cuando las necesitas. Han estado contigo a las duras y a las maduras.

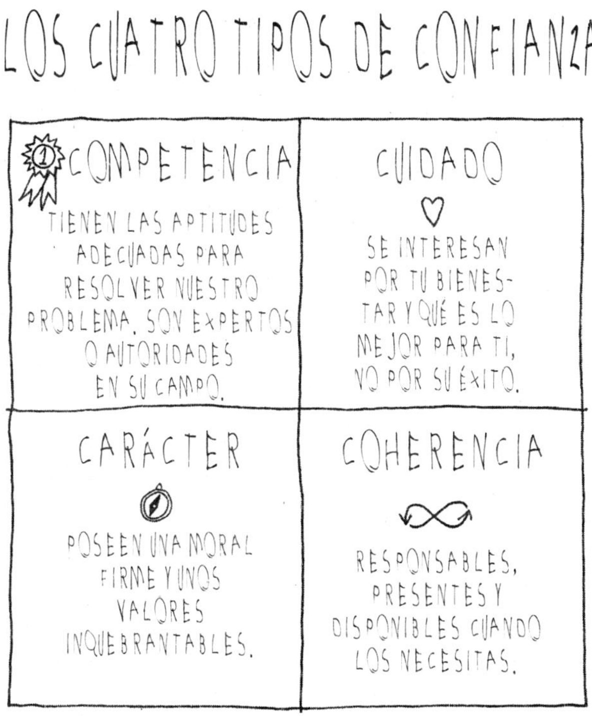

Nadie lleva un letrero que anuncie lo que puede ofrecer. Observa las intenciones y los actos de la gente. ¿Coinciden? ¿Demuestran lo que esas personas dicen que valoran? ¿Se corresponden sus valores con los tuyos? Se aprende más de los comportamientos que de las promesas. Usa los cuatro tipos de confianza para entender por qué te atrae una persona y si es probable que conectes con un amigo, un colega o una pareja sentimental. Pregúntate cuál es tu verdadera intención al implicarte en esa relación.

Los cuatro tipos de confianza pueden parecer cualidades básicas que buscamos y requerimos instintivamente, pero ten presente que cuesta pensar en alguien a quien le importes, que sea competente en todos los campos, que tenga el carácter más elevado y que nunca esté demasiado ocupado para atenderte. Dos de las personas más importantes en mi vida son Swami (mi monje maestro) y mi madre. Swami es mi referente espiritual. Tengo la máxima confianza en su carácter. Pero, cuando le conté que quería dejar Accenture y dedicarme a los medios de comunicación, me dijo: «No tengo ni idea de lo que debes hacer». Es uno de mis asesores más valiosos, pero era absurdo esperar que él tuviese una opinión sobre mi carrera; fue lo bastante sensato para no fingir que la tenía. Mi madre tampoco sería la persona más indicada a la que preguntarle por mis cambios de profesión. Como muchas madres, lo que más le preocupa es mi bienestar: cómo me siento, si me alimento bien, si duermo lo suficiente... Siempre está ahí demostrándome su cuidado y su coherencia, pero no va a aconsejarme cómo debo gestionar mi empresa. No tengo por qué enfadarme con mi madre por no interesarse en cada aspecto de mi vida. Debo ahorrarme el tiempo, las energías, la atención y el sufrimiento y simplemente apreciar lo que me ofrece.

Solemos esperar que cada persona sea un paquete completo

que nos proporcione todo lo que necesitamos. Eso es poner el listón increíblemente alto. Es tan difícil encontrarla como ser esa persona. Los cuatro tipos de confianza nos ayudarán a tener presente lo que podemos o no esperar de ellas. Ni siquiera tu pareja puede ofrecerte cuidado, carácter, competencia y coherencia de todas las formas y en todos los momentos. Cuidado y carácter, sí, pero nadie es coherente en todas las cosas y, aunque tu pareja sea de fiar, nadie está constantemente disponible de la manera en que tú lo necesitas. Esperamos que nuestra pareja lo sea todo para nosotros, que «nos complete» (gracias, Jerry Maguire), pero incluso dentro de esa unión profunda y de por vida solo tú puedes serlo todo para ti.

Estar en el *ashram* con personas que no eran de nuestra familia ni estaban relacionadas de otra forma con nosotros nos proporcionaba una perspectiva realista. Allí era evidente que nadie podía ni debía desempeñar todos los papeles. Curiosamente, un artículo de *Psychology Today* describe un estudio de campo sobre el liderazgo militar en Irak realizado por el coronel J. Patrick Sweeney, un psicólogo. Hizo un hallazgo similar, «las 3 C de la confianza»: competencia, cuidado y carácter. La diferencia es que él observó que las tres cualidades eran necesarias para que los soldados confiasen en sus jefes. La vida militar y la monacal se ciñen a una rutina y unos principios, pero los monjes no siguen a sus líderes ni ponen su vida en juego. Para pensar como un monje sobre las relaciones, en lugar de buscar las cuatro C, fíjate expectativas realistas basándote en lo que una persona te da realmente, no en lo que tú quieres que te dé. Si no cumple las cuatro, no olvides que sigues pudiendo beneficiarte de contar con ella en tu vida.[3]

Y como mínimo deberías prestar la misma atención a lo que tú puedes ofrecer a esas personas. En el caso de amigos y colegas, acostúmbrate a preguntarte: «¿Qué puedo ofrecer primero? ¿Cómo puedo servir? ¿Soy un maestro, un igual o un alumno? ¿Cuál de las cuatro C le proporciono a esta persona?». Establecemos relaciones más significativas cuando aprovechamos nuestras cualidades y, como Swami, no ofrecemos conocimientos que no tenemos.

Ejercicios como el de más arriba no están pensados para poner etiquetas a la gente; estoy en contra de ellas, como ya he explicado, porque reducen los múltiples matices de la vida al blanco y el negro. El enfoque del monje consiste en buscar sentido y asimilar lo que necesitas para avanzar en lugar de atascarte en el juicio. Sin embargo, cuando aplicamos filtros, como las cuatro C, podemos apreciar si nuestra red de compasión es lo bastante amplia para guiarnos por la complejidad y el caos de la vida.

HAZ LA PRUEBA: REFLEXIONA SOBRE LA CONFIANZA

Elige a tres personas distintas de tu vida —por ejemplo: un colega, un miembro de tu familia y un amigo— y decide cuál de las cuatro C aportan a tu vida. Agradécelo y dales las gracias a ellos.

Aunque tengamos cubiertas las cuatro C, dentro de cada una de esas categorías nos beneficiamos de múltiples puntos de vista. Una persona con carácter puede dar consejos sentimentales estupendos, mientras que otra puede ayudarte en una riña familiar. Y un amigo coherente puede estar cuando lo necesites durante una ruptura, mientras que otro siempre estará disponible para una caminata enérgica.

Forma tu propia familia

Para hallar diversidad, tenemos que estar abiertos a relaciones nuevas. Parte del proceso de crecer —a cualquier edad— consiste en aceptar que nuestra familia de origen nunca puede darnos todo lo que necesitamos. No hay nada de malo en aceptar lo que recibes y lo que no de las personas que te han criado. Y no hay nada de malo —de hecho, es necesario— en protegerte de aquellos miembros de la familia que no te convienen. Debemos tener las mismas exigencias para nuestros familiares que para el resto de la gente, y si la relación es tensa podemos quererlos y respetarlos de lejos mientras formamos la familia que necesitamos a partir de la sociedad en su conjunto. Eso no quiere decir que debamos descuidar a la familia, pero el perdón y el agradecimiento nacen más fácilmente cuando aceptamos que tenemos amigos y familiares, y amigos que se convierten en familiares. Sentirse conectado de algún modo con toda la humanidad puede ser realmente terapéutico para aquellos cuya familia les han hecho la vida difícil.

La familia humana

Entrar en una comunidad nueva —como yo en el *ashram*— es empezar de cero. No tienes ninguna de las expectativas que has generado entre tu familia y tus amigos. Lo más probable es que nadie tenga un pasado común contigo. En situaciones así, la mayoría de nosotros corremos a buscar a «nuestra gente», pero en el *ashram* aprendí que existe otra forma de hacer las cosas. No tenía por qué reproducir una familia, creando un pequeño círculo de confort y confianza. En el *ashram* todo el mundo era mi familia. Y a medida que viajábamos y nos relacionábamos con gente por la India y Europa, empecé a aceptar que todas las personas del mundo lo eran. Como Gandhi dijo, «la regla de oro es ser amigo del mundo y considerar a toda la familia humana una sola».[4]

Los grupos que creamos para aprender, crecer y compartir experiencias —como las familias, los colegios y las iglesias— nos ayudan a clasificar a la gente: estas son las personas con las que vivo; estas, con las que aprendo; estas, con las que rezo, y estas, a las que espero ayudar. Pero yo no quería subestimar las opiniones ni el valor de alguien por no encajar perfectamente en uno de esos círculos. Aparte de los límites de lo factible, no había personas que mereciesen mi atención, mi cuidado o mi ayuda más que otras.

Es más fácil considerar a todo el mundo miembro de tu familia si no te imaginas que es todo ser humano en todo momento. Un poema famoso de Jean Dominique Martin dice así: «Algunas personas llegan a tu vida por una razón, otras para una estación y otras para toda la vida».[5] Estas tres categorías se basan en el tiempo que debe aguantar esa relación. Una persona puede llegar a tu vida como un soplo de aire fresco. Como una estación nueva, suponen un cambio de energía excitante y muy atractivo. Pero en algún momento la estación se termina, como todas. Otra persona puede aparecer por algún motivo. Te ayuda a aprender y crecer o te apoya en un momento difícil. Parece como si la hubiesen mandado a propósito para que te asistiera o te orientase en una experiencia concreta, tras la cual su importante papel en tu vida disminuye. Y luego están las personas que te acompañan toda la vida. Están a tu lado en los buenos y los malos momentos y te quieren aunque tú no les des nada. Cuando pienses en estas categorías, ten presente el círculo del amor. Este es un regalo sin compromiso y eso implica que no todas las relaciones están hechas para aguantar indefinidamente. Recuerda que tú también eres una estación, una razón y una vida entera para distintas personas en momentos diferentes, y el papel que desempeñas en la vida de otros no siempre coincidirá con el que ellos desempeñan en la tuya.

Actualmente tengo un grupo pequeño y fiel con el que estoy más unido, pero eso no cambia la relación que siento con toda la humanidad. Por eso te pido que mires más allá de las personas que aceptas, más allá de tu zona de confort, y te fijes en extraños y personas que no entiendes. No tienes por qué entablar amistad con cada uno de ellos, pero sí verlos a todos como iguales, con igualdad de sentimientos y el potencial para aportar variedad a tus conocimientos y tu experiencia. Todos están en tu círculo de cuidado.

HAZ LA PRUEBA: SÉ REALISTA CON RESPECTO A TUS AMISTADES

Haz una lista de las personas con las que has socializado durante la última semana o las dos últimas. En una segunda columna, identifícala como estación, razón o amigo de por vida. Evidentemente, esto es etiquetar, cosa que antes te he recomendado que no hicieses. Tenemos que dejar un margen de fluidez en los papeles que la gente desempeña, pero describir a grandes rasgos el paisaje de tu vida social actual puede ayudarte a hacerte una idea de si estás rodeado de un grupo equilibrado de gente; uno que te proporcione entusiasmo, apoyo y amor a largo plazo. A continuación, en una tercera columna, considera qué rol desempeñas tú para cada una de esas personas. ¿Ofreces lo que recibes? ¿Dónde y cómo podrías dar más?

La confianza se gana

Una vez que has fijado unas expectativas razonables para una relación, es más fácil desarrollar y mantener la confianza. Esta es decisiva en cualquier relación. Tener confianza significa que creemos que la persona está siendo sincera con nosotros, que tiene presente nuestros intereses, que mantendrá sus promesas y confidencias, y que seguirá siendo fiel a esas intenciones en el futuro. Fíjate en que no he dicho que siempre va a tener razón ni que va a manejar cada reto a la perfección. La confianza tiene que ver con las intenciones, no con las capacidades.

Cuando una persona importante nos decepciona, el impacto en la confianza tiene repercusiones en todas nuestras relaciones. Incluso las personas con las mejores intenciones cambian o no siguen el mismo camino que nosotros. Otras nos dan muchas señales de que no encajan con nosotros, pero las ignoramos. Y a veces, si estuviésemos más atentos, sabríamos que hay gente de la que no debemos fiarnos. El comportamiento de los demás siempre escapa a nuestro control. Así pues, ¿cómo podemos confiar en alguien?

Las fases de la confianza

La confianza se puede extender a cualquiera, desde un taxista hasta un amante pasando por un socio, pero evidentemente no tenemos el mismo nivel de confianza con todo el mundo. Es importante prestar atención a lo mucho que confiamos en alguien y si realmente se lo ha ganado.

El doctor John Gottman, uno de los principales expertos en el matrimonio de Estados Unidos, quería averiguar qué hace que las parejas se queden atascadas en el conflicto permanente en lugar de resolverlo y seguir adelante.[6] Estudió a parejas de todo el país, de distintos orígenes socioeconómicos y étnicos, y con diversas situaciones vitales, desde recién casados hasta futuros padres y familias en las que un cónyuge estaba sirviendo en el ejército. En todos los casos, lo más importante para todas esas parejas eran la confianza y la traición. El lenguaje que empleaban para describir sus problemas variaba un poco, pero la cuestión central era siempre la misma: ¿puedo confiar en que me serás fiel?, ¿en que me ayudarás con las tareas de la casa?, ¿en que me escucharás y estarás ahí cuando lo necesite?

Las parejas tenían razones fundadas para priorizar la confianza. Según estudios realizados por la doctora Bella DePaulo, la gente es insincera en una quinta parte de sus interacciones.[7] Durante siete días, se solicitó a setenta y siete universitarios y setenta personas de la comunidad en general que mantuviesen un registro de sus interacciones sociales. Se les dijo que dejasen constancia de todos sus diálogos y que anotasen cuántas mentiras contaban. Ya sé lo que estarás pensando: ¿y si mentían sobre

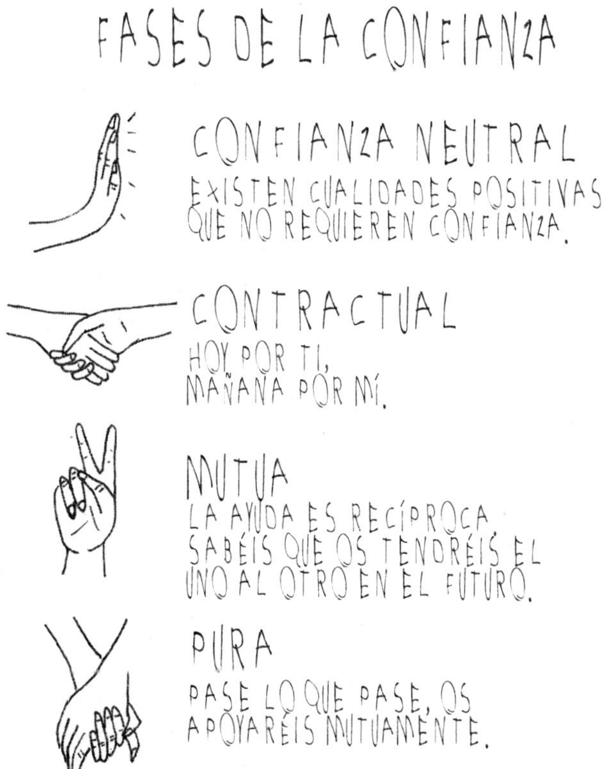

el acto de mentir? Para fomentar su sinceridad, los investigadores dijeron a los participantes que no se emitirían juicios y que sus respuestas ayudarían a contestar preguntas fundamentales sobre el comportamiento insincero. También les vendieron el experimento como una oportunidad de conocerse mejor a sí mismos. Al final, los estudiantes informaron de cierto grado de mentira en una tercera parte de sus interacciones, y los miembros de la comunidad, en una de cada cinco. No es de extrañar que muchos de nosotros tengamos problemas de confianza.

Sabemos por lo que dijimos del ego que mentimos para impresionar, para presentarnos como «mejores» de lo que en realidad somos, pero cuando esas mentiras se destapan la traición hace mucho más daño a ambas partes que el que habría causado la sinceridad.[8] Si no se planta bien la semilla de la confianza al principio, cultivaremos una maleza de desconfianza y traición.

No somos cuidadosos con el momento ni la forma en que ofrecemos nuestra confianza. O confiamos demasiado fácilmente en otras personas o nos negamos a confiar en todo el mundo. Ninguno de esos extremos nos beneficia. Confiar en todo el mundo te hace vulnerable al engaño y la decepción. No hacerlo en nadie te vuelve desconfiado y te aísla. Nuestro nivel de confianza debe corresponderse directamente con nuestra experiencia con una persona y evolucionar a lo largo de cuatro fases de confianza.

Confianza neutral. Cuando conoces a alguien, es normal no confiar en esa persona. Puede resultarte graciosa, encantadora o una compañía agradable. Esas cualidades positivas no requieren confianza. Significan que te gusta tu nuevo conocido. Solemos confundir la honradez con la simpatía. En varios estudios que investigaban las percepciones que los miembros de un jurado tenían de testigos expertos, aquellos que parecían más simpáticos al jurado también eran considerados más honrados.

Además, acostumbramos a confiar en personas que nos resultan atractivas.[9] Rick Wilson, coautor de *Judging a Book by Its Cover: Beauty and Expectations in the Trust Game*, dice: «Descubrimos que los sujetos atractivos obtienen una "prima por belleza", dado que la gente confía más en ellos, pero también descubrimos un "recargo por belleza" cuando las personas atractivas no están a la altura de las expectativas».[10] Cuando equiparamos simpatía o atractivo con confianza, nos condenamos a llevarnos una gran decepción. Es preferible tener una confianza neutral a confiar en alguien por los motivos equivocados o ciegamente.

Confianza contractual. He extraído este nivel de confianza del *rajas*, la modalidad impulsiva de la vida, en la que uno se centra en conseguir el resultado que desea a corto plazo. La confianza contractual es el *quid pro quo* de las relaciones. Simplemente dice que, si yo pago la cena y prometes devolvérmelo, me fío de que lo harás. Si haces un plan, puedes contar con que la persona aparecerá, y ahí se acaban las expectativas. La confianza contractual es útil. Casi todos nosotros mantenemos una confianza contractual con la mayoría de la gente con la que nos topamos, aunque implícitamente esperamos que confíen en nosotros. El corazón desea una conexión más profunda, pero tenemos que ser exigentes. Esperar más de alguien que solo te muestra una confianza contractual es prematuro en el mejor de los casos y peligroso en el peor.

Confianza mutua. La confianza contractual alcanza un nivel más elevado cuando ayudas a alguien esperando que lo más probable es que haga lo mismo por ti, de alguna forma, en un momento indeterminado del futuro. Mientras que la confianza contractual depende de un intercambio concreto que ambas partes han acordado de antemano, la confianza mutua es mucho más flexible. Esta fase deriva del *sattva*, la modalidad de la bondad, en la que actuamos por bondad, positividad y paz. Todos deseamos llegar a este nivel y normalmente las buenas amistades lo consiguen.

Confianza pura. El nivel más elevado de confianza es la bondad pura, cuando sabes que, pase lo que pase, la otra persona te apoyará, y viceversa. El entrenador de baloncesto universitario Don Meyer solía dar a cada uno de los miembros de su equipo un trozo de papel en blanco en el que les pedía que dibujasen un círculo para representar su «madriguera». Escribían su nombre en la parte superior del círculo, luego trazaban líneas a la izquierda, la derecha y en la parte trasera, y en cada una tenían que anotar el nombre de un compañero al que aceptarían en su madriguera. Los elegidos con más frecuencia eran los líderes natos del equipo.[11] Elige sabiamente al clan de tu madriguera.

Si tuvieses que hacer un gráfico del número de gente en la que confías en cada nivel, el resultado probablemente parecería una pirámide: muchas personas en la confianza neutral, menos en la confianza contractual, tu círculo próximo en la confianza mutua y solo un puñado en el nivel superior, la confianza pura.

Por muy descontento que estés con tu pirámide, no asciendas a nadie sin motivo. No harán más que decepcionarte. El mayor error que cometemos es dar por supuesto que el resto de la gente funciona igual que nosotros. Creemos que los demás valoran lo mismo, que lo que deseamos en una relación es lo que los demás anhelan también. Cuando alguien dice que te quiere, pensamos que quiere decir exactamente lo que nosotros queremos decir cuando lo decimos. Pero si pensamos que todo el mundo es un reflejo de nosotros mismos no vemos las cosas como son, sino como nosotros somos.

La confianza mutua requiere paciencia y compromiso. Se

basa en la comprensión verdadera de la otra persona a pesar y debido a que es distinta de nosotros y contempla el mundo de forma diferente. Para evitar hacer suposiciones, debemos observar atentamente sus palabras y su conducta. Cuando la gente te demuestre su nivel de confianza, cree en ella.

Quiero que te sientas agradecido por las personas en las que puedes confiar y honrado por aquellos que confían en ti. Si tienes confianza neutral con alguien, también está bien. Acepta a las personas como son y dales la oportunidad de crecer y demostrar que valen más. Estaremos listos para la confianza a largo plazo cuando dejemos que evolucione de manera natural.

La confianza es una práctica diaria

Las relaciones casi nunca llegan a un punto en el que las dos partes pueden decir: «Conozco totalmente a esta persona y ella lo sabe todo de mí». Como una curva que se acerca continuamente a ser recta pero que nunca lo consigue, tú nunca puedes decir: «Confío plenamente en ella, y viceversa, por los siglos de los siglos». La confianza puede sufrir amenazas pequeñas y grandes y hay que reforzarla y volver a cimentarla a diario. Para ello puedes...

- ... hacer y cumplir promesas (confianza contractual).
- ... hacer cumplidos y críticas constructivas a los que te importan y esforzarte en ofrecer apoyo (confianza mutua).
- ... estar al lado de alguien cuando atraviesa un mal momento, ha cometido un error o necesita ayuda que requiere un tiempo considerable (confianza pura).

Ahora que disponemos de herramientas para evaluar el papel que la gente desempeña en nuestra vida, vamos a estudiar cómo podemos hacer más profundas las relaciones existentes y desarrollar las nuevas de manera sólida. A los monjes, desprendernos de los roles familiares tradicionales nos permitió ampliar nuestros vínculos con la humanidad. De la misma forma, el celibato liberó la energía y la atención consumidas por el amor romántico. Antes de que lances este libro a la otra punta de la habitación, no estoy recomendando el celibato a los que no son monjes. Es un compromiso extremo y no es imprescindible para todo el mundo, pero a mí me condujo a revelaciones que me gustaría compartir. Digamos que yo lo hice para que tú no tengas que hacerlo.

¿Dejar de beber? Eso no me costó. ¿Dejar de jugar? Nunca había sido muy aficionado, la verdad. Y había dejado de comer carne a los dieciséis años. Para mí, renunciar a las relaciones sentimentales fue el sacrificio más difícil. Me parecía ridículo, casi imposible. Pero era consciente de su finalidad: ahorrar los esfuerzos y las energías que dedicaba a aprobar en una relación romántica y emplearlos para desarrollar un vínculo conmigo mismo. Piensa en ello como en dejar el azúcar. A todos nos parece un rollo —¿qué persona en su sano juicio querría privarse de los helados?—, pero sabemos que hay un buen motivo para hacerlo: estar sano y vivir más tiempo. Cuando yo miraba a los monjes, me daba cuenta de que hacían bien las cosas. ¿Te acuerdas de Matthieu Ricard, «el hombre más feliz del mundo»? Todos los monjes que conocía parecían muy jóvenes y daban la impresión de ser muy felices. Mis líos amorosos no me habían hecho sentirme pleno, de modo que estaba dispuesto a probar el experimento del autocontrol y la disciplina.

Cuando me hice monje, uno de mis amigos de la universidad me preguntó: «¿De qué vamos a hablar ahora? Antes nos pasábamos todo el tiempo hablando de chicas». Tenía razón. Yo había consumido una gran parte de mi vida entablando relaciones amorosas. Existe un motivo por el que vemos innumerables series de televisión y películas sobre historias de amor —siempre son entretenidas—, pero, como ocurre con cualquier forma de entretenimiento, te quitan un tiempo que podrías emplear en asuntos más serios. Si yo hubiese estado saliendo con alguien o en una relación estable durante esos tres años en lugar de estar en el *ashram*, no estaría donde estoy ahora ni sabría cuáles son mis puntos fuertes y quién soy.

En sánscrito, «monje» se dice *brahmacharya*, que se puede traducir como «el uso adecuado de la energía». En el mundo de las citas, cuando entras en un bar, miras a tu alrededor para ver si hay alguien atractivo. O pasas de una pareja potencial a otra en internet sin pensarte dos veces la cantidad de tiempo y esfuerzo que dedicas a ligar. Pero imagínate que pudieses rescatar ese tiempo para ti, recuperar todo lo que has invertido en relaciones que no salieron bien. Podrías orientar esa atención y esa concentración a la creatividad, la amistad, la introspección o la dedicación. A ver, eso no quiere decir que todas las relaciones fallidas sean una pérdida de tiempo. Al contrario, aprendemos de cada error. Pero piensa en el tiempo dedicado a la relación, esperando mensajes, preguntándote si a la otra persona le gustas, tratando de convertir a alguien en la persona que quieres que sea. Si reflexionamos sobre nuestras necesidades y expectativas, utilizaremos mucho mejor nuestro tiempo y nuestra energía.

La energía sexual no consiste solo en el placer. Es sagrada, ya que tiene el poder de engendrar un niño. Imagina lo que podemos crear dentro de nosotros si la aprovechamos. La educadora sexual titulada Mala Madrone dice: «El celibato elegido voluntariamente es una forma poderosa de desarrollar nuestra energía y aprovechar la potencia de la energía vital. También puede ayudarte a fortalecer tu intuición, tus límites y tu conocimiento de lo que significa el consentimiento verdadero, incluido cómo diferenciar el tipo de contacto e interacción que tu vida y tu cuerpo agradecen realmente».[12] Pero malgastas tu energía cuando la inviertes en adaptarte al ideal de otra persona, en transformarte en quien crees que el otro desea o en sospechar que el otro te engaña. En torno a las citas existe mucha ansiedad, negatividad y presión por encontrar a «la persona», independientemente de si estamos listos o capacitados para sentar la cabeza con alguien.

Una vez que el elemento de la búsqueda amorosa desapareció, ya no tuve que promocionarme como novio, ni cuidar mi aspecto, ni conseguir que las mujeres pensasen algo de mí ni dejarme llevar por la lujuria. Descubrí que las relaciones con mis amigas —con mis amigos de cualquier género— eran más profundas. Tenía más espacio físico y mental y más energía para su alma. Mi tiempo y mi energía estaban mejor invertidos.

Repito que no estoy aconsejándote que dejes el sexo (aunque está claro que podrías), pero ¿y si te concedes permiso para estar soltero, ser tú mismo y centrarte en tu profesión, tus amigos y tu paz interior? El pastor y filósofo Paul Tillich dijo: «Nuestro idioma ha captado sabiamente los dos aspectos ligados al sentimiento de estar solo. Ha creado la palabra "aislamiento" para expresar el dolor de estar solo y "soledad" para expresar la gloria de estar solo».[13]

Yo pasé tres años viviendo como un monje, tres años desarrollando mi conocimiento de mí mismo, y al final pude hacerme las preguntas adecuadas sobre una relación. Puede que no pasase todas las horas del día en el *sattva* —la modalidad de la bondad—, pero sabía en qué punto quería estar y cómo sentirme. Tuve la oportunidad de convertirme en la persona con la que me gustaría salir. En lugar de buscar a gente que me hiciese feliz, fui esa persona para mí mismo.

Atracción frente a conexión

Nuestra intencionalidad aumentada nos ofrece una perspectiva más clara para evaluar por qué nos atrae al principio la gente y si esas razones son compatibles con nuestros valores. La conexión tiene cinco motivaciones principales, y ten presente que no se aplican exclusivamente a las perspectivas amorosas:

1. *Atracción física.* Te gusta su aspecto, es decir, te atrae su apariencia, su estilo o su presencia, o te gusta la idea de que te vean con esa persona.
2. *Material.* Te gustan sus logros y el poder o las posesiones que le facilitan.
3. *Intelectual.* Te gusta cómo piensa, esto es, te estimulan su conversación y sus ideas.
4. *Emocional.* Conectáis bien. Esa persona entiende cómo te sientes y aumenta tu sensación de bienestar.
5. *Espiritual.* La otra persona comparte tus metas y valores más profundos.

Cuando identificas lo que te atrae, queda claro si te atrae toda la persona o solo una parte. Según mi experiencia, cuando le pregunto a la mayoría de la gente qué le atrae de otra persona, enumera una combinación de las tres primeras cualidades: belleza, éxito e intelecto; pero estas por sí solas no se asocian con una relación enriquecedora a largo plazo.

Los monjes creen que la belleza de uno no es quien es; el cuerpo no es más que un recipiente del alma. Del mismo modo, las posesiones de uno no son suyas; ¡desde luego, no te dicen nada del carácter de esa persona! Y, aunque te atraiga el intelecto de alguien, no existe ninguna garantía de que el resultado sea un vínculo serio. Esas tres cualidades no se asocian con una relación enriquecedora a largo plazo, pero sí que muestran tu química con otra persona. Las dos últimas —la emocional y la espiritual— apuntan a una conexión más profunda y duradera: vuestra compatibilidad.

Calidad, no cantidad

En lo referente a la energía que gastamos y recibimos en las relaciones, lo importante es la calidad, no la cantidad. A menudo oigo a padres culpables (normalmente madres) decir que les sabe mal tener que trabajar mucho y no disponer de tiempo para estar con sus hijos. Según el primer estudio a gran escala del efecto del tiempo de las madres, lo que cuenta es la calidad del tiempo que pasan con ellos, no la cantidad.[14] (Eso quiere decir que guardes el móvil cuando estés con tu familia.) Yo no tengo hijos, pero sé que cuando era niño siempre percibía la energía de mi madre. Nunca contaba cuánto tiempo pasaba conmigo. Mi madre trabajaba, y cuando yo era pequeño iba a la guardería. No tengo ni un solo recuerdo de aquello, ninguno doloroso por la ausencia de mi madre, pero sí me acuerdo de cuando ella me venía a recoger. Siempre sonreía y me preguntaba cómo me había ido el día.

Eso es aplicable a todas las relaciones. Nadie quiere cenar contigo mientras estás con el móvil. Ahí es cuando confundimos tiempo y energía. Puedes pasar una hora entera con alguien y solo concederle diez minutos de energía. Yo no puedo pasar mucho tiempo con mi familia, pero cuando voy a verla estoy presente al cien por cien. Prefiero pasar dos horas con ellos, centrado e implicado, a dedicarles una energía parcial y dispersa durante un fin de semana entero.

El monje demuestra el amor a través de la presencia y la atención. En el *ashram*, el tiempo invertido nunca se consideraba una medida fiable de cuidado o compromiso. Como ya he dicho, después de meditar, nadie te preguntaba cuánto habías meditado, sino cuán lejos habías llegado. Si cenáis juntos cada noche, fenomenal, pero ¿qué calidad tiene vuestra conversación? Piensa como los monjes, en términos de gestión de la energía, no del tiempo. ¿Le estás concediendo toda tu presencia y tu atención a alguien?

HAZ LA PRUEBA: ESPOSA A LOS LADRONES DE ATENCIÓN

Actualmente la mayoría de nosotros perdemos la batalla por nuestra atención. Las vencedoras son las pantallas. La única forma de prestar toda tu atención a alguien durante un período de tiempo determinado es apagarlas. Para concederle a una persona importante en tu vida la concentración que se merece, siéntate con ella y acordad las normas que regirán el uso del móvil, el portátil y la televisión. Elige actividades concretas que os proporcionen tiempo de calidad, sin distracciones. Acordad apagar el móvil, guardarlo en otra habitación o dejarlo en casa. Puede que al principio os resulte difícil. Tal vez la conversación no fluya o amigos y colegas se molesten porque no pueden contactar contigo. Fijar esos límites servirá para establecer expectativas nuevas en ambos frentes: los silencios en las conversaciones dejarán de ser incómodos y amigos y colegas aceptarán que no estés disponible las veinticuatro horas del día.

La mayoría de las parejas no se sientan juntas a elaborar una lista de valores y ver si los comparten. Pero, una vez que nos vemos a nosotros mismos con claridad, podemos conectar con los demás de forma más intencionada. El Upadesamrta habla de seis intercambios amorosos para fomentar la creación de vínculos y crecer juntos.[15] (Hay tres tipos de intercambios y cada uno implica dar y recibir, de ahí que sumen seis.) Estos intercambios nos ayudan a desarrollar una relación basada en la generosidad, el agradecimiento y el servicio.

Regalos. Dar presentes caritativos y recibir lo que nos ofrezcan a cambio. Puede parecer evidente o incluso materialista, pero no queremos comprar el afecto del otro. No obstante, piensa en lo que significa obsequiar a otra persona con intención. ¿Le compras flores a tu pareja el Día de San Valentín? Es un gesto muy convencional, de modo que considera si es lo que le hace más feliz. Si es recibir flores, ¿pasaste con ella por delante de una floristería hace seis meses para conocer sus preferencias con vistas a ese día, o se lo consultaste a su mejor amiga? (Los dos actos conllevan mucha más intención que encargar unas rosas por internet, aunque, claro, eso es mejor que olvidarse por completo del día.) ¿Es el Día de San Valentín el mejor momento para expresar tu amor, o un gesto inesperado sería más valioso? ¿Te has tomado tiempo para considerar lo que realmente le gustaría a un amigo enfermo? A lo mejor no es un objeto, sino un acto, un servicio, nuestro tiempo; limpiarle el coche, organizar actividades, ayudarlo con sus obligaciones o llevarlo a un sitio bonito.

Puedes dedicarle la misma consideración al acto de recibir un regalo. ¿Agradeces el esfuerzo invertido en él? ¿Entiendes por qué y qué significa para quien lo regala?

Conversación. Escuchar es uno de los regalos más considerados que podemos recibir. No hay mejor forma de demostrarle a otra persona que su experiencia nos importa. Escuchar atentamente implica buscar las emociones que hay detrás de las palabras, hacer preguntas para entender mejor, incorporar lo que has descubierto a tus conocimientos de la otra persona, hacer todo lo posible por recordar lo que ha dicho y continuar cuando proceda. Escuchar también implica crear un ambiente de confianza en el que la persona se sienta acogida y a salvo.

También es importante compartir pensamientos, sueños, esperanzas y preocupaciones. La vulnerabilidad de exponerse es una forma de ofrecer confianza y mostrar respeto por la opinión del otro. Gracias a ello, la otra persona podrá entender las experiencias y opiniones previas que aportes a lo que hagáis juntos.

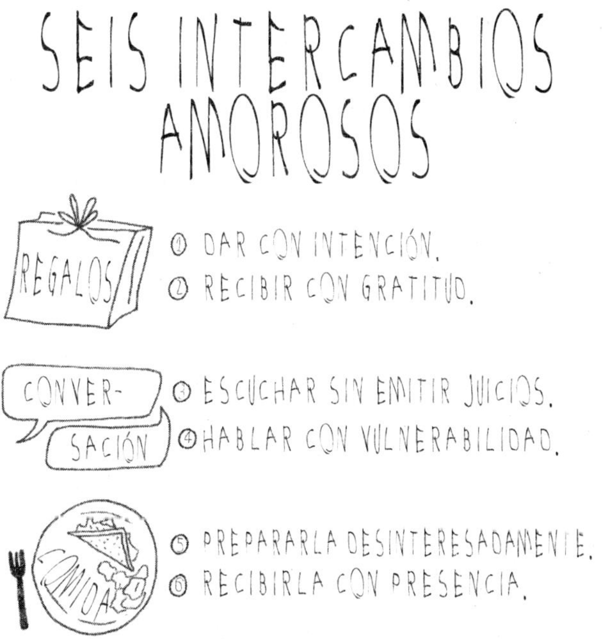

HAZ LA PRUEBA: TRANSFORMA TU CONVERSACIÓN EN UN REGALO

Lo ideal es que pongas esto en práctica en tus conversaciones con regularidad, pero esta vez hazlo con concentración e intención. Elige un encuentro próximo que tengas con alguien importante para ti: un amigo, un pariente o tu pareja. Puede que sea una comida o un paseo juntos. Durante esa cita, apaga el móvil. Centra toda tu atención en la otra persona. En lugar de llevar un orden del día, ten curiosidad. Si no surge ningún tema, plantea preguntas abiertas para hacerla hablar de algo que le importe: «¿Qué te preocupa últimamente? ¿Cómo va tu relación con X?». Escucha atentamente y haz preguntas complementarias. Comparte tus experiencias sin centrar la conversación en ti mismo. Unos días más tarde, envíale un correo electrónico o un mensaje para hacer seguimiento.

Comida. Naturalmente, el mundo era un lugar muy distinto cuando se escribió el Upadesamrta y yo interpreto este intercambio de comida, en términos generales, como un intercambio de experiencias: cualquier expresión tangible de afecto y servicio que nutre el cuerpo o el espíritu, como dar un masaje, crear un espacio relajante para la otra persona en casa o poner música que sabes que le gusta. Mi esposa juega en otra liga y dejó a su familia y se mudó a Nueva York para vivir conmigo: una expresión de afecto y generosidad que me llenó más de lo que puedo expresar. Una vez allí, le presenté a otras mujeres para ayudarla a formar un grupo de amistades. Las experiencias que intercambiábamos no tenían por qué coincidir a la perfección; hay que buscar lo que más necesita la otra persona.

Estos seis intercambios pueden ser desconsiderados y vacíos o pueden tener una profundidad y un sentido verdaderos. Pero no juzgues los esfuerzos de la gente sin darles una oportunidad. Nadie sabe leer el pensamiento. Si tu compañero de habitación o tu pareja no adivina que quieres que te organice una fiesta de cumpleaños, no es culpa suya. Para evitarlo, sé claro y sincero con ellos en lo que respecta a tus necesidades.

HAZ LA PRUEBA: **PIDE LO QUE QUIERES**

Diles a las personas importantes de tu vida cómo quieres recibir amor. Cuando no le comunicamos a la gente lo que deseamos, esperamos que nos lean el pensamiento y solemos juzgarlos por no hacerlo. Esta semana, sé más franco a la hora de pedir ayuda a la gente en lugar de esperar a que ellos adivinen lo que necesitas.

1. Piensa en una queja que tengas sobre la conducta de un ser querido. (¡Pero no te empeñes demasiado en buscar defectos! Si no te viene nada a la mente es una señal estupenda y deberías saltarte este ejercicio.)
2. Profundiza hasta la raíz del problema. ¿Dónde está el verdadero descontento? Puede que descubras que tu necesidad se corresponde con los intercambios amorosos. ¿Deseas más tiempo para compartir y conectar? (Conversación.) ¿Te sientes poco valorado? (Regalos.) ¿Necesitas más apoyo? (Comida u otros actos de servicio.)
3. Exprésalo sin críticas: «Esto es lo que me haría sentir más querido y apreciado», en lugar de «Haces esto mal».

De esa forma le ofreces a tu compañero una vía para conectar que le facilita las cosas y con la que es más probable que te satisfaga.

Listo para el amor

Los seis intercambios amorosos sientan las bases para cualquier relación estrecha, pero la mayoría de nosotros buscamos a «esa persona». El Grant Study de Harvard hizo un seguimiento de 268 estudiantes universitarios a lo largo de setenta y cinco años y recabó montones de datos durante el proceso. Cuando los investigadores los examinaron, descubrieron un único factor que predecía con cierta exactitud la calidad de vida de los participantes: el amor. Podían tener cualquier otro indicador de éxito externo —dinero, una carrera próspera, buena salud física, etc.—, pero sin una relación sentimental no eran felices.[16]

Todos entablamos relaciones con un grado de autoconocimiento distinto. Con el apoyo de las encuestas de internet y las aplicaciones de citas, enumeramos las características que buscamos en una pareja —sentido del humor, cariño, atractivo, etc.—, pero no tenemos en cuenta lo que realmente necesitamos. ¿Cómo queremos que cuiden de nosotros? ¿Qué nos hace sentir queridos?

En *Cómo amar*, Thich Nhat Hanh escribe: «Con frecuencia nos enamoramos de otra persona no porque la amemos y la entendamos verdaderamente, sino para distraernos de nuestro sufrimiento.[17] Cuando aprendamos a amarnos y entendernos y sintamos auténtica compasión por nosotros mismos, podremos amar y entender verdaderamente a otra persona». Después de mi estancia en el *ashram*, cuando estuve listo para una relación (que no fue, como algunos amigos pensaron, nada más salir), mi concepto de lo que buscaba en una pareja cambió gracias al conocimiento que tenía de mí mismo. Sabía lo que me complementaría y lo que no, lo que necesitaba en mi vida y lo que podía ofrecer. Mi capacidad para encontrar la relación adecuada evolucionó porque yo había evolucionado.

Resultó que Radhi Devlukia, la mujer que se convertiría en mi esposa, también poseía ese conocimiento de sí misma. Sin necesidad de hacer el viaje espiritual que yo había realizado, sabía que quería estar con alguien con quien tuviese una conexión espiritual, con principios y valores elevados. Creo que a ella le hubiese ido perfectamente sin mí. Pero sé que mi vida habría sido distinta, llena de sufrimiento, si no hubiese dedicado tiempo a trabajar en mí mismo antes de lanzarme a una relación seria.

Según Massive Attack, amar es un verbo.[18] En *Como la vida misma* se dice que el amor es una habilidad. El Dalai Lama afirma: «El amor es la ausencia de juicio». El amor también es paciente, amable. Y, por lo visto, todo lo que necesitas es amor. Con tantas definiciones distintas de él en nuestra cultura, resulta un poco lioso. Y yo estaba hecho un lío, a pesar de la experiencia que había adquirido como monje —mi autoconocimiento, mi intencionalidad y mi compasión—, cuando me aventuré a tener mi primera cita al volver a Londres.

Ya sé que ella me gusta. Think Out Loud, el grupo de debate que fundé en la universidad, continuó unos años después de que me fuese, y yo mantuve el contacto con el colectivo haciendo visitas y dando charlas cuando iba a Londres. Radhi formaba parte de ese grupo, había ido a algunas de mis charlas y se había hecho amiga de mi hermana. Ahora la gente de ese colectivo, incluidos Radhi y yo, nos hemos unido para organizar un acto benéfico contra el racismo y el bullying que sufren los niños en Inglaterra. Ver a Radhi en ese contexto me dijo más de ella de lo que habría descubierto en el perfil de una aplicación de citas, o incluso después de varios encuentros. He visto lo respetuosa que es con todos los miembros del equipo. Tiene opiniones interesantes e ideas geniales. He tenido ocasión de ver quién es realmente; cualquiera puede ser quien dice en su perfil de internet en una cita de una hora. Puede que sea su mejor versión de sí mismo, pero eso no ofrece una visión de conjunto.

Todavía no tengo un trabajo a jornada completa, pero he

estado dando clases particulares para ganar algo de dinero. He ahorrado los ingresos de un mes y llevo a Radhi al teatro a ver Wicked. *Luego la llevo a Locanda Locatelli, un restaurante de lujo que está muy por encima de mis posibilidades.*

Ella es educada, pero no se deja impresionar. Después me dice: «No tenías por qué hacer esto», y me confiesa que su cita ideal sería ir a un supermercado, recorrer los pasillos y comprar pan. Estoy desconcertado. ¿Quién querría hacer eso?

No había tenido ninguna relación desde que me hice monje y todavía tenía que reconciliar quién era ahora espiritualmente con lo que hacía antes cuando salía con una chica. Me sentía con un pie en cada mundo. A pesar de la formación que había recibido como monje, en las relaciones mi conducta era la de antes: intentaba dar a la otra persona lo que los medios de comunicación, las películas y la música me decían que quería en lugar de esforzarme por saber quién era. A mí me encantan los regalos y las demostraciones extravagantes de amor y durante un tiempo seguí colmando a Radhi de gestos grandilocuentes sin darme cuenta de lo que hacía. No lo había entendido. A ella no le impresionaba nada de eso. No le va el lujo. Después de los años que había pasado en el *ashram*, todavía me dejaba arrastrar por las influencias externas o por mis preferencias en vez de observar detenidamente lo que a ella le gustaba; pero después de mis tropiezos iniciales lo entendí y, gracias a Dios, se casó conmigo.

Si no sabes lo que quieres, emitirás las señales equivocadas y no atraerás a las personas adecuadas. Si no te conoces a ti mismo, no buscarás las cualidades apropiadas ni elegirás a las personas idóneas. Ese trabajo es el que hemos tratado a lo largo de este libro. Tienes que comprenderte a ti mismo si quieres estar listo para el amor.

A veces descubrimos que cometemos el mismo error una y otra vez y atraemos a un tipo de pareja que es incompatible con nosotros o la elegimos muy a nuestro pesar. Si eso ocurre, no es mala suerte; es un indicio de que tenemos trabajo que hacer. Según la perspectiva del monje, cargas con dolor. Buscas a personas que lo alivien, pero solo tú puedes. Si no te ocupas de él, no te abandonará e interferirá en tus decisiones. Las personas problemáticas que surgen en tu vida son un reflejo de tus problemas pendientes, y seguirán apareciendo hasta que aprendas la lección. Como Iyanla Vanzant le dijo a Oprah Winfrey: «... hasta que no cures las heridas del pasado no vas a parar de sangrar; puedes parar la hemorragia con comida, alcohol, drogas, trabajo, tabaco, sexo..., pero al final la sangre acabará saliendo y te manchará la vida; debes encontrar fuerzas para abrir las heridas, meter los dedos, sacar el núcleo del dolor que te retiene en el pasado, los recuerdos, y hacer las paces con él».[19]

Una vez que te hayas liberado de esa mochila y te hayas curado (más o menos), te abrirás a una relación con predisposición a dar y no aspirarás a que la otra persona resuelva tus problemas o llene un vacío. Nadie te completa. No eres una mitad. No tienes por qué ser perfecto, pero sí debes llegar a un lugar donde haya generosidad. En vez de consumir a la otra persona, la nutrirás.

Mantener vivo el amor

Recuerda que cuando hablamos de la mente dijimos que la felicidad nace cuando aprendemos, progresamos y conquistamos. Y, sin embargo, a medida que una relación se alarga, acostumbramos a añorar la fase de la luna de miel, cuando estábamos enamorándonos. ¿Cuántas veces has estado en una relación y te has dicho: «Ojalá volviese a sentirme así» o bien «Ojalá pudiésemos retroceder en el tiempo»? Pero ir a cenar al mismo restaurante o al sitio donde os disteis el primer beso no os va a devolver la magia de antaño. Muchos somos tan adictos a recrear las mismas experiencias que no hacemos sitio para otras nuevas. Lo que en realidad hacías al principio de tu relación era crear recuerdos nuevos con energía y amplitud de miras. El amor se mantiene vivo si creamos memorias nuevas, si seguimos aprendiendo y creciendo juntos. Las experiencias novedosas aportan emoción a la vida y desarrollan un vínculo más sólido. Tengo muchas recomendaciones en materia de actividades para parejas, pero a continuación te propongo algunas de mis favoritas, basadas en principios monacales.

1. *Busca lo nuevo en lo viejo.* ¿Te acuerdas de que cuando estuve en el *ashram* teníamos que buscar una piedra especial en el mismo paseo que dábamos todos los días? Tú también puedes abrir los ojos al mundo en el que vives. Prepara una cena a la luz de las velas en mitad de la semana. Leeos un libro el uno al otro antes de acostaros en lugar de mirar el móvil. Dad un paseo juntos por el barrio y retaros a buscar determinado tipo de buzón o a ser el primero en ver un pájaro.
2. *Busca nuevas formas de pasar tiempo juntos.* Según un estudio realizado por el psicólogo Arthur Aron, las parejas fortalecen sus lazos cuando hacen juntos actividades nuevas y emocionantes.[20] Mi esposa y yo empezamos a visitar juntos juegos de escape. Son juegos donde los participantes están encerrados en una habitación y tienen que buscar cómo salir. El personal te da pistas y tienes que colaborar para resolver enigmas. Puede parecer un poco inquietante, pero en realidad es muy divertido. Apren-

déis mucho y os equivocáis juntos. Los dos estáis en igualdad de condiciones, ya que ninguno tiene más experiencia ni conocimientos que el otro. Si experimentáis como pareja, sentiréis que crecéis juntos en todos los campos de la vida. También podéis intentar compartir algo más arriesgado, como saltar en paracaídas u otra actividad que os obligue a salir de vuestra zona de confort. ¿Te acuerdas de todos los beneficios que obtuvimos cuando nos acercamos a nuestros temores? Jugar juntos con el miedo es una forma de practicar cómo adentrarte en tus miedos más profundos, compartirlos con tu pareja, sentir su apoyo y, juntos, transformarlos.

3. *Servid juntos.* Del mismo modo que servir da sentido a la vida, hacerlo con tu pareja aporta sentido a la relación, ya sea organizando actos benéficos, dando de comer a los sintechos o enseñando algo juntos. Las experiencias más integradoras que viví como monje tuvieron lugar cuando participé en proyectos colectivos. El horrible viaje en tren de dos días del que he hablado. Plantar árboles juntos. Construir una escuela. En lugar de centrarnos en las dificultades de la relación, desarrollamos una perspectiva común sobre los problemas de la vida real. Cuando conectamos por una causa más elevada, sentimos agradecimiento y lo aportamos a nuestra relación. Conozco a muchas parejas que se han conocido haciendo labores de voluntariado, de modo que, si aspiras a encontrar un compañero adecuado, busca una causa que te llegue al corazón. Si os conocéis realizando una actividad como el voluntariado, tendréis en común algo muy profundo desde el principio y será más probable que forjéis un lazo más estrecho.
4. *Meditad y cantad juntos* (véase la página 352). Cuando

una pareja que acaba de discutir entra en una habitación, se puede notar la energía negativa entre ellos. Lo contrario ocurre cuando tu pareja y tú cantáis juntos. Centráis vuestras energías en el mismo punto y os sentís, literalmente, en armonía uno con el otro.

5. *Por último, visualizad juntos lo que ambos esperáis de la relación.* Cuando sois conscientes de lo que es importante para cada uno, podéis saber hasta qué punto estáis dispuestos a adaptaros. Lo ideal es que cada uno se esfuerce por vivir en su propio *dharma*. En las mejores relaciones los dos llegan allí juntos.

Superar el mal de amores

Puede resultar difícil ver con claridad los asuntos del corazón, pero quiero dejar meridianamente clara una cosa: existe una diferencia entre agradecer lo que tienes y conformarte con menos de lo que mereces. Si seguimos haciendo caso a la mente de niño, nos sentiremos atraídos por gente que no nos conviene pero nos hace sentir mejor en un momento determinado. No hagas que tu autoestima dependa de otra persona. Nadie merece malos tratos verbales, emocionales o físicos. Es preferible estar solo. Ningún ser humano debería permitir una relación abusiva, manipuladora o tóxica con la esperanza de que se convierta en una amistad. La dinámica no cambiará, te lo aseguro.

En toda relación tienes la oportunidad de establecer el grado de felicidad al que aspiras y el nivel de dolor que estás dispuesto a aceptar. Ninguna relación es perfecta, pero si la felicidad nunca llega a cierta cota, o si se mantiene baja, no va a cambiar a menos que los dos os lo trabajéis mucho. Lo mismo es aplicable al nivel de decepción que estás dispuesto a tolerar. Es posible que vuestra relación tarde en arrancar —puede llevar un tiempo conocerse—, pero si nunca alcanza un nivel satisfactorio tienes que decidir si lo aceptas o pasas página.

Sé que no es fácil. Cuando has pasado tiempo de calidad con alguien, has invertido en esa persona y te has entregado, cuesta mucho dejarlo. La monja budista tibetana Jetsunma Tenzin Palmo señala que a menudo confundimos apego con amor. Según ella: «Imaginamos que el aferramiento y la dependencia de nuestras relaciones son una demostración de amor. Pero en realidad es apego, que causa dolor, porque, cuanto más nos aferramos, más tememos que perder, y si acabamos perdiendo, como es natural, sufriremos».[21] Al final, aferrarnos a la persona equivocada nos causa más dolor que dejarla marchar.

Las estrategias que recomiendo para superar el mal de amores están directamente relacionadas con las ideas monacales del yo y la búsqueda de paz y propósito. Independientemente de los pensamientos que se nos pasen por la cabeza, no debemos huir de ellos. Debemos concedernos espacio para evaluar y realizar cambios. **DETECTAR, DETENERSE, DESVIARSE.**

Siente todas las emociones. Es posible distraerse del mal de amores, pero el parche solo es temporal. Y si niegas tus emociones acabarás sufriendo de otras formas. Unos investigadores siguieron a unos estudiantes de primer año de universidad para ver lo bien que se adaptaban al cambio y descubrieron que los que tendían a reprimir sus emociones tenían menos relaciones estrechas y sentían menos apoyo social. Para evitarlo, piensa cómo te ha hecho sentir la otra persona en esa situación. Puede que desees expresar tus sentimientos por escrito o grabarlos. Lee lo que has escrito y escúchalo objetivamente. ¿Detectas patrones recurrentes?[22]

También puedes hacer una meditación interrogativa y preguntarte por la pérdida. Nos gusta recrearnos en las emociones:

lo perfecta que era la relación, cómo podría haber sido, cómo pensábamos que sería... En lugar de reflexionar sobre lo romántica que era antes de que se fuese al garete, céntrate en la realidad. ¿Qué esperanzas tenías con respecto a la relación? ¿Qué has perdido? ¿Está tu decepción vinculada a quién era o no la persona? Estudia tus emociones hasta que descubras la raíz del dolor y el trastorno.

Aprende de la situación. El cine, la música y otros medios nos emiten mensajes limitados y a menudo erróneos sobre cómo debería ser el amor. Aprovecha la realidad de la ruptura para fijarte expectativas realistas en relación con lo que mereces y necesitas de una relación nueva y recuerda que las tuyas pueden ser distintas de las de la persona con la que rompiste o de la siguiente que aparezca. ¿Cuál era la mayor expectativa que tenías que no se cumplió? ¿Qué era importante para ti? ¿Qué era bueno y qué malo? ¿Qué papel tuviste en su final? En lugar de examinar tu dolor en este punto, te conviene investigar el funcionamiento de la relación para identificar lo que deseas de la próxima y en qué aspectos de tu persona podrías tener que trabajar.

Cree en tu valor. Puede que te infravalores en el momento de una ruptura, pero tu valor no depende de la capacidad de alguien para apreciarte plenamente. Si supeditas tu identidad a la relación, el dolor responderá a que has tenido que sacrificar esa parte de tu identidad. Si esperabas que una persona satisficiese todas tus necesidades, cuando se va es normal que se cree un vacío. Ahora que estás soltero, aprovecha para formar un grupo de personas con intereses comunes que quieras tener en tu vida para siempre. Complétate. Tienes que ser alguien que te haga feliz a ti mismo.

Espera antes de volver a salir con alguien. Recuerda que, si no has curado el dolor del pasado, quizá dejes pasar la próxima oportunidad de tener una conexión increíble con una persona fantástica. No reincidas ni salgas con alguien para vengarte. Eso solo provoca más daño y un arrepentimiento que se propagan, un virus de dolor. En lugar de eso, dedica tiempo a conocerte mejor. Desarrolla tu autoestima. Invierte en tu crecimiento. **Si te has perdido en la relación, búscate en el desamor.**

La actitud del monje consiste en desarrollar conciencia, abordar y enmendar. O bien dentro de una relación o bien antes de empezar una, damos un paso atrás para evaluar y nos aseguramos de que entendemos nuestras intenciones. Luego ya podremos aventurarnos en el mundo de las citas o volver a la relación con más conocimiento de uno mismo y amor. **DETECTAR, DETENERSE, DESVIARSE.**

Hemos dirigido nuestra atención hacia fuera para abordar las relaciones íntimas de nuestra vida. Ahora vamos a tratar nuestra relación con el mundo en general. Ya he dicho que en el *ashram* sentí un vínculo que iba más allá de los lazos con mi familia, una fuerza mucho más grande que nos une y nos conecta a todos. El astrofísico Neil deGrasse Tyson dijo: «Todos estamos conectados; entre nosotros, a nivel biológico. Con la tierra, a nivel químico. Y con el resto del universo, a nivel atómico». Sabiendo eso, debemos observar el universo para dar sentido a nuestra vida.

11

Servicio

Planta árboles a cuya sombra no tengas intención de sentarte

Los ignorantes trabajan solo en beneficio propio...
Los sabios, por el bienestar del mundo...[1]

BHAGAVAD GITA, 3,25

Soy novicio en el ashram *y nos han dejado en un pueblo sin dinero ni comida, con la misión de que nos las arreglemos durante treinta días.*

Hace buen tiempo y nos han prestado un almacén para resguardarnos. Dejamos allí las esterillas y nos aventuramos en el pueblo. Las chozas son sencillas y venden comida, especias y artículos diversos. Entre ellas hay ropa limpia tendida. La mayoría de la gente se desplaza en bicicleta o a pie; algunos niños van descalzos.

Libres de ataduras, sin ningún plan, lo primero que sentimos es miedo, que nos incita a hacer lo que sea necesario para sobrevivir. Pedimos limosna; la gente de la India es generosa y suele dar pan, fruta o monedas a las personas vestidas con hábito religioso. Visitamos el templo, donde a los peregrinos les dan lo que llaman prasad*: comida sagrada que se ofrece a Dios y luego se reparte. Inquietos por nuestra supervivencia, recurrimos al egoísmo y la acumulación.*

La segunda semana estamos mejor. Hemos comprendido que podemos ganarnos las provisiones ofreciendo ayuda a los lugareños. Empezamos a echar una mano a la gente que va muy cargada o a los vendedores ambulantes que necesitaban ayuda con el carro. Pronto descubrimos que abrir el corazón y el alma anima a los demás a hacer otro tanto. Los donativos que recibimos no son muy diferentes de los que nos dieron cuando llegamos, pero el intercambio nos proporciona una sensación cálida de compasión y generosidad comunitaria y me siento como si hubiese asimilado la lección de ese viaje. Creíamos que no teníamos nada, y, en efecto, apenas teníamos posesiones materiales, pero aun así podíamos ofrecerle nuestros esfuerzos a la gente.

Sin embargo, la última semana estamos bien alimentados y lo bastante protegidos para percatarnos de algo más profundo. Aunque habíamos llegado sin nada, seguíamos teniendo cierto tipo de riqueza: somos más fuertes y capaces que muchas personas del pueblo. En las calles hay ancianos, niños y discapacitados más necesitados que nosotros.

—Me siento mal —dice un monje—. Esto es temporal para nosotros. Para ellos, no.

—Creo que se nos está escapando algo —añado—. En este pueblo podemos hacer algo más que sobrevivir.

Nos acordamos de la frase de Helen Keller: «Lloraba porque no tenía zapatos, hasta que conocí a un hombre que no tenía pies». Lamentablemente, no es ninguna exageración. En la India, a menudo se ven personas a las que les faltan extremidades.

Ahora comprendo que hemos encontrado nuestro camino, que podemos compartir la comida y el dinero que hemos recibido con los que no tienen tanto como nosotros. Justo cuando pienso que he aprendido la lección del viaje, experimento una revelación que me afecta profundamente: todo el mundo, incluso aquellos de nosotros que hemos dedicado nuestra vida al servicio, siempre podemos dar más.

Estas tres fases de transformación fueron como una versión a pequeña escala de la experiencia monacal completa: primero, nos liberamos de lo externo y del ego; segundo, reconocemos nuestro valor y aprendemos que no necesitamos poseer nada para servir; y tercero, buscamos continuamente un nivel superior de servicio. En ese viaje entendí que siempre se puede seguir ascendiendo, que siempre hay más que dar. La hermana Christine Vladimiroff, una monja benedictina citada en *The Monastic Way*, escribió: «La espiritualidad monástica nos enseña que estamos de viaje, un viaje interior en busca de Dios a través de la oración y el silencio. Tomado en sí mismo, podemos idealizar ese aspecto de nuestra vida. [...] Pero para ser monástico hay que hacer un viaje paralelo: el viaje exterior. Vivimos en comunidad para ser más sensibles a las necesidades de los demás. [...] El monasterio es entonces un centro del que salir y al que invitar a otros a entrar. La clave está en mantener siempre los dos viajes: el interior y el exterior».[2]

El fin más elevado

En la charla que dio en mi universidad, Gauranga Das se convirtió en una fuente de inspiración para mí cuando dijo: «Plantad árboles a cuya sombra no tengáis intención de sentaros». Esa frase me cautivó y me hizo seguir una trayectoria que nunca me habría imaginado. En este punto tengo que hacer una confesión que te he ocultado hasta ahora. Hemos hablado de cómo liberarnos de las influencias del ruido exterior, el miedo, la envidia y las metas falsas. Hemos estudiado cómo crecer utilizando la mente, el ego y la práctica diaria para vivir en nuestro *dharma*. Todo ello va encaminado a llevar una vida que nos llene y que tenga sentido, un camino meritorio. Pero ni aquí, ni en las redes sociales, ni en mis clases ni en ningún medio en el que doy clases he divulgado aún la lección más importante que aprendí como monje y que llevo conmigo todos los días de mi vida. Un redoble de tambor, por favor.

El fin más elevado es vivir sirviendo.

Tampoco es que lo haya mantenido en secreto; lo digo bastante a menudo. Pero he esperado hasta ahora para hablar del papel central que considero que debe desempeñar en la vida de todos, porque, sinceramente, creo que la mayoría de nosotros somos algo reticentes a la idea. Sí, queremos ayudar a los necesitados y tal vez hallemos formas de lograrlo, pero estamos limitados por la presión y las necesidades del trabajo y la vida. Queremos resolver nuestros problemas primero. «¡Jay, yo soy el que necesita ayuda! Tengo muchas cosas que solucionar antes de poder dedicarme a ayudar a los demás.» Es cierto. Cuesta pensar en el desinterés cuando estamos pasando dificultades. Y, sin embargo, eso es exactamente lo que aprendí siendo monje. El desinterés es la ruta más segura para alcanzar la paz interior y una vida que tenga sentido. **El desinterés cura el yo.**

Los monjes viven al servicio y pensar como ellos equivale en última instancia a servir. En *The Monastic Way* aparece la siguiente cita del monje benedictino Dom Aelred Graham: «El monje puede pensar que ha venido [al monasterio] a obtener algo para sí mismo: paz, seguridad, tranquilidad o una vida de oración, estudio o enseñanza; pero si su vocación es genuina descubre que no ha venido a recibir, sino a dar».[3] **Procuramos dejar un sitio más limpio, gente más feliz y un mundo mejor que como los encontramos.**

Somos parte de la naturaleza, y si la estudiamos y observamos atentamente veremos que siempre está al servicio. El sol proporciona calor y luz. Los árboles dan oxígeno y sombra. El agua apaga la sed. Podemos —y los monjes lo hacemos— ver todo lo que hay en ella como algo que presta un servicio. El Srimad-Bhagavatam aconseja: «Mira estos árboles tan afortunados. Han dedicado su vida por completo al beneficio de los demás. Mientras soportan el viento, la lluvia, el calor y la nieve, nos protegen de esos elementos».[4] La única forma de ser uno con la naturaleza es servir. Se deduce, pues, que la única forma de estar en sintonía con el universo es servir, porque eso es lo que hace él.

El gurú del siglo xvi Rupa Goswami habla de *yuktavairāgya,* que significa hacerlo todo con un fin más elevado.[5] Ese es el auténtico desapego, la renuncia absoluta, la perfección. Algunas sectas de monjes aplican estrictamente ese principio a sus prácticas, despojándose por completo de posesiones materiales, pero el resto de nosotros necesitamos trabajar para ganarnos la vida. Todos acabaremos poseyendo cosas. Pero podemos prestar atención a cómo usamos lo que tenemos; utilizar nuestra casa para acoger a la comunidad; usar nuestro dinero y nuestros recursos para apoyar causas en las que creemos, y ofrecer nuestro talento a los que lo necesitan. No hay nada malo en tener cosas si las usamos para hacer el bien.

El Bhagavad Gita contempla el mundo entero como una especie de escuela, un sistema educativo estructurado para hacernos conscientes de una verdad: estamos obligados a servir y solo sirviendo seremos felices. Del mismo modo que el fuego arde y el sol ilumina y da calor, el servicio es la esencia de la conciencia humana. Date cuenta de la realidad del mundo en el que vives, de que es temporal, irreal y la fuente de tu sufrimiento y tus falsas ilusiones. Considerar que el sentido de la vida es experimentar gratificación —hacernos sentir bien a nosotros mismos— provoca dolor e insatisfacción, pero considerar que es el servicio suscita plenitud.

El servicio nos llena a muchos niveles, empezando por mi convicción de que nacemos programados para cuidar de los demás, de manera que nos hace bien. Ese instinto es más evidente en los niños, ajenos todavía a distracciones y exigencias de tiempo y atención. En una imagen que se volvió viral se ve a una niña de unos dos años viendo a un político llorando en la televisión japonesa. La pequeña toma un pañuelo de papel, se acerca a la tele y trata de secarle las lágrimas. Material así se viraliza porque reconocemos —y tal vez añoramos— la compasión de la niña por otra persona, incluso por un extraño.

En *El largo camino hacia la libertad*, Nelson Mandela escribe: «Nadie nace odiando a otra persona por el color de su piel, su procedencia o su religión. El odio se aprende, y, si es posible aprender a odiar, es posible aprender a amar, ya que el amor surge con mayor naturalidad en el corazón del hombre que el odio».[6] Del mismo modo que Mandela creía que la gente nacía para amar, pero la adiestraban para odiar, los monjes creen que nacemos para servir, pero las distracciones del mundo exterior nos hacen olvidar nuestro propósito. Tenemos que volver a conectar con ese instinto para sentir que la vida tiene sentido.

Ya he tratado el concepto del viaje mítico del héroe de Joseph Campbell. Se trata de una fórmula que describe las etapas por las que pasa un héroe: se embarca en una aventura, tropieza con pruebas y obstáculos, y vuelve victorioso. Uno de los elementos clave del viaje del héroe solemos pasarlo por alto: la última fase, que Campbell llamó «el regreso con el elixir».[7] El viaje del héroe no se cumple hasta que vuelve a casa sano y salvo y comparte lo que ha obtenido (el elixir) con los demás. La idea de servicio está imbricada en la estructura narrativa clásica como una parte crucial del final feliz.

Seane Corn está viviendo el viaje del héroe.[8] Se hizo un nombre como profesora de yoga. Era (y sigue siendo) una maestra famosa que impartía conferencias y asistía a festivales de todo el mundo, pero en un momento de su carrera como profesora de yoga se dio cuenta de que, empleando la plataforma de la que disponía, podía tener un impacto más positivo en el mundo, de modo que pasó a centrar su atención en servir a comunidades en riesgo. Corn decidió ofrecer técnicas de respiración y meditación a gente que las necesitaba, empezando por niños que habían sufrido abusos sexuales. Luego se dedicó a trabajar con otras personas que la sociedad considera marginados, como prostitutas y drogadictos. Aprovechando esa posición privilegiada, apeló a la comunidad yogui para cofundar Off the Mat, Into the World, una organización sin ánimo de lucro que vincula el yoga con el activismo. A pesar de su dedicación al servicio, Corn mantiene que recibe más de lo que da. «Búscame a alguien que haya visitado las partes más oscuras de su ser, que haya estado al borde de la autodestrucción y que haya encontrado la forma de levantarse y salir del hoyo y me arrodillaré ante ti. [...] Tú eres mi maestro.»

Como Corn descubrió, el servicio es recíproco.

Algunos estudios demuestran que cuando perseguimos «metas compasivas» —las dirigidas a ayudar a los demás o a hacer del mundo un sitio mejor— es menos probable que manifestemos síntomas de ansiedad y depresión que cuando nos centramos en mejorar o proteger nuestro estatus o reputación.[9] El acto de dar a los demás activa el centro del placer del cerebro. Todo el mundo gana. Puede que eso explique que quienes ayudan a los demás suelen vivir más, gozar de una salud mejor y tener mayor sensación de bienestar general.[10]

Los monjes creen que el pilar del servicio mejora nuestra vida en muchos aspectos.

El servicio nos conecta. Cuando sirves es difícil sentir soledad. En la mayoría de las situaciones tienes que salir al mundo a ayudar a otras personas.

El servicio aumenta el agradecimiento. Te proporciona una perspectiva amplia de todo lo que tienes.

El servicio aumenta la compasión. Cuando sirves, ves que el mundo necesita lo que tú puedes ofrecer.

El servicio desarrolla la autoestima. Ayudando a los demás sabes que estás cambiando el mundo. Tu vida tiene sentido y un rumbo.

El *ashram* está diseñado en torno a la intención de servir, y es más fácil que sea tu intención más elevada cuando todos los que te rodean comparten tu actitud. En el mundo moderno una vida de servicio es mucho más difícil, pero no podemos seguir el modelo de los monjes las veinticuatro horas del día; no obstante, la práctica monacal nos muestra por qué y cómo debemos adoptar una mentalidad de servicio.

La mentalidad de servicio

La palabra *seva* significa «servicio desinteresado» en sánscrito. El Bhagavad Gita dice que «dar sencillamente porque es lo correcto, sin pensar en la recompensa, en el momento indicado, en las circunstancias adecuadas y a una persona que lo merece, es el dar sátvico», esto es, dar en la modalidad de bondad.[11] La única motivación de los monjes es el servicio desinteresado, darles a los demás oportunidades que nosotros hemos tenido o no; mejorar la vida de los demás y la condición humana. Nos tomábamos esa misión en serio tanto con las cosas pequeñas como con las grandes. Dentro del *ashram*, tratábamos de servirnos unos a otros cada día. Los monjes no hacemos gestos grandilocuentes.

El amor reside en los pequeños detalles. Si alguien tenía problemas para despertarse a la hora, lo ayudábamos. Si alguien trabajaba hasta tarde, le reservábamos comida. Somos coherentes e intencionados. Tenemos presente que nunca sabemos lo que le está pasando a una persona, de modo que la tratamos con la delicadeza que uno le dedicaría a alguien que sufre, la generosidad que brindaríamos a alguien que tiene hambre y la compasión que uno le consagraría a quien ha malinterpretado.

Esa actitud irradiaba más allá del *ashram*. Cuando viajábamos, siempre llevábamos comida de sobra para tener algo que dar. No acabábamos con el hambre en el mundo, pero ayudar a una persona hambrienta es regar las semillas de la compasión.

A mayor escala, participábamos en un programa llamado Annamrita, que proporciona más de un millón de comidas al día a niños desfavorecidos de la India. A menudo íbamos a Bombay a cocinar o servir la comida en colegios. A los alumnos se les daba *kitchari*, un guiso de arroz y lentejas hecho con *ghee*, que se considera un alimento de primera necesidad en la cocina ayurvédica, y después recibían un postre, una especie de arroz con leche llamado *kheer*. La primera vez que se lo di a un niño, su gratitud fue tan clara que me dio una lección de humildad. Lo mismo pasaba con cada niño, en cada ocasión y con cada cara radiante de alegría. Yo detesto cocinar: el calor y la gente, las cazuelas enormes... Pero ver la cara de los niños —y la triste realidad que reflejaba lo especial que era la comida para ellos— hacía muy fácil sentirse agradecido por la oportunidad de servir.

En el *ashram*, en lugar de decir: «¿Qué tal el trabajo?», a veces nos preguntábamos: «¿Has servido hoy?». Si tenías curiosidad por cómo es una charla informal entre monjes, ya lo sabes. Deja de lado por un momento los obstáculos e imagínate que todo el mundo tuviese mentalidad de servicio; las preguntas serían otras: «¿De qué forma contribuye esto a un objetivo más amplio? ¿Cómo estoy sirviendo a las personas de mi entorno, en el trabajo, en casa y en mi comunidad? ¿Cómo puedo usar mis aptitudes para servir a los demás y cambiar las cosas?». Acuérdate de Emma Slade, que emplea sus conocimientos financieros en sus obras de caridad, y pregúntate: «¿Qué puedo aportar que sirva de algo?».

Hemos visto que la felicidad y el agradecimiento se extienden por las comunidades. Lo mismo es aplicable al servicio. Cuando sirves, se lo dices a tus amigos. Puede que lleves a otra persona contigo. Alguien os acompaña y se lo dice a otros dos amigos. Cuando participas sirviendo, pones de tu parte para difundir el valor del servicio en nuestra cultura.

HAZ LA PRUEBA: AMPLÍA TU RADIO DE CUIDADO

Piensa en entre cuatro y seis personas por las que lo dejarías todo para ayudarlas. ¿Con cuánta frecuencia piensas en ellas? ¿Alguna vez tienes ocasión de mostrarles que te importan? ¿Por qué no empezar a hacerlo? Ahora piensa en veinte personas a las que ayudarías si te lo pidiesen. Antes de darte por vencido, te lo voy a poner más fácil. Piensa en un grupo compuesto al menos de veinte personas a las que ayudarías. Puede ser un segmento de tu comunidad o un grupo ya atendido por una organización benéfica. Integra a esas personas en un círculo de cuidado más estrecho.

Si no las conoces, averigua el nombre de veinte personas de ese grupo o busca otra forma de elaborar una lista de al menos veinte nombres. Pega la lista al espejo frente al que te cepillas los dientes y pensarás en ellos al menos dos veces al día (¡eso espero!). Observa cómo ese acto cambia tu motivación para servirlos.

La mayoría de la gente piensa solo en una persona: ellos mismos. Su radio de atención puede ser un poco mayor e incluir a su familia más cercana. Eso son, quizá, entre cinco y diez personas que se preocupan unas por otras. Pero cuando amplías tu radio creo que la gente lo nota. Si otros lo hiciesen para incluirte en él, creo que lo notarías. ¿Te imaginas que todo el mundo pensase así? Tendrías a siete mil ochocientos millones de personas pensando en ti, y viceversa. No veo por qué no debemos soñar a lo grande.

¿Cuándo estarás listo para servir?

En el mundo moderno, por mucho que queramos ayudar a los demás, el deseo de tener estabilidad y seguridad económica y emocional nos distrae de la mentalidad de servicio. Si estás abstraído y desconectado, tu servicio resultará ineficiente y menos satisfactorio. Pero ¿cuándo es el momento idóneo? ¿Alguna vez lo será? El examen interno no acaba nunca. Es una práctica continua. Tus problemas nunca se van a resolver del todo.

Cuídate, sí. Pero no esperes a tener suficiente tiempo y dinero para servir, porque nunca va a pasar. Hay tres modos sencillos de describir nuestra relación con el dinero y la riqueza material. La primera es egoísta: quiero más, tanto como pueda conseguir, y lo quiero todo para mí. La segunda es suficiencia: tengo suficiente para ir tirando; no sufro, pero no tengo nada que dar. La tercera es servicio: quiero dar lo que tengo y quiero más para dar más.

Pasar de la suficiencia al servicio conlleva un cambio en nuestra relación con la propiedad: cuanto más desapegados seamos, más fácil nos resultará desprendernos del tiempo y el dinero.

Algunos de nuestros viajes como monjes eran peregrinajes para bañarnos en ríos sagrados. Visité el Ganges, el Yamuna y el Kaveri. No nadábamos ni jugábamos en las aguas santas. Llevábamos a cabo rituales; uno consistía en recoger toda el agua posible con las manos y luego volver a echarla al río. La tomábamos para devolverla al agua como recordatorio de que no teníamos nada. La caridad no consiste en dar de uno mismo. Tomas algo que ya está en la tierra y se lo devuelves. **Tú no tienes nada que dar.**

A los doce años, Sindhutai Sapkal se casó con un hombre de treinta.[12] Cuando tenía veinte años, con tres hijos y embarazada de nueve meses, su marido le pegó y la metió en un establo. Dio a luz allí y se cortó el cordón umbilical con una piedra afilada. Rechazada por su pueblo materno, vivió en las calles con su recién nacido, mendigando y cantando a cambio de limosna. Le sorprendió la cantidad de huérfanos que vio, a los que tomó bajo su protección. Empezó a mendigar también por ellos. Sus iniciativas crecieron y pasó a ser conocida como la Madre de los Huérfanos. En la actualidad, sus organizaciones albergan y ayudan a más de mil cuatrocientos niños de la India. Sindhutai no sirvió porque tuviese algo que dar, sino porque vio sufrimiento.

En una serie de experimentos, unos investigadores de la Universidad de California, en Berkeley, descubrieron que la gente con menos dinero tiende a dar más. En una situación concreta, a las personas se les daba diez dólares y se les decía que eligiesen la cantidad que querían compartir con un extraño anónimo. La gente de un estatus socioeconómico inferior era más generosa que los participantes con más posibles.[13] Estos resultados cuentan con el refrendo de una encuesta sobre beneficencia de 2011, que mostraba que los estadounidenses con el porcentaje más bajo de ingresos daban, de media, un 3 por ciento de sus ganancias a obras benéficas, mientras que las personas con el 20 por ciento más alto de ganancias daban la mitad: un 1 por ciento. (Para ser justos, los ricos siguen siendo responsables de más del 70 por ciento de las contribuciones benéficas.)[14]

Por qué los que tienen menos dan más puede tener que ver con que están expuestos a las adversidades.[15] El profesor de psicología de la Universidad de California, en Berkeley, Dacher Keltner dice que la gente con menos recursos suele necesitar ayuda de otros: familiares, amigos, miembros de su comunidad... Los que tienen más dinero, por el contrario, pueden «comprar» ayuda y se distancian así de esa lucha cotidiana. Los pobres pueden tener más empatía por otros necesitados. Algunos filántropos, como Oprah Winfrey, han hablado de su pasado de pobreza como una motivación para dar.[16]

La pregunta que hay que contemplar es la siguiente: ¿quién es más rico, el que tiene dinero o el que sirve?

Sirve con intención

Yo había ido al *ashram* a servir. Cuando estaba despidiéndome, un monje que había sido para mí como un hermano mayor me llevó aparte y me dijo algo así: «Que no puedas ser monje por problemas de salud no quiere decir que no puedas servir. Si sientes que puedes servir mejor estando casado o haciéndote chef o zurciendo calcetines para los necesitados, eso es prioritario. El servicio a la humanidad es la meta suprema». Sus palabras me reconfortaron y me hicieron ver que el hecho de irme no implicaba que mi intención tuviese que cambiar.

Uno puede servir con una mezcla de intenciones, generales y concretas. Podemos hacerlo para agradar, para sentirnos bien con nosotros mismos, para quedar bien, para conectar con otras personas o para recibir algún tipo de recompensa. Pero si ayudas a tus amigos a mudarse, cocinas para ellos, los homenajeas y luego te preguntas por qué nadie viene a ayudarte a ti o por qué todo el mundo se olvida de tu cumpleaños es que no lo has entendido. Te estás viendo a ti mismo como el donante y a ellos como los receptores e imaginándote que cuando se lleva a cabo el servicio se contrae una deuda. El auténtico servicio no espera ni desea nada a cambio. Aun así, el servicio en sí a menudo produce felicidad, como demuestran el Bhagavad Gita y la ciencia. Cuando hago algo para servirte y te hago feliz, yo soy feliz.

Pero ¿es egoísta el servicio si genera alegría? ¿Es egoísta si les da una lección a tus hijos? ¡Pues claro que no! Si determinado tipo de entrega te hace feliz o te beneficia en algún sentido, es un magnífico punto de partida. Después de abandonar el *ashram*, organicé retiros de Londres a Bombay para que personas del Reino Unido y otras partes de Europa tuvieran la oportunidad de servir almuerzos con Annamrita. Un hombre que me acompañó en uno de esos retiros trajo a sus hijos, que tenían trece y catorce años. Volvieron de ese viaje habiendo presenciado y sentido la gratitud de personas que no tenían gran cosa en la vida. El padre estaba emocionado con la transformación que habían experimentado sus hijos. Su viaje no fue del todo desinteresado —quería que sus hijos aprendiesen y creciesen—, pero aun así era lo correcto. De hecho, la oportunidad de aprendizaje para ellos que supo ver es un ejemplo de los beneficios mutuos del servicio.

Los problemas a los que algunos nos enfrentamos son de tipo psicológico —ansiedad, depresión, soledad, etc.—, mientras que las grandes dificultades de muchas de las personas necesitadas de servicio son más básicas: comida, vestimenta y vivienda. Podemos curar nuestros males psicológicos ayudándolas en sus necesidades básicas. El servicio, por lo tanto, es un intercambio recíproco. No salvas a nadie ayudándolo, pues tú necesitas tanta ayuda como aquella persona.

Cuando servimos somos un instrumento de gracia y compasión. Lo intuimos y a veces se nos sube a la cabeza. Pero recuerda que lo que das te ha sido dado. Cuando se lo pasas a alguien no puedes atribuirte el mérito.

SIRVE DENTRO DE TU *DHARMA*

Como el servicio es una parte natural del ser humano, es más fácil de lo que piensas. **Sirve sin más.** Siempre podemos, todos los días —¡ahora mismo!—, encontrar formas de servir a través de la actividad que realizamos. Si eres músico, sirve. Si eres programador, sirve. Si eres empresario, sirve. No tienes por qué cambiar de profesión ni de horario, puedes servir en cualquier situación.

Si miras a tu alrededor, verás oportunidades para hacerlo por todas partes: en colegios, en centros religiosos, con personas de la calle, en organizaciones benéficas... Hay colectas de alimentos en los barrios y campañas de reparto de disfraces de segunda mano en los colegios. Puedes organizar una carrera con el fin de recaudar dinero para una organización benéfica o poner un puesto de venta de limonada. Puedes ayudar a un amigo a recolectar artículos de higiene personal para las víctimas de una catástrofe. Puedes visitar a un pariente enfermo o anciano. Si vives en una ciudad, puedes llevarte las sobras de lo que has comido en un restaurante y ofrecérselas a un sintecho. Ya sea con nuestros más allegados o con los que no tienen a nadie, hay formas infinitas de servir. No tienes por qué hacer obras de caridad todos los días ni donar todo tu dinero. Simplemente sé consciente de que sirves y busca cómo relacionar lo que haces con un fin más elevado. Del mismo modo que aportas tu *dharma* al trabajo, aporta el servicio a tu *dharma*. Todo depende del espíritu con el que haces el mismo trabajo. Puedes ver el mundo a través del cristal del amor y el deber, o a través del cristal de la necesidad y la fuerza. Tienes más probabilidades de ser feliz si eliges lo primero.

HAZ LA PRUEBA: **MANERAS DE SERVIR**

A lo largo de una semana, anota todos los sitios en los que pasas tiempo. Abre los ojos a las oportunidades de servicio buscando una en cada circunstancia. Puede ser una necesidad que detectes, un proyecto existente en el que puedas participar, un acto para recaudar fondos que puedas vincular con una actividad que realices o una iniciativa de servicio de un amigo. Al final de la semana, elige las tres oportunidades que más te interesen y dedícate a una de ellas.

He aquí unos ejemplos de lugares donde puedes buscar oportunidades:

Trabajo
Colegio
Acto social con amigo(s)
Comunidad de internet
Grupo religioso u otro colectivo
Gimnasio
Solicitudes de ayuda para una causa que apoyaste en el pasado

Cualquier sufrimiento nos pertenece a todos

Cuando los monjes y yo tratábamos de arreglárnoslas por nuestra cuenta en el pueblo, la lección definitiva que recibí fue que siempre existe otro grado de servicio. Esa enseñanza se desprendió del acto de mirar más allá de nuestras necesidades y ver, sentir y responder a las necesidades de quienes nos rodean.

Pienso en la compasión como empatía activa: no solo la disposición a ver, sentir y aliviar el dolor de los demás, sino también a aceptar parte de ese dolor. Existe un cuento zen sobre un joven que está hastiado y abatido. Sin planes ni perspectivas de futuro, acude a un monasterio y le dice al maestro que espera encontrar un camino mejor, pero que reconoce que no tiene paciencia.

—¿Puedo hallar la iluminación sin tanta meditación y tanto ayuno? —pregunta—. No creo que pueda soportarlo. ¿Existe otra forma?

—Tal vez —contesta el maestro—. Pero necesitarás la capacidad de concentrarte. ¿Tienes alguna aptitud?

El joven baja la vista. Sus estudios no lo estimulan ni tiene ningún interés concreto. Al final se encoge de hombros.

—Bueno, no se me da mal el ajedrez.

El maestro llama a uno de los monjes más mayores y le dice:

—Me gustaría que tú y este joven jugaseis una partida de ajedrez. Con cuidado, porque le cortaré la cabeza al que pierda.

El joven empieza a sudar. ¡Va a jugarse la vida! Al principio juega tímidamente, pero pronto empieza a verse claramente que las dotes de su oponente son pasables como mucho. Si se lo propone, seguro que gana. Pronto se concentra y empieza a vencer al monje anciano. El maestro comienza a afilar su espada.

Entonces el joven mira al otro lado de la mesa y ve el rostro sabio y sereno del monje, que, en su obediencia y desapego, no teme la muerte segura que lo aguarda. El joven, desilusionado, piensa: «No puedo ser responsable de la muerte de este hombre. Su vida vale más que la mía». Entonces el joven cambia su forma de jugar y empieza a perder a propósito.

De improviso, el maestro vuelca la mesa y desparrama todas las fichas.

—Hoy no habrá ganador ni perdedor —declara.

El porte sereno del monje que estaba perdiendo no se altera, pero el joven, sorprendido, siente un gran alivio. El anciano le dice:

—Tienes la capacidad de concentrarte y estás dispuesto a dar la vida por otro. Eso es compasión. Únete a nosotros y sigue con ese espíritu. Estás listo para ser monje.

En el mundo hay aproximadamente ciento cincuenta y dos millones de niños que trabajan y Kailash Satyarthi ha padecido muchísimo en su esfuerzo por acabar con el trabajo infantil.[17] En 2016, el galardonado con el Premio Nobel de la Paz lanzó la campaña «100 millones por 100 millones», una iniciativa para captar a cien millones de jóvenes que denunciasen y tomasen medidas contra la explotación infantil. En el curso de su trabajo ha sido amenazado y agredido muchas veces. Satyarthi declara: «El mundo puede poner fin al trabajo infantil. Contamos con la tecnología, con los recursos y con leyes y tratados internacionales. Lo tenemos todo. Lo único que necesitamos es sentir compasión por los demás. Mi lucha es por la globalización de la compasión».

Como él, nosotros tenemos la motivación para servir cuando pensamos en el mundo entero como una familia. Si no querrías que tu hijo fuese esclavizado ni que tu padre fuese indigente, ¿por qué ibas a desear esas penalidades para el hijo o el padre de otra persona? Si permaneces encerrado en tu mundo y nunca ves cómo viven otras personas, nunca te centrarás en servir. Cuando somos testigos del sufrimiento de otras personas, sentimos nuestra humanidad común y nos motivamos a tomar cartas en el asunto.

Para héroes como Satyarthi y los monjes —y lo ideal sería que para todo el mundo—, no hay diferencia entre nosotros y ellos.

Actualmente hay un número infinito de personas y causas que necesitan nuestra ayuda. Necesitamos a la población del mundo para llevarlo todo a cabo. Los beneficios para ellos y para nosotros son inmediatos.

Si bien nunca deberíamos evitar ayudar a los demás cuando vemos su necesidad, podemos y debemos tomar conciencia de qué clase de servicio se nos da mejor y centrar nuestra atención en ello. Elige en qué servir basándote en tu compasión. La estudiosa budista y activista medioambiental Joanna Macy escribe: «No tienes por qué hacerlo todo. Haz lo que tu corazón se sienta llamado a hacer; la acción efectiva proviene del amor. Es imparable y es suficiente».[18]

HAZ LA PRUEBA: **PONTE AL SERVICIO DEL DOLOR QUE MEJOR CONOCES**

Una vía hacia el servicio es curar el dolor que mejor conocemos. Anota tres momentos de tu vida en que te sentiste perdido y necesitado. Puede que estuvieses deprimido y te hubiese venido bien apoyo; que quisieses recibir una educación que no te podías permitir, o que necesitases consejo pero no tuvieses al maestro adecuado. Busca una organización benéfica para cada área de dolor: una línea telefónica de ayuda a jóvenes, un fondo de becas, un programa de tutoría, un político, etc. Ahora analiza si alguna de esas opciones ofrece oportunidades de servir que coincidan con tu *dharma*.

Servir a través de tu *dharma* y curar el dolor con el que conectas es un enfoque muy en sintonía con la filosofía del Bhagavad Gita, que te acepta donde estés y te anima a llegar más alto. Cuando yo era monje, colaboraba con Annamrita preparando comida para los niños, limpiaba templos, siempre llevaba algo de comer para ofrecérselo a extraños o servía como me parecía oportuno en cada momento. Ahora, con otra plataforma a mi disposición, he podido contribuir con una campaña de YouTube para recaudar casi ciento cincuenta mil dólares para la Kailash Satyarthi Children's Foundation de Estados Unidos. En Facebook, mi comunidad recaudó más de sesenta mil dólares para la ONG Pencils of Promise. (Con 75 dólares se financia la educación de un niño durante un año.) Mi vida no deja de llenarse de sentido y agradecimiento a medida que mi camino de entrega evoluciona.

El truco es este: el servicio siempre es la solución. Te arregla un mal día. Aligera las cargas que soportamos. El servicio ayuda a otras personas y también a nosotros. Aunque no esperamos nada a cambio, recibimos el gozo del servicio. Es un intercambio de amor.

Cuando vives al servicio, no tienes tiempo para quejarte ni criticar.

Cuando vives al servicio, tus miedos desaparecen.

Cuando vives al servicio, te sientes agradecido. Los apegos materiales disminuyen.

El servicio es el camino directo a una vida llena de sentido.

Meditación

Cantar

Hemos estudiado cómo conectar con las personas a nuestro alrededor mediante el agradecimiento, las relaciones y el servicio. Mientras lo hacemos es conveniente incorporar la meditación con sonido a nuestra práctica para conectar con la energía del universo.

El sonido nos transporta. Una canción puede retrotraernos a un recuerdo de cuando estábamos en secundaria, darnos ganas de bailar o ponernos las pilas. Las palabras también tienen poder: pueden cambiar nuestra forma de ver el mundo y de evolucionar. Cuando cantamos, somos nosotros quienes generamos esa energía. Las meditaciones con sonido nos permiten conectar con nuestra alma y el universo a través de las palabras y el canto.

Antiguos textos espirituales, entre ellos el Agni Purana y el Vayu Purana, tratan por qué y cómo cantar, y aconsejan la repetición de sonidos para purificarnos.[1] El sonido es inmersivo, como darle al alma un baño con regularidad; no puedes poner una gota de agua sobre tu cuerpo y esperar estar limpio, tienes que sumergirte.

El reconocimiento del valor del sonido ha llegado hasta la época moderna.[2] El legendario inventor Nikola Tesla dijo: «Si quieres descubrir los secretos del universo, piensa en términos de energía, frecuencia y vibración». Tesla experimentó mucho con máquinas que creaban campos curativos utilizando vibraciones. Puede que te parezca falto de rigor científico, pero en realidad la ciencia moderna está resucitando la investigación de Tesla sobre la curación con vibraciones. Las investigaciones modernas sobre el cerebro también están empezando a dar explicaciones científicas al poder curativo de antiguos rituales de sanación, como la capacidad de la percusión y el canto repetitivos para abrir caminos al subconsciente.

Los monjes aprovechan el poder del sonido repitiendo afirmaciones o mantras durante la meditación. Una afirmación es una palabra o una frase que deseas establecer como intención. Prácticamente cualquier cosa que te sirva de inspiración funciona.[3] Una de mis clientas dice que su favorita es «A tu ritmo, tomándote tu tiempo». Una amiga mía leyó un libro titulado *Brave, Not Perfect* («Valentía, no perfección»), de Reshma Saujani, y lo convirtió en su mantra durante un tiempo. A mí también me gusta «Esto también pasará». O una frase de un poeta, como «Vivirlo todo», de Rilke; una cita del mundo del deporte, como «Este momento es tuyo», de Herb Brooks, entrenador de la selección de hockey sobre hielo de Estados Unidos; la letra de una canción, como «*Brush your shoulders off*» («Sacúdetelo de encima»), de Jay-Z, o una expresión de una película, como «Uuusaaa» (cortesía de *Dos policías rebeldes II*). Cualquier cosa que te conecte con la energía o la idea que quieres cultivar en tu vida puede ser efectiva. Recomiendo incorporar un mantra a tu práctica de meditación matutina o nocturna. Es bonito despertar o acostarse escuchando el sonido de tu voz cantando.

Mientras que las afirmaciones cambian la forma en que hablas contigo mismo, los mantras cambian tu manera de hablar con el universo. En un sentido profundo, *mantra* significa «trascender la mente», y un mantra es un sonido espiritual que expresa pensamiento y significado e invoca un poder superior a nosotros. Los mantras se pueden salmodiar o cantar al unísono. Meditamos para escuchar y hallar claridad. Rezamos para compartir y conectar con un poder superior. Cantar equivale a ambas cosas: un diálogo con el universo.

El mantra más antiguo, común y sagrado es «Om».[4] En los textos védicos, se conceden muchos matices de significado al sonido, desde conocimiento infinito hasta la esencia de todo lo que existe o el Veda entero. Este mantra también se conoce como *pranava*, que se puede definir como «el sonido con el que se alaba al Señor». Al cantar, om se compone en realidad de tres sonidos: A-U-M. En la tradición védica, es un detalle importante, porque cada sonido expresa un estado distinto (vigilia, sueño y sueño profundo) o un período de tiempo (pasado, presente y futuro). Se puede decir que la palabra «om» lo representa todo.

Se ha demostrado que sus vibraciones estimulan el nervio vago, que reduce la inflamación. La estimulación de dicho nervio también se emplea como tratamiento para la depresión, y los investigadores están estudiando si cantarlo puede ejercer un efecto directo sobre el estado de ánimo. (Ya se ha demostrado que calma uno de los centros emocionales del cerebro.)[5]

Cuando a un mantra se le pone música se llama *kirtan*, un tipo de canto de llamada y respuesta que a menudo empleábamos en el *ashram*. Una práctica similar es la de los aficionados a un equipo que corean en un estadio, quitando el alcohol y los tacos. Pero el ambiente que se puede crear posee la misma sensación de energía conjunta.

Aunque el sonido es importante, cuando perdí temporalmente la voz por motivos médicos acudí a un maestro monje.

—No puedo cantar —le dije—. ¿Cómo puedo meditar?

—El canto nunca salía de tu boca —me contestó—, sino del corazón.

Se refería a que, como todos los actos, lo importante es que la intención esté llena de devoción y amor. El corazón trasciende las instrucciones y la perfección.

HAZ LA PRUEBA: VER A TRAVÉS DEL SONIDO

Para realizar los ejercicios que describo más abajo, empieza la práctica dando los siguientes pasos:

1. Busca una posición cómoda: sentado en una silla, erguido sobre un cojín o tumbado.
2. Cierra los ojos.
3. Baja la vista.
4. Ponte cómodo en esa posición.
5. Centra tu conciencia en la calma, el equilibrio, la comodidad, la quietud y la paz.
6. Cada vez que tu mente se distraiga, dulce y suavemente vuelve a centrarla en la calma, el equilibrio, la comodidad, la quietud y la paz.
7. Canta tres veces cada uno de estos mantras. Mientras lo haces, centra tu atención en cada sílaba. Pronúnciala correctamente, de forma que oigas claramente la vibración. Siente realmente el mantra, repitiéndolo sinceramente y visualizando una vida más profunda, feliz y llena de servicio.

1. *OM NAMO BHAGAVATE VASUDEVAYA*

«Me postro ante la divinidad omnipresente que habita dentro de todo corazón; que es la encarnación de la belleza, la inteligencia, la fuerza, la riqueza, la fama y el desapego.»

Yoguis y sabios han cantado este mantra a lo largo de milenios. Purifica, empodera y te conecta con la divinidad presente en todo. Se puede recitar especialmente cuando se busca entendimiento y consejo.

2. *OM TAT SAT*[6]

«La verdad absoluta es eterna.»

Este mantra aparece en el Bhagavad Gita. Representa la energía divina e invoca bendiciones poderosas. Todo trabajo se lleva a cabo como una ofrenda de amor y servicio. Este mantra se recita especialmente antes de una labor importante, para ayudar a perfeccionar y pulir nuestras intenciones y aportar equilibrio e integridad.

3. *LOKAH SAMASTAH SUKHINO BHAVANTU*

«Que todos los seres sean felices y libres y que los pensamientos, palabras y actos de mi vida contribuyan de alguna forma a esa felicidad y esa libertad.»

Este mantra, popularizado por el yoga Jivamukti, es una bonita forma de acordarse de mirar más allá de nosotros mismos y recordar nuestro lugar en el universo.

Conclusión

Espero que este libro te haya estimulado y que, con suerte, cuando acabes de leerlo te propongas empezar de cero. Tal vez estés pensando en cómo cambiar tus rutinas, escuchar a tu mente de formas nuevas e introducir más agradecimiento en tu vida, entre otras cosas. Pero cuando te despiertes mañana las cosas pueden ir mal. Puede que no oigas el despertador, que algo se rompa o que te cancelen una cita importante. El universo no te va a sonreír de repente antes de llegar al trabajo. Es un error pensar que, leer un libro, asistir a una clase y poner en práctica cambios lo va a arreglar todo. Los elementos externos nunca van a ser perfectos y el objetivo tampoco es la perfección. La vida no va a seguir tu camino. Eres tú quien tiene que seguirlo y llevarte la vida contigo. Entender este punto te ayudará a estar preparado para lo que pueda venir.

No existe ningún plan universal para lograr paz y propósito en la vida. La forma de conseguirlo es entrenando la mente para concentrarnos en cómo reaccionar, responder y comprometernos con lo que deseamos en la vida, a nuestro ritmo y tomándonos el tiempo necesario. Así, cuando la vida se desvíe de su curso, recuperaremos esa concentración. Si has decidido ser amable y alguien es grosero contigo, sabes al punto que deseas volver. Si te despiertas decidido a centrar tu *dharma* en el trabajo y de repente tu jefe te encarga algo que no está en sintonía con tus puntos fuertes, de ti depende dar con una forma de poner en práctica tu *dharma*. Cuando fracases, no juzgues el proceso ni a ti mismo. Concédete libertad para recuperarte y volver a centrarte en lo que deseas. El mundo no está contigo ni contra ti. Tú creas tu realidad en cada momento.

A lo largo de este libro nos hemos encontrado con paradojas. Hablamos de acercarnos al miedo para alejarnos de él, buscar la novedad en nuestras rutinas, tener seguridad en uno mismo y humildad, ser egoísta y desinteresado. Vivimos en un mundo binario, pero la gracia de una paradoja es que dos ideas opuestas pueden coexistir. La vida no es un programa informático, sino un baile.

En *El nuevo Karate Kid*, el señor Miyagi dice: «Nunca te fíes de [un] líder espiritual que no sabe bailar». Cuando bailamos, no hay reglas. Debemos estar abiertos a la canción que suena. Tenemos puntos fuertes y débiles. Podemos caer o titubear en el siguiente paso o pasarnos de entusiasmo por un momento, pero seguimos fluyendo, permitiéndonos ser desgarbados y elegantes a la vez. Como un bailarín, la mente del monje es flexible y tiene control, siempre presente en el momento.

El método del monje

No se me ocurre mejor herramienta para lograr flexibilidad y control que la meditación. Ella te ayuda a saber qué paso dar cuando bailas. En la meditación, vemos claramente quién tenemos que ser con el fin de ser nuestra mejor versión en el momento preciso. La respiración nos conecta con la mente y el alma se eleva al cantar, y en ese lugar de energía y unidad hallamos respuestas.

Te he presentado tres tipos distintos de meditación y a continuación voy a ofrecerte una práctica diaria que las incluye todas: respiración, visualización y canto. Yo practico alguna forma de esta meditación cada día. Te recomiendo que lo hagas a primera hora de la mañana, después de cepillarte los dientes y ducharte, y a última hora, antes de acostarte. Empieza con veintiún minutos al día, usando un cronómetro para dedicar siete minutos a cada respiración, visualización y mantra. Cuando estés listo para más, aumenta a veintiún minutos dos veces al día, preferiblemente a primera hora de la mañana y a última hora de la noche. Asegúrate de empezar siempre por la respiración. Igual que cuando calientas antes de hacer ejercicio, ¡no debes saltártela!

1. Busca una posición cómoda: sentado en una silla, erguido sobre un cojín o tumbado.
2. Cierra los ojos y baja la vista. Centra la conciencia en la calma, el equilibrio, la comodidad, la quietud y la paz. Es normal que tu mente esté llena de cháchara y alboroto. Cada vez que se distraiga, dulce y suavemente vuelve a centrarla en la calma, el equilibrio, la comodidad, la quietud y la paz.
3. Ponte cómodo en esta posición. Echa los hombros atrás, estira el cuello y el cuerpo, y busca un espacio físico de calma, equilibrio, comodidad, quietud y paz.
4. Ahora toma conciencia del ritmo natural de tu respiración. Inspira por la nariz y espira por la boca.
5. Respira hondo. Inspira contando hasta cuatro. Espira contando hasta cuatro también.
6. Sincroniza tu cuerpo y tu respiración inspirando el mismo tiempo que cuando espiras.
7. Hazlo durante unos cinco minutos. Al principio puedes poner un temporizador con un tono agradable para señalarte que ya han pasado.

8. Pregúntate por qué das gracias ese día. Inspira agradecimiento y espira energía tóxica y negativa.
9. Ahora visualiza un recuerdo lleno de alegría, felicidad y agradecimiento. Piensa cinco cosas que puedas ver, cuatro que puedas tocar, tres que puedas oír, dos que puedas oler y una que puedas saborear. Asimila el amor, la alegría y la felicidad. Toma el amor de ese momento y visualízalo fluyendo por todo tu cuerpo: de los pies a las piernas, las caderas, el vientre, el pecho, los brazos, la espalda, el cuello y la cabeza. Lleva amor, alegría y agradecimiento a cada parte de tu cuerpo. Hazlo durante cinco minutos.
10. Pregúntate cuál es tu intención para ese día. ¿Ser amable, tener confianza, estar concentrado...? Fija esa intención.
11. Repite tres veces para ti mismo: «Estoy contento con la persona en la que me estoy convirtiendo. Estoy abierto a todas las oportunidades y posibilidades. Merezco amor verdadero. Estoy dispuesto a servir con todo lo que tengo».
12. Para concluir la práctica, repite tres veces este mantra: *Lokah samastah sukhino bhavantu.* (Véase la página 356.)

Cómo saber si funciona

Un monje novicio acudió a su maestra y le dijo:

—Se me da fatal meditar. Se me duermen los pies y me distraen los ruidos del exterior. Y cuando no estoy incómodo es porque apenas puedo mantenerme despierto.

—Pasará —dijo simplemente la maestra y, por su expresión, el novicio supo que la conversación había terminado.

Pasó un mes y el novicio llevó aparte a su maestra sonriendo con orgullo.

—¡Creo que lo he conseguido! Me siento muy sereno, más enfocado y concentrado que nunca. La meditación es hermosa.

—Pasará —contestó la maestra.

La práctica de la meditación no tiene medida de éxito ni meta ni final. No busques resultados. Simplemente sigue practicándola. Hazlo de manera constante de cuatro a doce semanas y empezarás a notar los efectos.

La primera señal de que lo estás haciendo bien es que la echarás de menos si la interrumpes. Solo echas de menos a una persona cuando no la ves. Cuando comes a diario, no piensas demasiado en el sustento y el combustible, pero si no comes durante un día rápidamente te percatarás del poder de la comida. Lo mismo se puede aplicar a la meditación: tienes que desarrollar la práctica antes de saber lo que te falta.

El segundo efecto que advertirás es una conciencia aumentada de lo que se te pasa por la mente. Si meditas y te notas cansado, entenderás que la meditación te está diciendo que duermas más. Es una señal o un espejo. Si meditas y no puedes concentrarte, te darás cuenta de que llevas una vida distraída y necesitas sentir orden, equilibrio y sencillez. Si no puedes estar a solas con tus pensamientos durante quince minutos, será un claro indicador del trabajo que tienes que hacer.

El tercer y más importante beneficio de la meditación es que, aunque no te sentirás tranquilo y en perfecto estado en cada ocasión, poco a poco adquirirás un dominio del yo a largo plazo. Cuando te bebes un zumo verde, no siempre sabe bien. Un buen vaso de zumo de naranja tiene mejor aspecto y sabor. Pero a largo plazo el zumo menos delicioso te sentará mejor. Cuando seas un experto en meditación, notarás un cambio en tu actitud general. Tu intuición se agudizará. Podrás observar tu vida más objetivamente, sin pensar solo en ti mismo. Tu percepción ampliada te proporcionará paz y un rumbo en la vida.

Ahora y siempre

La vida empieza por la respiración, que te acompaña todos los días, y vida y respiración terminan juntas. Los monjes tratamos de estar presentes en el momento, pero siempre somos conscientes del ahora y el siempre. No medimos la vida por lo grande o pequeño que es nuestro impacto, sino por cómo hacemos sentir a la gente. Empleamos el tiempo para determinar cómo seguiremos vivos a través de la entrega de amor y cuidado, del apoyo, de la comunicación, de la creación..., a través del impacto que tenemos en la humanidad.

¿Cómo seremos recordados? ¿Qué dejaremos atrás?

En última instancia, la muerte se puede ver como el mayor punto de reflexión: si te imaginas tu último momento podrás reflexionar sobre todo lo que conduce a él.

Entre los remordimientos más comunes que expresan los moribundos están los siguientes:[1]

«Ojalá hubiese expresado mi amor a las personas que me importan.»

«Ojalá no hubiese trabajado tanto.»

«Ojalá hubiese disfrutado más de la vida.»

«Ojalá hubiese hecho más por los demás.»

Fíjate en que la mayoría de ellos se centran en algo que la persona no hizo. Los monjes creemos que debemos prepararnos para la muerte. No queremos llegar al final de nuestros días sabiendo que no hemos llevado una vida con un propósito, basada en el servicio y con sentido.

Piensa en los temas que hemos tratado en este libro. Al morir, deberías estar totalmente purificado, libre de lo que crees que tienes que hacer y de comparaciones y críticas, habiéndote enfrentado a la raíz de tu miedo; libre de deseos materiales, viviendo en tu *dharma*, habiendo aprovechado bien el tiempo y no habiendo cedido a las exigencias de la mente; libre del ego, habiendo dado más de lo que has recibido, pero luego habiendo entregado todo lo que has recibido; libre de privilegios y de falsas relaciones y expectativas. Imagina lo gratificante que será volver la vista atrás y ver una vida en la que has sido maestro a la vez que alumno.

Reflexionar sobre la certeza de que todos vamos a morir algún día nos empuja a valorar el tiempo del que disponemos y a gastar nuestras energías con cuidado. La vida es demasiado breve para vivir sin un propósito, para desaprovechar la oportunidad de servir, para dejar que nuestros sueños y aspiraciones mueran con nosotros. Por encima de todo, te pido que dejes a las personas y los lugares en mejor estado y más felices de como los encontraste.

Trabajar en nosotros mismos es una práctica que no tiene fin. Ten paciencia. Un alumno acudió a su maestro y le dijo:

> *—Estoy comprometido con mi* dharma. *¿Cuánto tardaré en alcanzar la iluminación?*
>
> *Sin alterarse, el maestro le contestó:*
>
> *—Diez años.*
>
> *Impaciente, el alumno insistió:*
>
> *—¿Y si me esfuerzo mucho? Practicaré diez o más horas al día si tengo que hacerlo. ¿Cuánto tardaré entonces?*
>
> *Esta vez el maestro se tomó un instante para considerarlo.*
>
> *—Veinte años.*

La sola idea de que el alumno pretendiese acelerar su trabajo era la prueba de que tenía que estudiar diez años más.

Como ya he dicho, *brahmacharya* significa «alumno» en sánscrito, pero también quiere decir «uso adecuado de la energía». No es que cuando adquieras la mentalidad del monje lo sepas todo. Antes bien, la mentalidad del monje reconoce que el uso adecuado de la energía es seguir siendo alumno. Nunca puedes dejar de aprender. No te cortas el pelo ni podas el césped una sola vez. Tienes que perseverar. Del mismo modo, conservar la mentalidad de monje requiere conocimiento de uno mismo, disciplina, diligencia, concentración y práctica constante. Es un trabajo duro, pero las herramientas ya están en tu cabeza, tu corazón y tus manos.

Tienes todo lo que necesitas para pensar como un monje.

HAZ LA PRUEBA: **DOS MEDITACIONES SOBRE LA MUERTE**

Imaginar tu muerte te proporciona una vista a vuelo de pájaro de tu vida. Prueba a meditar sobre ella cada vez que dudes de si hacer o no algo: un cambio importante, aprender una disciplina nueva, hacer un viaje... Te recomiendo que siempre hagas una meditación sobre la muerte al principio de año para inspirar caminos nuevos.

1. Visualizar lo inevitable te ayudará a aprender todas las lecciones que necesitas para llevar una vida plena. Avanza hasta que tengas ochenta o noventa años, lo que desees vivir, e imagínate en el lecho de muerte. Hazle a tu yo del futuro preguntas como las siguientes:

   «¿Qué me gustaría haber hecho?»
   «¿Qué experiencias me gustaría haber tenido?»
   «¿A qué lamento no haber dedicado más atención?»
   «¿Qué habilidades me gustaría haber trabajado?»
   «¿De qué me gustaría haberme desapegado?»

Utiliza esas respuestas para motivarte: en lugar de arrepentirte en el lecho de muerte, pon esos deseos en marcha hoy.

2. Imagina cómo te gustaría que te recordasen en tu funeral. No te centres en lo que la gente pensaba de ti, quiénes te querían y lo tristes que estarán de perderte. Piensa en el impacto que has ejercido. A continuación, imagina cómo te recordarían si murieses hoy. ¿Qué diferencia hay entre esas dos imágenes? Eso también debería incitarte a crear tu legado.

Para ubicarnos en el universo, debemos empezar haciéndonos preguntas sinceras. Puedes viajar a un sitio nuevo o ir a un lugar en el que nadie te conozca. Desconecta el piloto automático para verte a ti mismo y el mundo que te rodea con otros ojos. **Detecta, detente, desvíate.** Entrena la mente para observar las fuerzas que te influyen, desapégate del engaño y las falsas creencias, y busca continuamente lo que te motiva y te parece valioso.

¿Qué haría un monje en este momento?

Cuando estés tomando una decisión, discutiendo, haciendo planes para el fin de semana, asustado, molesto, enfadado o perdido, hazte esa pregunta. Darás con la solución el 99 por ciento de las veces.

Y con el tiempo, cuando hayas descubierto tu verdadero yo, no necesitarás preguntarte qué haría un monje, sino simplemente qué harías tú.

Apéndice

Test de la personalidad védica

Responde a estas preguntas de acuerdo con cómo crees que eres en el fondo, al margen de lo que los amigos, la familia o la sociedad te han hecho elegir.

1. ¿Qué elementos te parecen más propios de ti?
   a. Valores y sabiduría.
   b. Integridad y perfección.
   c. Mucho trabajo y mucha diversión.
   d. Estabilidad y equilibrio.

2. ¿Qué papel desempeñas en tu círculo de amigos o en tu familia?
   a. Me siento cómodo lidiando con los conflictos y ayudando a la gente a alcanzar un punto intermedio. Mi papel es el de mediador.
   b. Me aseguro de que todo y todos estén atendidos. Mi papel es el de protector.
   c. Ayudo a mi familia a entender qué son la ética laboral, la iniciativa y el valor de tener recursos. Mi papel es el de sostén material.
   d. Me centro en fomentar y aspirar a tener una familia saludable y satisfecha. Mi papel es el de sostén emocional.

3. ¿Qué es lo más importante para ti en una pareja?
   a. Que sea sincera e inteligente.
   b. Que tenga mucha presencia y poder.
   c. Que sea divertida y dinámica.
   d. Que sea de fiar y respetuosa.

4. ¿Qué ves más a menudo en la televisión?
   a. Documentales, biografías y programas de opinión.
   b. Entretenimiento, política y temas de actualidad.
   c. Comedia, deporte, drama e historias de motivación.
   d. Culebrones, telerrealidad, programas familiares, cotilleos y matinales.

5. ¿Qué describe mejor cómo te comportas cuando estás estresado?
   a. Tranquilo, sereno y equilibrado.
   b. Irritado, frustrado y furioso.
   c. Malhumorado, ruidoso e inquieto.
   d. Perezoso, deprimido y aburrido.

6. ¿Qué te causa más dolor?
   a. Sentir que no estoy a la altura de mis expectativas.
   b. El estado del mundo.
   c. La sensación de rechazo.
   d. Sentirme desconectado de mis amigos y mi familia.

7. ¿Cuál es tu forma favorita de trabajar?
   a. Solo, pero con mentores y guías.
   b. Liderando un equipo.
   c. De forma independiente, pero con una red sólida.
   d. En un equipo.

8. ¿Cómo pasaría el tiempo libre tu yo ideal?
   a. Leyendo, enfrascado en conversaciones y reflexionando.
   b. Aprendiendo cosas nuevas o asistiendo a actos políticos.
   c. ¡No existe el tiempo libre! Haciendo contactos, relacionándome y trabajando.
   d. Disfrutando con familiares y amigos.

9. ¿Cómo te describirías en tres palabras?
   a. Idealista, introvertido y perspicaz.
   b. Resuelto, entregado y decidido.
   c. Apasionado, motivado y amistoso.
   d. Afectuoso, cariñoso y leal.

10. ¿En qué tipo de entorno trabajas mejor?
    a. Apartado, silencioso y tranquilo, natural.
    b. Una sala de juntas o un espacio de reunión.
    c. En cualquier sitio y en todas partes (durante el trayecto al trabajo, en una cafetería, en el dormitorio, etc.).
    d. Un espacio concreto para mi tipo de trabajo: casa, oficina, laboratorio, etc.

11. ¿Cuál es tu estilo de trabajo?
    a. Lento y reflexivo.
    b. Centrado y organizado.
    c. Rápido y hecho a todo correr.
    d. Específico e intencionado.

12. ¿Cómo te gustaría cambiar el mundo?
    a. A través de la difusión de conocimientos.
    b. A través de la política y el activismo.

c. A través de los negocios y el liderazgo.
d. A través de la comunidad local.

13. ¿Cómo te preparas para unas vacaciones?
 a. Eligiendo material de lectura.
 b. Planeando detenidamente los sitios importantes que visitar.
 c. Con una lista de los mejores bares, clubes y restaurantes.
 d. Con una actitud relajada.

14. ¿Cómo manejas las conversaciones difíciles?
 a. Busco una solución intermedia.
 b. Lucho por la verdad más objetiva.
 c. Lucho para demostrar que tengo razón.
 d. Evito el enfrentamiento.

15. Si una persona de tu vida tiene una mala semana, ¿qué haces?
 a. Le doy consejo y asesoramiento.
 b. Adopto una actitud protectora y la animo a mejorar.
 c. La invito a tomar una copa o dar un paseo.
 d. Voy a verla y le hago compañía.

16. ¿Cómo ves el rechazo?
 a. Es parte de la vida.
 b. Es un reto al que puedo hacer frente.
 c. Es desalentador, pero sobreviviré.
 d. Es un auténtico revés.

17. En un acto o fiesta, ¿a qué dedicas el tiempo?
 a. Mantengo un debate constructivo con una persona o dos.

b. Normalmente hablo con un grupo de personas.
c. Acabo siendo el centro de atención.
d. Ayudo en lo que haga falta.

18. ¿Cómo te sientes si cometes un error?
a. Culpable y avergonzado.
b. Tengo que contárselo a todo el mundo.
c. Quiero ocultarlo.
d. Acudo a alguien que me apoye.

19. ¿Qué haces cuando tienes que tomar una decisión importante?
a. Reflexiono en privado.
b. Pregunto a mis mentores y guías.
c. Sopeso los pros y los contras.
d. Hablo con mi familia y amigos.

20. ¿Qué describe mejor tu rutina diaria?
a. Cambia de un momento a otro.
b. Es muy concreta y organizada.
c. Aprovecho la mejor oportunidad que se presente.
d. Es simple y programada.

Respuestas

Ahora haz recuento de tus respuestas. Es probable que la letra que más hayas elegido refleje tu *varna*.

a. Guía
b. Líder
c. Creador
d. Artesano

Agradecimientos

Me siento muy honrado y agradecido de haber compartido esta sabiduría intemporal y transformadora contigo, pero no habría podido hacerlo solo. El Bhagavad Gita fue recopilado, conservado, compartido y resucitado gracias al esfuerzo colectivo y con este libro ha pasado lo mismo. Me gustaría dar las gracias a Dan Schawbel por presentarme a mi increíble agente, James Levine, hace más de tres años. Jim es un ser humano verdaderamente maravilloso y cree profundamente en cada proyecto en el que trabaja. Su orientación, su estrategia y su amistad han convertido este libro en un viaje sumamente gozoso. Gracias a Trudy Green por su infinita amabilidad, las noches sin dormir y su dedicación eterna a esta causa. A Eamon Dolan por su mente de monje y por alentarme constantemente a buscar la perfección. A Jon Karp por creer en mí y estar presente a lo largo de todo el proceso. A Hilary Liftin por las conversaciones colaborativas y los animados debates. A Kelly Madrone por su entusiasmo eterno y su actitud optimista. A Rula Zaabri por asegurarse de que siempre respetaba los plazos. A Ben Kalin por su firme dedicación a comprobar los datos. Gracias, Christie Young, por dar vida a estos conceptos intemporales con tus preciosas ilustraciones. Al Oxford Center for Hindu Studies, y concretamente a Shaunaka Rishi Das, por ayudarnos a verificar las fuentes y los créditos. Gracias a Laurie Santos por su amabilidad al darme a conocer las investigaciones sobre monjes realizadas por algunos de los científicos más destacados del mundo. Al equipo entero de Simon & Schuster, que no descuidó ningún detalle a la hora de dar vida a mi visión. A Oliver Malcolm y su equipo de HarperCollins UK por su entusiasmo, su dedicación y su esfuerzo desde el principio.

Gracias a Thomas Power, que me empujó a reconocer mi potencial cuando no creía en mí mismo. A Ellyn Shook por creer en mi pasión y presentarle mi trabajo a Arianna Huffington. A Danny Shea y Dan Katz, que me ayudaron a iniciar mi carrera en *HuffPost*. A Karah Preiss, que fue la primera persona a la que le conté la idea de este libro, en 2016, y que se convirtió en mi socia creativa y mi mayor defensora en Estados Unidos. A Savannah, Hoda, Graig, Al y Carson por concederme su atención colectiva en el programa *Today*. A Ellen por creer en mí y prestarme su plataforma para llegar a su público. A Jada Pinkett Smith, Willow Smith y Adrienne Banfield-Norris por llevarme al coloquio *Red Table*.

Realmente he vivido unos años increíbles, pero todo lo que has visto en internet solo ha sido posible gracias a las personas que invirtieron en mí fuera de ese ámbito. Gracias a su santidad Radhanath Swami por recordarme siempre el verdadero significado de la vida. A Gauranga Das, que lo ha visto todo y ha estado ahí cuando lo he necesitado desde el primer día. A mi mentor Srutidharma Das, que en este libro siempre muestra sus cualidades al más alto nivel. A Sutapa Das, que siempre me animó a escribir cuando le dije que solo quería hablar. A los guías que estoy deseando conocer y dar las gracias: su santidad el Dalai Lama y Thich Nhat Hanh. A todos los que me habéis permitido asesoraros; en el proceso me habéis enseñado mucho más de lo que jamás podría haber imaginado.

Este libro no existiría sin los Vedas, el Bhagavad Gita y los maestros que lo difunden incansablemente por todo el mundo. Gracias a Srila Prabhupada y Eknath Easwaran, que han creado los Gitas más difundidos en la actualidad. A mis maestros del *ashram* y de todo el mundo, muchos de los cuales no tienen ni idea de cuánto me han dado.

A mi madre, que es el servicio desinteresado en persona. A mi padre, que me dejó convertirme en quien quería ser. Y a mi hermana, por apoyar siempre mis decisiones descabelladas y quererme a toda costa.

Y, por supuesto, a todos y cada uno de los que habéis leído este libro. Ya pensabais como monjes, pero ahora sois conscientes.

Nota del autor

Este libro está basado en la sabiduría de muchas religiones, culturas, líderes inspiradores y científicos. En todos los casos, he hecho todo lo posible por atribuir citas e ideas a sus fuentes originales y esos esfuerzos se reflejan aquí. En algunos he topado con citas o ideas maravillosas atribuidas a múltiples fuentes distintas, a un gran número de figuras sin ninguna fuente específica, o a textos antiguos en los que no he conseguido localizar el verso original. En esos casos, con la ayuda de un investigador, he tratado de proporcionar al lector la máxima información posible con respecto a la fuente del material.

Notas

Introducción

1. Paráfrasis de Nelson Henderson extraída de Wes Henderson, *Under Whose Shade: A Story of a Pioner in the Swan River Valley of Manitoba*, Ontario, W. Henderson & Associates, 1896.

2. Daniel Goleman y Richard J. Davidson, *Altered Traits: Science Reveals How Meditation Changes Your Mind, Brain and Body*, Nueva York, Penguin Random House, 2017 [hay trad. cast.: *Los beneficios de la meditación: la ciencia demuestra cómo la meditación cambia la mente, el cerebro y el cuerpo*, Barcelona, Kairós, 2017]; Antoine Lutz, Lawrence L. Greischar, Nancy B. Rawlings, Matthieu Ricard y Richard J. Davidson, «Long-Term Meditators Self-Induce High-Amplitude Gamma Synchronicity During Mental Practice», *Proceedings of the National Academy of Sciences*, 101, n.° 46 (16 de noviembre de 2004), pp. 16.369-16.373, <https://doi.org/10.1073/pnas.0407401101>.

3. Goleman y Davidson, *op. cit.*

4. Frankie Taggart, «This Buddhist Monk Is the World's Happiest Man», *Business Insider*, 5 de noviembre de 2012, <https://businessinsider.com/how-scientists-figured-out-who-the-worlds-happiest-man-is-2012-11>; Goleman y Davidson, *op. cit.*, y Lutz *et al.*, *op. cit.*

5. Taggart, *op. cit.*, y Lutz *et al.*, *op. cit.*

6. Fabio Ferrarelli, Richard Smith, Daniela Dentico, Brady A. Riedner, Corinna Zennig, Ruth M. Benca, Antoine Lutz, Richard J. Davidson y Guilio Tononi, «Experienced Mindfulness Meditators Exhibit Higher Parietal-Occipital EEG Gamma Activity During NREM

Sleep», *PloS One*, 8, n.º 8 (28 de agosto de 2013), e73417, <https://doi.org/10.1371/journal.pone.0073417>.

7. David Steindl-Rast, *i am through you so i: Reflections at Age 90*, Nueva York, Paulist Press, 2017, p. 87.

8. Información general sobre el período védico de *The Bhagavad Gita*, introducción y traducción de Eknath Easwaran, Tomales, Nilgiri Press, 2007, pp. 13-18.

9. Ralph Waldo Emerson, *The Bhagavad-Gita: Krishna's Counsel in Time of War*, traducción, introducción y epílogo de Barbara Stoler Miller, Nueva York, Bantam Dell, 1986, p. 147.

1. Identidad

1. Charles Horton Cooley, *Human Nature and the Social Order*, Nueva York, Charles Scribner's Sons, 1902, p. 152.

2. Filmografía de Daniel Day-Lewis, IMDb, consultado el 8 de noviembre de 2019, <https://www.imdb.com/name/nm0000358/?ref_=fn_al_nm_1>.

3. Chris Sullivan, «How Daniel Day-Lewis's Notorious Role Preparation Has Yielded Another Oscar Contender», *Independent*, 1 de febrero de 2008, <https://www.independent.co.uk/arts-entertainment/films/features/how-daniel-day-lewis-notoriously-rigorous-role-preparation-has-yielded-another-oscar-contender-776563.html>.

4. Śrī Caitanya-caritāmṛta, Antya, 20,21.

5. «Social and Institutional Purposes: Conquest of the Spiritual Forces of Evil», *Encyclopaedia Britannica*, consultado el 8 de noviembre de 2019, <https://www.britannica.com/topic/monasticism/Social-and-institutional-purposes>.

6. Timothy D. Wilson, David A. Reinhard, Erin C. Westgate, Daniel T. Gilbert, Nicole Ellerbeck, Cheryl Hahn, Casey L. Brown y Adi Shaked, «Just Think: The Challenges of the Disengaged Mind», *Science*, 345, n.º 6.192 (4 de julio de 2014), pp. 75-77, doi: 10.1126/science.1250830.

7. Gemma Curtis, «Your Life in Numbers», Creative Commons, consultado el 15 de noviembre de 2019, <https://www.dreams.co.uk/sleep-matters-club/your-life-in-numbers-infographic/>.

8. *Ibid.*

9. Versos 16,1-5 de *The Bhagavad Gita*, *op. cit.*

10. James H. Fowler y Nicholas A. Christakis, «Dynamic Spread of Happiness in a Large Social Network: Longitudinal Analysis over 20 Years in the Framingham Heart Study», *BMJ*, 337, n.º a2338 (5 de diciembre de 2008), doi: <https://www.bmj.com/content/337/bmj.a2338>.

2. Negatividad

1. Verso 4,50 de *The Dhammapada*, introducción y traducción de Eknath Easwaran, Tomales, Nilgiri Press, 2007, p. 118.

2. Emily M. Zitek, Alexander H. Jordan, Benoît Monin y Frederick R. Leach, «Victim Entitlement to Behave Selfishly», *Journal of Personality and Social Pscychology*, 98, n.º 2 (2010), pp. 245-255, doi: 10.1037/a0017168.

3. Eliot Aronson y Joshua Aronson, *The Social Animal*, 12.ª edición, Nueva York, Worth Publishers, 2018. [Hay trad. cast.: *El animal social*, Madrid, Alianza, 2000.]

4. Zhenyu Wei, Zhiying Zhao y Yong Zheng, «Neural Mechanisms Underlying Social Conformity», *Frontiers in Human Neuroscience*, 7 (2013), p. 896, doi: 10.3389/fnhum.2013.00896.

5. Brad J. Brushman, «Does Venting Anger Feed or Extinguish the Flame? Catharsis, Rumination, Distraction, Anger, and Aggresive Responding», *Personality and Social Psychology Bulletin* (1 de junio de 2002), doi: 10.1177/0146167202289002.

6. Robert M. Sapolsky, «Why Stress Is Bad for Your Brain», *Science*, 273, n.º 5.276 (9 de agosto de 1996), pp. 749-750, doi: 10.1126/science.273.5276.749.

7. Thomas Keating, *Invitation to Love 20th Anniversary Edition: The Way of Christian Contemplation*, Londres, Bloomsbury Conti-

nuum, 2012. [Hay trad. cast.: *Invitación a amar: camino a la contemplación*, Bilbao, Desclée De Brouwer, 2014.]

8. Thich Nhat Hanh, *The Heart of the Buddha's Teaching: Transforming Suffering into Peace, Joy, and Liberation*, Nueva York, Harmony, 1999. [Hay trad. cast.: *El corazón de las enseñanzas de Buda: el arte de transformar el sufrimiento en paz, alegría y liberación*, Barcelona, Zenith, 2018.]

9. Arthur Jeon, *City Dharma: Keeping Your Cool in the Chaos*, Nueva York, Crown Archetype, 2004, p. 120. [Hay trad. cast.: *Dharma urbano: cómo mantener el equilibrio en medio del caos*, Barcelona, Ediciones B, 2004.]

10. Hannah Ward y Jennifer Wild, eds., *The Monastic Way: Ancient Wisdom for Contemporary Living: A Book of Daily Readings*, Grand Rapids, Míchigan, Wm. B. Eerdmans, 2007, p. 183.

11. William Buck, *Mahabharata*, Delhi, Motilal Banarsidas Publishers, 2004, p. 341.

12. Thanissaro Bhikku, trad., «Vaca Sutta: A Statement», AccesstoInsight.org, consultado el 11 de noviembre de 2019, <https://www.accesstoinsight.org/tipitaka/an/an05/an05.198.than.html>.

13. Bridget Murray, «Writing to Heal: By Helping People Manage and Learn from Negative Experiences, Writing Strengthens Their Immune Systems as Well as Their Minds», *Monitor on Psychology*, 33, n.º 6 (junio de 2002), p. 54.

14. Susan David, «3 Ways to Better Understand Your Emotions», *Harvard Business Review*, 10 de noviembre de 2016, <https://hbr.org/2016/11/3-ways-to-better-understand-your-emotions>.

15. Radhanath Swami, entrevista con Jay Shetty, *#FollowTheReader with Jay Shetty*, *HuffPost*, 7 de noviembre de 2016, <https://www.youtube.com/watch?v=JW1Am81L0wc>.

16. Verso 14, 5-9 de *The Bhagavad Gita*, *op. cit.*, pp. 224-225.

17. Loren L. Toussaint, Amy D. Owen y Alyssa Cheadle, «Forgive to Live: Forgivenes, Health, and Longetivity», *Journal of Behavioral Medicine*, 35, n.º 4 (agosto de 2012), pp. 375-386, doi: 10.1007/s10865-011-9632-4.

18. Kathleen A. Lawler, Jarred W. Younger, Rachel L. Piferi, Rebecca L. Jobe, Kimberly A. Edmondson y Warren H. Jones, «The Unique Effects of Forgiveness on Health: An Exploration of Pathways», *Journal of Behavioral Medicine*, 28, n.° 2 (abril de 2005), pp. 157-167, doi: 10.1007/s10865-005-3665-2.

19. Peggy A. Hannon, Eli J. Finkel, Madoka Kumashiro y Caryl E. Rusbult, «The Soothing Effects of Forgiveness on Victims' and Perpetrators' Blood Pressure», *Personal Relationships*, 19, n.° 2 (junio de 2012), pp. 279-289, doi: 10.1111/j.1475-6811.2011.01356.x.

20. Pema Chödrön, «Why I Became a Buddhist», *Sounds True*, 14 de febrero de 2008, <https://www.youtube.com/watch?v=A4slnjvGjP4&t=117s>; Pema Chödrön, «How to Let Go and Accept Change», entrevista con Oprah Winfrey, *Super Soul Sunday*, Oprah Winfrey Network, 15 de octubre de 2014, <https://www.youtube.com/watch?v=SgJ1xfhJneA>.

21. Anne-Marie O'Neill, «Ellen DeGeneres: "Making People Feel Good Is All I Ever Wanted to Do"», *Parade*, 27 de octubre de 2011, <https://parade.com/133518/annemarieoneill/ellen-degeneres-2/>.

3. Miedo

1. «Tom Hanks Addresses the Yale Class of 2011», Universidad de Yale, 22 de mayo de 2011, <https://www.youtube.com/watch?v=baIlinqoExQ>.

2. Gavin de Becker, *The Gift of Fear*, Nueva York, Dell, 1998. [Hay trad. cast.: *El valor del miedo*, Madrid, Urano, 1999.]

3. Tara Brach, «Nourishing Heartwood: Two Pathways to Cultivating Intimacy», *Psychology Today*, 6 de agosto de 2018, <https://www.psychologytoday.com/us/blog/finding-true-refuge/201808/nourishing-heartwood>.

4. *Free Solo*, dirigido por Jimmy Chin y Elizabeth Chai Vasarhelyi, Little Monster Films e Itinerant Films, 2018.

5. Śāntideva, *A Guide to the Bodhisattva Way of Life*, trad. Vesna A. Wallace y B. Alan Wallace, Nueva York, Snow Lion, 1997.

6. Christopher Bergland, «Diaphragmatic Breathing Exercices and Your Vagus Nerve», *Psychology Today*, 16 de mayo de 2017, <https://www.psychologytoday.com/us/blog/the-athletes-way/201705/diaphragmatic-breathing-exercises-and-your-vagus-nerve>.

7. Chuck Palahniuk, *Invisible Monsters Remix*, Nueva York, W. W. Norton & Company, 2018.

8. «Basic Information About Landfill Gas», Landfill Methane Outreach Program, consultado el 12 de noviembre de 2019, <https://www.epa.gov/lmop/basic-information-about-landfill-gas>.

4. Intención

1. Algunas fuentes atribuyen este comentario al Rig Veda.

2. Bhaktivinoda Thakura, «The Nectarean Instructions of Lord Caitanya», *Hari kírtan*, 12 de junio de 2010, <https://kirtan.estranky.cz/clanky/philosophy---english/sri-sri-caitanya--siksamrta--the-nectarean-instrucions-of-lord-caitanya.html>.

3. Tara Brach, «Absolute Cooperation with the Inevitable: Aligning with what is here is a way of practicing presence. It allows us to respond to our world with creativity and compassion», *HuffPost*, 4 de noviembre de 2013, <https://www.huffpost.com/entry/happiness-tips_b_4213151>.

4. Kabir, «"Of the Musk Deer": 15th Century Hindi Poems», Zócalo Poets, consultado el 11 de noviembre de 2019, <https://zocalopoets.com/2012/04/11/kabir-of-the-musk-deer-15th-century-hindi-poems/>.

5. Daniel Kahneman y Angus Deaton, «High Income Improves Evaluation of Life But Not Emotional Well-Being», *PNAS*, 107, n.° 38 (21 de septiembre de 2010), pp. 16.489-16.493, doi: 10.1073/pnas.1011492107.

6. Jean M. Twenge, «The Evidence for Generation Me and Against Generation We», *Emerging Adulthood*, 1, n.° 1 (2 de marzo de 2013), pp. 11-16, doi: 10.1177/2167696812466548/.

7. Brigid Schulte, «Why the U.S. Rating on the World Happiness Report Is Lower Than It Should Be—And How to Change It», *Washington Post*, 11 de mayo de 2015, <https://www.washingtonpost.com/news/inspired-life/wp/2015/05/11/why-many-americans-are-unhappy-even-when-incomes-are-rising-and-how-we-can-change-that/>.

8. Algunas fuentes atribuyen estos comentarios al Atharva Veda.

9. Kelly McGonigal, *The Upside of Stress*, Nueva York, Avery, 2016. [Hay trad. cast.: *Estrés: el lado bueno*, Ciudad de México, Editorial Océano de México, 2017.]

10. John M. Darley y C. Daniel Batson, «From Jerusalem to Jericho: A Study of Situational and Dispositional Variables in Helping Behavior», *Journal of Personality and Social Psychology*, 27, n.°1 (1973), pp. 100-108, doi: 10.1037/h0034449.

11. Laurence Freeman, *Aspects of Love: On Retreat with Laurence Freeman*, Singapur, Medio Media/Arthur James, 1997.

12. Benedicta Ward, ed., *The Desert Fathers: Sayings of the Early Christian Monks*, Nueva York, Penguin Classics, 2003.

Meditación: respirar

1. Verso 3,34 de *The Dhammapada*, *op. cit.*, p. 115.

2. Rig Veda, 1,66,1; para un análisis detallado, Abbot George Burke, «The Hindu Tradition of Breath Meditation», BreadthMeditation.org, consultado el 8 de noviembre de 2019, <https://breathmeditation.org/the-hindu-tradition-of-breath-meditation>.

3. Thanissaro Bhikku, trad., «Anapanasati Sutta: Mindfulness of Breathing», AccesstoInsight.org, consultado el 8 de noviembre de 2019, <https://www.accesstoinsight.org/tipitaka/mn/mn.118.than.html>.

4. Tarun Sexana y Manjari Saxena, «The Effect of Various Breathing Exercises (Pranayama) in Patients with Bronchial Asthma

of Mild to Moderate Severity», *International Journal of Yoga*, 2, n.° 1 (enero-junio de 2009), pp. 22-25, doi:10.4103/0973-6131.53838; Roopa B. Ankad, Anita Herur, Shailaja Patil, G. V. Shashikala y Surekharani Chinagudi, «Effect of Short-Term Pranayama and Medication on Cardiovascular Functions in Healthy Individuals», *Heart Views*, 12, n.° 2 (abril-junio de 2011), pp. 58-62, doi: 10.4103/1995-705X.86016; Anant Narayan Sinha, Desh Deepak y Vimal Singh Gusain, «Assessment of the Effects of Pranayama/Alternate Nostril Breathing on the Parasympathetic Nervous System in Young Adults», *Journal of Clinical & Diagnostic Research*, 7, n.° 5 (mayo de 2013), pp. 821-823, doi: 10.7860/JCDR/2013/4750.2948; y Shreyashi Vaksh, Mukesh Pandey y Rakesh Kumar, «Study of the Effect of Pranayama on Academic Performance of School Students of IX and XI Standard», *Scholars Journal of Applied Medical Sciences*, 4, n.° 5D (2016), pp. 1.703-1.705.

5. Propósito

1. *Manusmriti*, verso 8,15.
2. Albert Mehrabian, *Nonverbal Communication*, Londres, Routledge, 1972.
3. «About Jane», Jane Goodall Institute, consultado el 11 de noviembre de 2019, <https://janegoodall.org/our-story/about-jane>.
4. Rich Karlgaard, *Late Bloomers: The Power of Patience in a World Obsessed with Early Achievement*, Nueva York, Currency, 2019.
5. Andre Agassi, *Open: An Autobiography*, Nueva York, Vintage, 2010. [Hay trad. cast.: *Open: memorias*, Barcelona, Duomo, 2019.]
6. Joan D. Chittister, *Scarred by Struggle, Transformed by Hope*, Grand Rapids, Míchigan, Eerdmans, 2005.
7. Amy Wrzesniewski, Justin M. Berg y Jane E. Dutton, «Managing Yourself: Turn the Job You Have into the Job You Want», *Harvard Business Review*, junio de 2010, <https://hbr.org/2010/06/managing-yourself-turn-the-job-you-have-into-the-job-you-want>; «Amy Wrzesniewski on Creating Meaning in Your Own Work», re:Work

with Google, 10 de noviembre de 2014, <https://www.youtube.com/watch?v=C_igfnctYjA>.

8. Sajon Chakravorty, *The Truth About Us: The Politics of Information from Manu to Modi*, Hachette India, 2019.

9. Robert Segal, «Joseph Campbell: American Author», *Encyclopaedia Britannica*, consultado el 11 de noviembre de 2019, <https://www.britannica.com/biography/Joseph-Campbell-American-author>; «Joseph Campbell: His Life and Contributions», Center for Story and Symbol, consultado el 11 de noviembre de 2019, <https://folkstory.com/campbell/psychology_online_joseph_campbell.html>; Joseph Campbell con Bill Moyers, *The Power of Myth*, Nueva York, Anchor, 1991. [Hay trad. cast.: *El poder del mito*, Madrid, Capitán Swing, 2017.]

10. *Mahabharata*, Manusmriti, verso 8,15.

11. Emma Slade, «My Path to Becoming a Buddhist», TEDx Talks, 6 de febrero de 2017, <https://www.youtube.com/watch?v=QnJIjEAE41w>; «Meet the British Banker Who Turned Buddhist Nun in Bhutan», *Economic Times*, 28 de agosto de 2017, <https://economictimes.indiatimes.com/news/international/world-news/meet-the-british-banker-who-turned-buddhist-nun-in-bhutan/being-taken-hostage/slideshow/60254680.cms>; «Charity Work», Emma Slade.com, consultado el 11 de noviembre de 2019, <https://www.emmaslade.com/charity-work>.

12. *Dona Sutta*, Anguttara Nikaya, verso 4,36.

6. Rutina

1. Til Roenneberg, *Internal Time: Chronotypes, Social Jet Lag, and Why You're So Tired*, Cambridge, Harvard University Press, 2012.

2. Maria Popova, «10 Learnings from 10 Years of Brain Pickings», *Brain Pickings*, consultado el 11 de noviembre de 2019, <https://www.brainpickings.org/2016/10/23/10-years-of-brain-pickings/>.

3. RootMetrics, «Survey Insights: The Lifestyles of Mobile Consumers», 24 de octubre de 2018, <http://rootmetrics.com/en-US/content/rootmetrics-survey-results-are-in-mobile-consumer-lifestyles>.

4. «Fastest Cars 0 to 60 Times», consultado el 11 de noviembre de 2019, <https://www.zeroto60times.com/fastest-cars-0-60-mph-times/>.

5. Lev Grossman, «Runner-Up: Tim Cook, the Technologist», *TIME*, 19 de diciembre de 2012, <http://poy.time.com/12/19/runner-up-tim-cook-the-technologist/>; Michelle Obama, «Oprah Talks to Michelle Obama», entrevista con Oprah Winfrey, *O, The Oprah Magazine*, abril de 2000, <https://www.oprah.com/omagazine/michelle-obamas-oprah-interview-o-magazine-cover-with-obama/all#ixzz5qYixltgS>.

6. Jacob A. Nota y Meredith E. Coles, «Duration and Timing of Sleep Are Associated with Repetitive Negative Thinking», *Cognitive Therapy and Research*, 39, n.º 2 (abril de 2015), pp. 253-261, doi: 10.1007/s10608-014-9651-7.

7. M. L. Moline, T. H. Monk, D. R. Wagner, C. P. Pollak, J. Kream, J. E. Fookson, E. D. Weitzman y C. A. Czeisler, «Human Growth Hormone Release Is Decreased During Sleep in Temporal Isolation (Free-Running)», *Chronobiologia*, 13, n.º 1 (enero-marzo de 1986), pp. 13-19.

8. Ali Montag, «These Are Kevin O'Leary's Top 3 Productivity Hacks—And Anyone Can Use Them», CNBC, 23 de julio de 2018, <https://www.cnbc.com/2018/07/19/kevin-olearys-top-productivity-tips-that-anyone-can-use.html>.

9. Christopher Sommer, «How One Decision Can Change Everything», entrevista con Brian Rose, *London Real*, 2 de octubre de 2018, <https://www.youtube.com/watch?v=jgJ3xHyOzsA>.

10. Ward y Wild, *op. cit.*, pp. 75-76.

11. Alan D. Castel, Michael Vendetti y Keith Holyoak, «Fire Drill: Inattentional Blindness and Amnesia for the Location of Fire Extinguishers», *Attention, Perception, & Psychophysics*, 74 (2012), pp. 1.391-1.396, doi: 10.3758/s13414-012-0355-3.

12. Kobe Bryant, «Kobe Kryant: On How to Be Strategic & Ob-

sessive to Find Your Purpose», entrevista con Jay Shetty, *On Purpose*, 9 de septiembre de 2019, <https://jayshetty.me/kobe-bryant-on-how-to-be-strategic-obsessive-to-find-your-purpose/>.

13. Thich Nhat Hanh, *At Home in the World: Stories and Essential Teachings from a Monk's Life*, Berkeley, Parallax Press, 2019. [Hay trad. cast.: *Mi casa es el mundo*, Barcelona, Kitsune Books, 2018.]

14. Kālidāsa, *The Works of Kālidāsa*, trad. Arthur W. Ryder, CreateSpace, 2015.

15. Garth Sundem, «This Is Your Brain on Multitasking: Brains of Multitaskers Are Structurally Different Than Brains of Monotaskers», *Psychology Today*, 24 de febrero de 2012, <https://www.psychologytoday.com/us/blog/brain-trust/201202/is-your-brain-multitasking>.

16. Cal Newport, *Deep Work: Rules for Focused Success in a Distracted World*, Nueva York, Grand Central Publishing, 2016.

17. Eyal Ophir, Clifford Nass y Anthony D. Wagner, «Cognitive Control in Media Multitakers», *PNAS*, 106, n.º 37 (15 de septiembre de 2009), pp. 15.583-15.587, doi: 10.1073/pnas.0903620106.

18. Robert H. Lustig, *The Hacking of the American Mind: The Science Behind the Corporate Takeover of Our Bodies and Brains*, Nueva York, Avery, 2017.

7. Mente

1. Nārāyana, *Hitopadeśa*, Nueva York, Penguin Classics, 2007. [Hay trad. cat.: *Hitopadesa: ensenyança profitosa*, Pollença, El Gall Editor, 2016.]

2. «How Many Thoughts Do We Have Per Minute?», Reference, consultado el 12 de noviembre de 2019, <https://www.reference.com/world-view/many-thoughts-per-minute-cb7fcf22ebbf8466>.

3. Ernst Pöppel, «Trust as Basic for the Concept of Causality: A Biological Speculation», presentación, consultado el 12 de noviembre de 2019, <http://www.paralimes.ntu.edu.sg/NewsnEvents/Causality%20-%20Reality/Documents/Ernst%20Poppel.pdf>.

4. Lisa Barrett, «Lisa Barrett on How Emotions Are Made», entrevista con Ginger Campbell, *Brain Science with Ginger Campbell, MD*, episodio 135, 31 de julio de 2017, <https://brainsciencepodcast.com/bsp/2017/135-emotions-barrett>.

5. Piya Tan, «Samyutta Nikaya: The Connected Sayings of the Buddha, Translated with Notes in the Sutta Discovery Series», Buddhism Network, consultado el 22 de enero de 2020, <http://buddhismnetwork.com/2016/12/28/samyutta-nikaya/>.

6. Verso 6,80 de *The Dhammapada*, *op. cit.*, p. 126.

7. Verso 6,6 de A. C. Bhaktivedanta Swami Prabhupada, *Bhagavad Gita As It Is*, The Bhaktivedanta Book Trust International, Inc., <https://apps.apple.com/us/app/bhagavad-gita-as-it-is/id1080562426>.

8. *Paperback Oxford English Dictionary*, Oxford, Oxford University Press, 2012.

9. Martin V. Day y D. Ramona Bobocel, «The Weight of a Guilty Conscience: Subjective Body Weight as an Embodiment of Guilt», *PLoS ONE*, 8, n.º 7 (julio de 2013), doi: 10.1371/journal.pone.0069546.

10. Max H. Bazerman, Ann E. Tenbrunsel y Kimberly Wade-Benzoni, «Negotiating with Yourself and Losing: Making Decisions with Competing Internal Preferences», *Academy of Management Review*, 23, n.º 2 (1 de abril de 1998), pp. 225-241, doi: 10.5465/amr.1998.533224.

11. *The Dhammapada*, *op. cit.*, pp. 65-66.

12. Katha Upanishad, tercer Valli, 3-6, de *The Upanishads*, trad. Vernon Katz y Thomas Egenes, Nueva York, Tarcher Perigee, 2015, pp. 55-57.

13. Elliot Figueira, «How Shaolin Monks Develop Their Mental and Physical Mastery», BBN, consultado el 12 de noviembre de 2019, <https://www.bbncommunity.com/how-shaolin-monks-develop-their-mental-and-physical-mastery/>.

14. Goleman y Davidson, *op. cit.*

15. Gene Weingarten, «Pearls Before Breakfast: Can One of the Nation's Great Musicians Cut Through the Fog of a D.C. Rush Hour?

Let's Find Out», *Washington Post*, 8 de abril de 2007, <https://www.washingtonpost.com/lifestyle/magazine/pearls-before-breakfast-can-one-of-the-nations-great-musicians-cut-through-the-fog-of-a-dc-rush-hour-lets-find-out/2014/09/23/8a6d46da-4331-11e4-b47c-f5889e0611e5f_story.html>.

16. Gary Lupyan y Daniel Swingley, «Self-Directed Speech Affects Visual Search Performance», *Quarterly Journal of Experimental Psychology* (1 de junio de 2012), doi: 10.1080/17470218.2011.647039.

17. Linda Sapadin, «Talking to Yourself: A Sign of Sanity», *Psych Central*, 2 de octubre de 2018, <https://psychcentral.com/blog/talking-to-yourself-a-sign-of-sanity/>.

18. James W. Pennebaker y Janel D. Seagal, «Forming a Story: The Health Benefits of Narrative», *Journal of Clinical Psychology*, 55, n.º 10 (1999), pp. 1.243-1.251.

19. <www.krystamacgray.com> y entrevista personal, 10 de julio de 2019.

20. Richard Rohr, «Living in the Now: Practicing Presence», Center for Action and Contemplation, 24 de noviembre de 2017, <https://cac.org/practicing-presence-2017-11-24/>.

21. Ram Das, *Be Here Now*, Nueva York, Harmony, 1978.

22. Versos 2,48 y 12,12 de *The Bhagavad Gita*, *op. cit.*, pp. 94 y 208.

23. Esta cita se atribuye a Alí Ibn Abi Talib, primo y yerno de Mahoma, el último profeta del islam.

24. Bhavika Jain, «Jain Monk Completes 423 Days of Fasting», *Times of India*, 1 de noviembre de 2015, <http://timesofindia.indiatimes.com/articleshow/49616061.cms?utm_source=contentofinterest&utm_medium=text&utm_campaign=cppst>.

25. Krissy Howard, «The Japanese Monks Who Mummified Themselves While Still Alive», *All That's Interesting*, 25 de octubre de 2016, <https://allthatsinteresting.com/sokushinbutsu>.

26. «Sir Roger Bannister: First Person to Run a Mile in Under Four Minutes Dies at 88», BBC, 4 de marzo de 2018, <https://www.bbc.com/sport/athletics/43273249>.

27. Matthieu Ricard, entrevista con Jay Shetty, *#FollowTheReader with Jay Shetty*, *HuffPost*, 10 de octubre de 2016, <https://www.youtube.com/watch?v=_HZznrniwL8&feature=youtu.be>.

28. Jayaram V, «The Seven Fundamental Teachings of the Bhagavad-Gita», Hinduwebsite.com, consultado el 22 de enero de 2020, <https://www.hinduwebsite.com/seventeachings.asp>.

8. Ego

1. Verso 2,71 de *The Bhagavad Gita*, *op. cit.*, p. 97.

2. *Ibid.*, versos 7,4 y 16,18.

3. Algunas fuentes atribuyen estos comentarios al Sama Veda.

4. Dennis Okholm, *Dangerous Passions, Deadly Sins: Learning from the Psychology of Ancient Monks*, Grand Rapids, Míchigan, Brazos Press, 2014, p. 161.

5. Bhaktivedanta, *op. cit.*, verso 6,32, <https://apps.apple.com/us/app/bhagavad-gita-as-it-is/id1080562426>.

6. Julia Galef, «Why You Think You're Right Even If You're Wrong», TEDx PSU, febrero de 2016, <https://www.ted.com/talks/julia_galef_why_you_think_you_re_right_even_if_you_re_wrong/transcript#t-68800>.

7. Ken Auletta, «Outside the Box: Netflix and the Future of Television», *New Yorker*, 26 de enero de 2014, <https://www.newyorker.com/magazine/2014/02/03/outside-the-box-2>; Paul R. LaMonica, «Netflix Joins the Exclusive $100 Billion Club», CNN, 23 de julio de 2018, <https://money.cnn.com/2018/01/23/investing/netflix-100-billion-market-value/index.html>.

8. Osho, *A Bird on the Wing: Zen Anecdotes for Everyday Life*, India, Osho Media International, 2013. [Hay trad. cast.: *Un pájaro al viento: la sabiduría del zen*, Madrid, Martínez Roca, 2008.]

9. Mary Beard, *The Roman Triumph*, Cambridge, Harvard University Press, 2009. [Hay trad. cast.: *El triunfo romano*, Barcelona, Crítica, 2017.]

10. Robert Downey Jr., entrevista, *Cambridge Union*, 19 de diciembre de 2014, <https://www.youtube.com/watch?v=Rmpysp5mWlg>.

11. Srimad-Bhagavatam, Summum Bonum, 14,9-10.

12. Steve Hartman, «Love Thy Neighbor: Son's Killer Moves in Next Door», CBS News, 8 de junio de 2011, <https://cbsnews.com/news/love-thy-neighbor-sons-killer-moves-next-door/>; «Woman Shows Incredible Mercy as Her Son's Killer Moves In Next Door», *Daily Mail*, 8 de junio de 2011, <https://www.dailymail.co.uk/news/article-2000704/Woman-shows-incredible-mercy-sons-killer-moves-door.html>; «Mary Johnson and Oshea Israel», The Forgiveness Project, consultado el 12 de noviembre de 2019, <https://www.theforgivenessproject.com/stories/mary-johnson-oshea-israel/>.

13. Kamlesh J. Wadher, *Nature's Science and Secrets of Success*, India, Educreation Publishing, 2016; verso 2,14 de *The Bhagavad Gita*, *op. cit.*, p. 90.

14. Thomas Moore, *Care of the Soul: A Guide for Cultivating Depth and Sacredness in Everyday Life*, Nueva York, Harper Perennial, 1992, p. 197. [Hay trad. cast.: *El cuidado del alma: cultivar lo profundo y lo sagrado en la vida cotidiana*, Madrid, Urano, 2009.]

15. Sarah Lewis, *The Rise: Creativity, the Gift of Failure, and the Search for Mastery*, Nueva York, Simon & Schuster, 2014, p. 111; «Spanx Startup Story», Fundable, consultado el 12 de noviembre de 2019, <https://www.fundable.com/learn/startup-stories/spanx>.

16. «Goal Setting Activities of Olympic Athletes (And What They Can Teach the Rest of Us)», Develop Good Habits, 30 de septiembre de 2019, <https://www.developgoodhabits.com/goal-setting-activities/>.

17. Rajesh Viswanathan, «Children Should Become Their Own Voices», *ParentCircle*, consultado el 12 de noviembre de 2019, <https://www.parentcircle.com/article/children-should-become-their-own-voices/>.

Meditación: visualizar

1. Vinoth K. Ranganathan, Vlodek Siemionow, Jing Z. Liu, Vinod Sahgal y Guang H. Yue, «From Mental Power to Muscle Power—Gaining Strength by Using the Mind», *Neuropsychologia*, 42, n.º 7 (2004), pp. 944-956, doi: 10.1016/j.neuropsychologia.2003.11.018.

9. Agradecimiento: la droga más poderosa del mundo

1. «What Is Gratitude?», A Network for Grateful Living, consultado el 12 de noviembre de 2019, <https://gratefulness.org/resource/what-is-gratitude/>.
2. Robert A. Emmons y Michael E. McCullough, «Counting Blessings Versus Burdens: An Experimental Investigation of Gratitude and Subjective Well-Being in Daily Life», *Journal of Personality and Social Psychology*, 84, n.º 2 (2003), pp. 377-389, doi: 10.1037/0022-3514.84.2.377.
3. Alex Korb, «The Grateful Brain: The Neuroscience of Giving Thanks», *Psychology Today*, 20 de noviembre de 2012, <https://www.psychologytoday.com/us/blog/prefrontal-nudity/201211/the-grateful-brain>.
4. Todd B. Kashdan, Gitendra Uswatte y Terri Julian, «Gratitude and Hedonic and Eudaimonic Well-Being in Vietnam War Veterans», *Behaviour Research and Therapy*, 44, n.º 2 (febrero de 2006), pp. 177-199, doi: 10.1016/j.brat.2005.01.005.
5. Mikaela Conley, «Thankfulness Linked to Positive Changes in Brain and Body», ABC News, 23 de noviembre de 2011, <https://abcnews.go.com/Health/science-thankfulness/story?id=15008148>.
6. Samyutta Nikaya, Sutta Pitaka, 20,21.
7. Joanna Macy, *World as Lover, World as Self: Courage for Global Justice and Ecological Renewal*, Berkeley, Parallax Press, 2007, pp. 78-83. [Hay trad. cast.: *El mundo como amor, el mundo como uno mismo*, Madrid, Uriel Satori, 2008.]

8. Roshi Joan Halifax, «Practicing Gratefulness by Roshi Joan Halifax», Upaya Institute and Zen Center, 18 de octubre de 2017, <https://www.upaya.org/2017/10/practicing-gratefulness-by-roshi-joan-halifax/>.

9. Bill Murphy Jr., «Facebook and Twitter Turned Him Down. Now He's Worth $4 Billion», *Inc.*, consultado el 13 de noviembre de 2019, <https://www.inc.com/bill-murphy-jr/facebook-and-twitter-turned-him-down-now-hes-worth-4-billion.html>; Brian Acton (@brianacton), publicación de Twitter, 3 de agosto de 2009, <https://twitter.com/brianacton/status/3109544383>.

10. «Helen Keller», Biography, consultado el 13 de noviembre de 2019, <https://www.biography.com/activist/helen-keller>; y Helen Keller, *We Bereaved*, Nueva York, L. Fulenwider, 1929.

11. Rob Sidon, «The Gospel of Gratitude According to David Steindl-Rast», *Common Ground*, noviembre de 2017, pp. 42-49, <http://onlinedigitaleditions2.com/commonground/archive/web-11-2017/>.

12. Pema Chödrön, *Practicing Peace in Times of War*, Boston, Shambhala, 2007. [Hay trad. cast.: *Paz en tiempos de guerra*, Barcelona, Oniro, 2012.]

13. James H. Fowler y Nicholas A. Christakis, «Cooperative Behavior Cascades in Human Social Networks», *Proceedings of the National Academy of Sciences*, 107, n.° 12 (23 de marzo de 2010), pp. 5334-5338, doi: 10.1073/pnas.0913149107.

14. Nicholas Epley y Juliana Schroeder, «Mistakenly Seeking Solitude», *Journal of Experimental Psychology: General*, 143, n.° 5 (octubre de 2014), pp. 1.980-1.999, doi: 10.1037/a0037323.

15. Caroline E. Jenkinson, Andy P. Dickens, Kerry Jones, Jo Thompson-Coon, Rod S. Taylor, Morwenna Rogers, Clare L. Bambra, Iain Lang y Suzanne H. Richards, «Is Volunteering a Public Health Intervention? A Systematic Review and Meta-Analysis of the Health and Survival of Volunteers», *BMG Public Health*, 13, n.° 773 (23 de agosto de 2013), doi: 10.1186/1471/2458-13-773.

10. Relaciones: observar a la gente

1. Thich Nhat Hanh, *How to Love*, Berkeley, Parallax Press, 2014. [Hay trad. cast.: *Cómo amar*, Barcelona, Kairós, 2016.]

2. Dan Buettner, «Power 9: Reverse Engineering Longevity», Blue Zones, consultado el 13 de noviembre de 2019, <https://www.bluezones.com/2016/11/power-9/>.

3. Michael D. Matthews, «The 3 C's of Trust: The Core Elements of Trust Are Competence, Character, and Caring», *Psychology Today*, 3 de mayo de 2016, <https://www.psychologytoday.com/us/blog/head-strong/201605/the-3-c-s-trust>.

4. K. S. Baharati, *Encyclopaedia of Gandhian Thought*, India, Anmol Publications, 2006.

5. Jean Dominique Martin, «People Come Into Your Life for a Reason, a Season, or a Lifetime», consultado el 14 de noviembre de 2019, <http://youmeandspirit.blogspot.com/2009/08/ebb-and-flow.html>.

6. John Gottman, «John Gottman on Trust and Betrayal», *Greater Good Magazine*, 29 de octubre de 2011, <https://greatergood.berkeley.edu/article/item/john_gottman_on_trust_and_betrayal>.

7. Bella M. DePaulo, Deborah A. Kashy, Susan E. Kirkendol, Melissa M. Wyer y Jennifer A. Epstein, «Lying in Everyday Life», *Journal of Personality and Social Psychology*, 70, n.º 5 (junio de 1996), pp. 979-995, doi: 10.1037/0022-3514.70.5.979.

8. Bella M. DePaulo, *The Lies We Tell and the Clues We Miss: Professional Papers*, CreateSpace, 2009.

9. Dawn Dorsey, «Rice Study Suggests People Are More Trusting of Attractive Strangers», Universidad Rice, 21 de septiembre de 2006, <https://news.rice.edu/2006/09/21/rice-study-suggests-people-are-more-trusting-of-attractive-strangers/>.

10. *Ibid.*

11. Don Meyer, «Fox-Hole Test», CoachMeyer.com, consultado el 13 de noviembre de 2019, <https://www.coachmeyer.com/Information/Players_Corner/Fox%20Hole%20Test.pdf>.

12. <www.malamadrone.com> y entrevista personal, 7 de septiembre de 2019.

13. Paul Tillich, *The Eternal Now*, Nueva York, Scribner, 1963. [Hay trad. cast.: *El eterno presente*, México, Diana, 1979.]

14. Melissa A. Milke, Kei M. Nomaguchi y Kathleen E. Denny, «Does the Amount of Time Mothers Spend with Children or Adolescents Matter?», *Journal of Marriage and Family*, 77, n.º 2 (abril de 2015), pp. 355-372, doi: 10.1111/jomf.12170.

15. *Sri Upadesamrta: The Ambrosial Advice of Sri Rupa Gosvami*, India, Gaudiya Vedanta Publications, 2003, <https://archive.org/details/upadesamrta/page/n1>.

16. Joshua Wolf Shenk, «What Makes Us Happy? Is There a Formula—Some Mix of Love, Work, and Psychological Adaptation—for a Good Life?», *Atlantic*, junio de 2009, <https://theatlantic.com/magazine/archive/2009/06/what-makes-us-happy/307439/>.

17. Thich Nhat Hanh, *How to Love*, Berkeley, Parallax Press, 2014.

18. Massive Attack, «Teardrop», *Mezzanine*, Circa/Virgin, 27 de abril de 1998; *Como la vida misma (Dan in Real Life)*, dirigida por Peter Hedges, Touchtstone Pictures, Focus Features y Jon Shestack Productions, 2007.

19. Iyanla Vanzant, «How to Heal the Wounds of Your Past», Oprah's Life Class, 11 de octubre de 2011, <http://oprah.com/oprahslifeclass/iyanla-vanzant-how-to-heal-the-wounds-of-your-past>.

20. Arthur Aron, Christina C. Norman, Elaine N. Aron, Colin McKenna y Richard E. Heyman, «Couples' Shared Participation in Novel and Arousing Activities and Experienced Relationship Quality», *Journal of Personality and Social Psychology*, 78, n.º 2 (2000), pp. 273-284, doi: 10.1037//0022-3514.78.2.273.

21. Jetsunma Tensin Palmo, «The Difference Between Genuine Love and Attachment», consultado el 13 de noviembre de 2019, <https://www.youtube.com/watch?v=6kUoTS3Yo4g>.

22. Sanjay Srivastava, Maya Tamir, Kelly M. McGonigal, Oliver P. John y James J. Gross, «The Social Costs of Emotional Suppression: A Prospective Study of the Transition to College», *Journal of Personality*

and Social Psychology, 96, n.º 4 (22 de agosto de 2014), pp. 883-897, doi: 10.1037/a0014755.

11. Servicio: planta árboles a cuya sombra no tengas intención de sentarte

1. Verso 3,25 de *The Bhagavad Gita*, *op. cit.*, p. 107.

2. Ward y Wild, *op. cit.*, p. 183.

3. *Ibid.*, p. 190.

4. Srimad-Bhagavatam, Summum Bonum, 22,32.

5. Verso 1,2,255 de Srila Rupa Goswami, *Bhakti Rasamrta Sindhu (In Two Volumes): With the Commentary of Srila Jiva Gosvami and Visvanatha Cakravarti Thakur*, The Bhaktivedanta Book Trust, Inc., 2009.

6. Nelson Mandela, *Long Walk to Freedom: The Autobiography of Nelson Mandela*, Boston, Back Bay Books, 1995. [Hay trad. cast.: *El largo camino hacia la libertad*, Barcelona, Aguilar, 2012.]

7. Joseph Campbell, *The Hero with a Thousand Faces*, Novato, New World Library, 2008. [Hay trad. cast.: *El héroe de las mil caras*, Madrid, Fondo de Cultura Económica de España, 2015.]

8. Seane Corn, «Yoga, Meditation in Action», entrevista con Krista Tippett, *On Being*, 11 de septiembre de 2008, <https://onbeing.org/programs/seane-corn-yoga-meditation-in-action/>.

9. M. Teresa Granillo, Jennifer Crocker, James L. Abelson, Hannah, E. Reas y Christina M. Quach, «Compassionate and Self-Image Goals as Interpersonal Maintenance Factors in Clinical Depression and Anxiety», *Journal of Clinical Psychology*, 74, n.º 4 (12 de septiembre de 2017), pp. 608-625, doi: 10.1002/jclp.22524.

10. Stephen G. Post, «Altruism, Happiness, and Health: It's Good to Be Good», *International Journal of Behavioral Medicine*, 12, n.º 2 (junio de 2005), pp. 66-67, doi: 10.1207/s15327558ijbm1202_4.

11. Verso 17,20 de *The Bhagavad Gita*, *op. cit.*, p. 248.

12. «About Sindhutai Sapkal (Mai)/Mother of Orphans», consul-

tado el 13 de noviembre de 2019, <https://www.sindhutaisapakal.org/about-Sindhutail-Sapkal.html>.

13. Paul K. Piff, Michael W. Krauss, Stéphane Côté, Bonnie Hayden Cheng y Dacher Keltner, «Having Less, Giving More: The Influence of Social Class on Prosocial Behavior», *Journal of Personality and Social Psychology*, 99, n.° 5 (noviembre de 2010), pp. 771-784, doi: 10.1037/a0020092.

14. Ken Stern, «Why the Rich Don't Give to Charity: The Wealthiest Americans Donate 1.3 Percent of Their Income; The Poorest, 3.2 Percent. What's Up with That?», *The Atlantic*, abril de 2013, <https://www.theatlantic.com/magazine/archive/2013/04/why-the-rich-dont-give/309254/>. Kate Rogers, «Poor, Middle Class and Rich: Who Gives and Who Doesn't?», *FOXBusiness*, 24 de abril de 2013, <https://www.foxbusiness.com/features/poor-middle-class-and-rich-who-gives-and-who-doesnt>.

15. Daniel Goleman, *Focus: The Hidden Driver of Excellence*, Nueva York, HarperCollins, 2013, p. 123. [Hay trad. cast.: *Focus: desarrollar la atención para alcanzar la excelencia*, Barcelona, Kairós, 2013.]

16. Kathleen Elkins, «From Poverty to a $3 Billion Fortune: The Incredible Rags-to-Riches Story of Oprah Winfrey», *Business Insider*, 28 de mayo de 2015, <https://www.businessinsider.com/rags-to-riches-story-of-oprah-winfrey-2015-5>.

17. Ryan Prior, «Kailash Satyarthi Plans to End Child Labor In His Lifetime», CNN, 13 de marzo de 2019, <https://www.cnn.com/2019/02/19/world/kailash-satyarthi-child-labor/index.html>.

18. Macy, *op. cit.*, p. 77.

Meditación: cantar

1. Agni Purana, 3,293, y Vayu Purana, 59,141.

2. «Tesla's Vibrational Medicine», Tesla's Medicine, consultado el 12 de noviembre de 2019, <https://teslasmedicine.com/teslas-vibrational-medicine/>; y Jennifer Tarnacki, «This Is Your Brain on Drumming: The Neuroscience Behind the Beat», Medium, 25 de septiembre

de 2019, <https://medium.com/indian-thoughts/this-is-your-brain-on-drumming-8ed6eaf314c4>.

3. Rainer Maria Rilke, *Letters to a Young Poet*, Nueva York, W. W. Norton & Company, 1993 [hay trad. cast.: *Cartas a un joven poeta*, Madrid, Alianza, 2012]; «29 Inspiring Herb Brooks Quotes to Motivate You», Sponge Coach, 13 de septiembre de 2017, <http://www.spongecoach.com/inspiring-herb-brooks-quotes/>; Jay-Z, «Dirt Off Your Shoulder», *The Black Album*, Roc-A-Fella y Def Jam, 2 de marzo de 2004; *Dos policías rebeldes II (Bad Boys II)*, dirigida por Michael Bay, Don Simpson/Jerry Bruckheimer Films, 2003.

4. «Why Do We Chant Om?», Temples in India Info, consultado el 12 de noviembre de 2019, <https://templesinindiainfo.com/why-do-we-chant-om/>; y «Om», *Encyclopaedia Britannica*, consultado el 12 de noviembre de 2019, <https://www.britannica.com/topic/Om-Indian-religion>.

5. Bangalore G. Kalyani, Ganesan Venkatasubramanian, Rashmi Arasappa, Naren P. Rao, Sunil V. Kalmady, Rishikesh V. Behere, Hariprasad Rao, Mandapati K. Vasudev y Bangalore N. Gangadhar, «Neurohemodynamic Correlates of "OM" Chanting: A Pilot Functional Magnetic Resonance Imaging Study», *International Journal of Yoga*, 4, n.º 1 (enero-junio de 2011), pp. 3-6, doi: 10.4103/0973-6131.78171; y C. R. Conway, A. Kumar, W. Xiong, M. Bunker, S. T. Aronson y A. J. Rush, «Chronic Vagus Nerve Stimulation Significantly Improves Quality of Life in Treatment Resistant Major Depression», *Journal of Clinical Psychiatry*, 79, n.º 5 (21 de agosto de 2018), doi: 10.4088/JCP.18m12178.

6. Verso 17,23 de *The Bhagavad Gita*, *op. cit.*, p. 249.

Conclusión

1. Grace Bluerock, «The 9 Most Common Regrets People Have at the End of Life», mindbodygreen.com, consultado el 13 de noviembre de 2019, <https://www.mindbodygreen.com/0-23024/the-9-most-common-regrets-people-have-at-the-end-of-life.html>.

Siguientes pasos

Genius coaching community

Si has disfrutado de este libro y te gustaría seguir aprendiendo cómo mejorar y optimizar cada área de tu vida, apúntate a la Genius Coaching Community de Jay Shetty.

Con más de doce mil miembros en más de cien países, formarás parte de una comunidad de desarrollo personal que te transformará.

Acompaña en directo a Jay cada semana en una intensa meditación dirigida y una sesión de coaching estructurada en la que compartirá estrategias, herramientas y esquemas para desbloquear tu máximo potencial y descubrir tu genio interior con base en su experiencia directa como monje y sus años de estudio.

Como miembro de la comunidad, accederás a esas sesiones en directo y a cientos de grabaciones sobre todo tipo de temas, desde las relaciones hasta el trabajo, pasando por el desarrollo espiritual, la salud y el bienestar.

También podrás asistir a nuestros encuentros mensuales en más de ciento cuarenta puntos de todo el mundo y conectar con personas con una mentalidad afín a la tuya.

Para más información, visita <www.jayshetty.me/genius>.

Jay Shetty certification school

Si deseas guiar a otras personas en sus viajes de transformación personal, la Jay Shetty Certification School, con el respaldo de la ciencia, el sentido común y la antigua sabiduría de los monjes, es para ti.

Acompaña a Jay en su misión para motivar e influir en el mundo convirtiéndote en coach certificado. El programa, compuesto de estudio con mentoría, tutorías supervisadas por colegas y sesiones de grupo interactivas, te proporcionará los conocimientos, las técnicas y las estrategias necesarios para orientar a cualquiera que aspire a obtener perspectivas nuevas y un cambio personal.

Además, aprenderás a desarrollar una pujante práctica de coaching profesional y pasarás a formar parte de nuestra base de datos mundial de coaches aprobados por Jay Shetty.

Puedes estudiar desde cualquier rincón del mundo, online, a tu ritmo y tomándote tu tiempo. Incluso podrás formarte presencialmente con el propio Jay Shetty durante los actos que ofrecemos en distintos países.

Para más información, visita <www.jayshettycoaching.com>.